북한학자 조희승의

임나일본부 해부

일본의 남부조선지배론 비판

북한학자 조희승의 《임나일본부 해부》

-일본의 남부조선지배론 비판

조희승 지음
이덕일 주해

일러두기

1. 원저의 본문에 나오는 큰제목, 작은제목은 그대로 살렸다.
2. 각주는 주해자 이덕일이 달았다.
3. 본문 대괄호 [ ] 속의 설명은 편집부가 달았다.
4. 본문의 맞춤법은 최대한 원저의 북한식 표기를 그대로 적용했다. (예: 외곡/ 페지)
5. 북의 맞춤법 규정에 따라 두음법칙을 적용하지 않았다. (예: 락동강/ 력사/ 론문)
6. 어간 끝모임이 'ㅣ/ ㅐ/ ㅔ/ ㅚ/ ㅟ/ ㅢ'인 경우는 〈여〉로 표기했다. (예: 나타내였다/ 되였다)
7. 띄어쓰기는 가급적 원문을 그대로 살리는 것을 원칙으로 하되, 의존명사(것/ 데/ 바/ 뿐/ 수 지/
   체 등)는 띄어쓰기로 통일했다.
8. 일본어 표기는 본문은 그대로 두고, 각주와 사진 설명은 남쪽의 외래어 표기법을 따랐다.
9. 단순 오자나 오류로 판단되는 것은 대괄호 [ ] 설명 없이 원문을 수정하기도 했다.
10. '찾아보기'는 편집부에서 작성했다.

우리 민족은 인류려명기에 벌써 조선땅에서 대동강문화[1]를 창조하고 단일민족의 혈통을 면면히 이어온 재능 있고 지혜로우며 긍지 높은 민족이다.

외세의 침략과 유린에 맞서 자기의 주권과 존엄을 지키고 인류문화의 보물고를 풍부히 하는데 기여한 조선민족의 높은 애국정신과 뛰여난 재능은 세상에 널리 알려져 있다. 그런데 우리 민족의 이러한 자부심에 찬물을 끼얹으며 사이비학설을 근거로 조선민족을 예로부터 남의 식민지지배를 받아온 민족으로 깎아내리지 못해 모지름[모질음]을 쓰는 나라가 있다. 바로 일본이다.

조선민족이 자기의 민족문화를 창조하며 동방의 강성국으로 위용을 떨

---

1 '대동강문화'는 북한 학계가 1993년 단군릉을 발굴한 이후인 1998년 새롭게 제기한 문화론이다. '대동강 유역 문화'를 줄인 말로서 중국 황하유역의 황하문명, 이집트 나일강 유역의 이집트 문명, 티그리스·유프라테스 강 유역의 메소포타미아 문명, 인도의 인더스 강 유역 인더스 문명의 세계 4대 문명에 비견되는 문화라는 것이다. 주요 골자는 대동강 유역이 서기전 4천년 후반기에 문명사회로 발전하였다는 것으로, 신석기 문화와 단군릉, 비파형 동검문화로 대표되는 청동기 시기의 마을과 성곽, 고인돌 등이 주요 지표로 설명된다. 북한은 리지린의 《고조선연구》(1962)가 발간된 이래 고조선의 중심지를 요동이라고 보아왔는데, 대동강문화론에서는 그 중심지가 대동강 유역인 것으로 전환했다. 그러나 고조선의 강역에 대해서는 여전히 서기전 5~4세기에는 지금의 하북성 난하까지였으며, 서기전 3~2세기에는 요녕성 대릉하까지였다는 리지린의 설을 고수하고 있다.

치고 있을 때 야만적인 원시단계에 머물러 있다가 조선문화의 도움으로 뒤늦게야 문명의 길에 들어선 일본은 배은스럽게도 식민지지배하였다는 얼토당토않은 설을 조작하고 그것을 조선침략을 합리화하고 야마또민족의 우월성을 론증하는 리론적 근거로 악용하는 류례없는 범죄를 저질렀다.

세상에는 200여 개의 나라들이 있지만 일본처럼 력사적 사실을 외곡하여 저들의 침략적 본성을 가리우고 타민족 말살을 위해 광분한 나라는 일찌기 없었다.

일본이 외곡조작하였고 오늘도《국민적 상식》이니 뭐니 하며 고집하고 있는 대표적인 사이비학설이 바로《임나일본부》설이다. 일명《임나설》이라고도 한다.

군부의 적극적 뒤받침을 받은 일본 어용사가들은 가야가 멸망하면서 그 력사기록들이 많이 인멸된 것을 기화로 옛 문헌인《일본서기》와 기록을 아전인수 격으로 해석하면서 일본의 고대야마또국가가 조선의 가야지방, 나아가서 한강이남지역을 타고 앉아 식민지지배를 하였다고 하는《임나일본부》설2을 조작하였다.

그러나 력사는 누가 외곡한다고 하여 달라질 수 없으며 흑백은 갈라지기 마련이다.

조선민주주의인민공화국 력사학계에서는 해방 후부터 일본에 의해 외곡된 조선력사를 바로잡기 위한 사업을 꾸준히 벌려왔으며 이 과정에《임나일본부》란 당초에 조선에 존재하지 않았으며 원래 일본렬도의 서부 기

---

2 일본에서는 남선경영론(南鮮經營論)이라고도 한다.

비지방에 있었다는 것을 규명하게 되었다.

우리나라[북한] 력사학계가《임나일본부》설의 허황성을 지적하고《임나일본부》가 조선이 아니라 일본렬도에 있었을 것이라는 문제를 제기한지도 어언 반세기,《임나일본부》의 위치를 확정하여 글을 발표한 지도 수십년이 지났으나 일본학계는 구태의연하게 공화국 력사학계의 과학적인 문제제기와 그 정당성을 외면하고 있다. 한편 남조선과 해외의 일부 사람들은《임나일본부》설을 사실대로 구체적으로 까밝힌 우리 력사학자들의 글들이 나갔으나 반신반의하기도 한다.

이와 관련하여 본사편집부는 오랜 기간《임나일본부》설에 대한 깊이 있고 과학적인 연구사업을 진행하여《임나일본부》설의 허황성과 비과학성, 기비 임나설에 대하여 론증한 사회과학원 력사연구소 소장인 교수, 박사 조희승 선생의 글을 도서로 편찬하여 내놓게 된다.

이 글은 어떠한 시대적 배경 속에서《임나일본부》설이 조작되였고 그것이 가지는 해독적 후과와 문제의 심각성 등을 론하였으며 1980년대 중엽《임나일본부》의 위치를 밝힌 론문이 발표되게 된 배경과 첫 론문 발표무대가 된《고구려문화전》국제토론회의 내용을 당시의 기록자료에 근거하여 서술하였다. 그리고 과학적인 내용과 함께 여러 일화들도 삽입하였다.

조선민주주의인민공화국 력사학계의 진지한 노력과 탐구에 의하여《임나일본부》설의 조작경위와 허황성, 반동성, 자료근거의 허위성 등은 여지없이 폭로 비판되였으며 사이비 력사학설로서의《임나일본부》설은 총파산에 직면하고 있다.

이 글이 독자들로 하여금 엄정한 력사를 외곡조작하여 다른 나라에 대한 침략을 합리화하고 타민족말살과 자기 민족의 우월성론증의 리론적 근거로 악용하였으며 오늘도 그것을 고집하는 왜인들의 후안무치함과 아집, 조선민족의 유구 찬란한 력사에 대한 옳은 리해를 가지는데 도움이 되리라고 믿어마지 않는다.

편집부[2012년]3

---

3 본문 대괄호 [ ] 속의 설명은 편집부가 달았다.

차 례

1장

가야력사 개관

《임나일본부》설의 정체에 대한 옳바른 리해를 가지려면 응당히 우리 나라 력사에 존재하였던 가야국에 대하여 이야기하는 것으로부터 출발하여야 할 것이다. 가야국에 대하여 알아야 초기조일관계 력사에 대하여 알 수 있을 뿐 아니라 이 사이비학설이 기대고 있는 자료근거의 허위성이 까밝혀질 수 있기 때문이다.

가야국이란 1세기 중엽으로부터 6세기 중엽경까지 락동강 하류류역 일대에 존재하였던 봉건국가를 말한다.4 가야국을 가라국, 가락국(아야, 아라)이라고도 하였다.

조선반도 중남부에서는 B.C. 12세기 이전부터 노예소유자국가인 진국이 존재하였다. 진국의 한 구성부분이였던 변한의 소국 구야-가야국과 아야(안야)국을 모체로 B.C. 1세기경에 봉건소국들이 형성되였다.

B.C. 1세기경에 구야(가야, 가락)국이 존재하였다는 것은 다음과 같은 기록과 사실들을 통해서 확인할 수 있다.5

---

4 《삼국사기》〈가락국기〉는 금관가야가 서기 42년 건국되었다고 서술하고 있다. 그러나 남한의 강단사학계는 《삼국사기》의 이 기록은 대략 3세기 중반 이후에 변한 12개국 가운데 일부 국가들이 가야연맹체를 형성한 사실을 말하는 것이라고 주장하고 있다. 물론 이를 입증하는 사료적 근거가 있는 것이 아니라 일본인 식민사학자들이 발명한 '《삼국사기·삼국유사》 불신론'에 따라서 믿지 못하겠다고 주장하는 것이다. 그러나 《삼국사기》〈신라본기〉 탈해 이사금 21년(서기 77)조는 "신라의 아찬(阿飡) 길문(吉門)이 황산진(黃山津) 입구에서 가야군사와 싸워 1천여 급을 베었다."고 말하고 있다. 또한 서기 1세기경 낙동강 유역에는 신라토기와는 다른 가야토기가 출토되고 있다.(안춘배, 《가야토기와 그 영역의 연구》) 이런 문헌 및 고고학적 자료에도 남한 강단사학계는 가야는 3세기 중반에 건국되었다고 말하고 있다. '《삼국사기·삼국유사》 불신론'은 남한 강단사학계에 일종의 교리이기 때문이다.

5 남한 강단사학계는 일본인 식민사학자들의 《삼국사기·삼국유사》 불신론을 추종해서 3세기 때 가야가 건국되었다고 주장한다. 그런 학자 중의 한 명인 김태식(홍익대, 역사교육과)은 "신라와 가야의 개국연대를 3세기 후반 정도로 늦추어 보아야 한다."(한국고대사학회, 《한국고대사연구의 새 경향》)라고 주장한다. 그 근거는 "《삼국사기》 초기 기록들에 보이는 기사들은 그대로 인정하기 어렵다."는 것뿐이다. 신라와 가야가 모두 3세기 후반에 건국되었으니 서기 77년에 가야와 신라가 싸웠다는 《삼국사기》 기사는 믿지 못하겠다는

《가라의 9촌》을 내려다보다가 드디어 그 땅에 나라를 세웠다고 하였다. 한편《삼국유사》에 인용된《가락국기》에는 9명의 우두머리(9한)들이 이미 있었는데 그 우에 하늘에서 내려온 김수로왕이 군림하여 나라(대가야)를 세운 것으로 씌여져있다. 그리고 9한이 다스리던 9촌의 호구는 100호, 7만5천 명이였다고 하였다.[6] 이 호구 수에 대해서는 얼마간 과장이 있다고 보아진다.

기원전 시기의 남부조선의 형편을 전하는《삼국지》위서 한전에 의하면 변한과 진한에는 각기 12개 도합 24개의 소국이 있었는데 그 가운데서 호구가 대국은 4천 호이며 소국은 600~700호로서 총 4만~5만 호이라고 하였다.

《가락국기》에 전하는 1호는 평균 750명이므로 호당 인구수가 지나치게 많다.[7] 1호의 인구수를 후기신라 때의 장적에서 보는 것처럼 평균 10명 정도로 잡으면 7만5천 명은 7,500호로 될 것이다.[8] 이것을《삼국지》한전기사와 대비해보면 김수로 출현 이전에 이곳에 일정한 정치조직, 집단이 있었으며 그것이 바로 구야(가야)소국을 이루고 있었다고 볼 수 있게 한다.

《가락국기》에는 김수로가 이미 있던 9한들을 그대로 두고 이름만 고쳐

주장이다.

6 원서(《임나일본부 해부》)는 7,500명이라고 썼으나《삼국유사》〈가락국기〉에 의해 7만5천 명으로 고쳤다. 단순한 표기상의 실수일 것이다.

7 원서는 1호를 7,500명이라고 했는데, 100호에 7만5천 명이면 호당 750명이므로 750명으로 고쳤다.

8 "100호, 7만5천 명"이란 기록은 '7,500호, 7만5천 명'의 오기일 것이라는 설명이다. 《삼국지》위지 동이전에는 변한과 진한은 모두 24국인데, 대국은 4~5천 가(家), 소국은 6~7백 가로 모두 4만5천 호라고 말하고 있다.

가지고 통치기구를 정비하였다고 하였다. 이것은 바로 김수로가 대표하는 새로운 정치세력이 가야 9촌(구야소국)의 종전 정치세력들의 지위를 기본적으로 인정하고 그와 결탁하였다는 것을 보여준다.

그런데《삼국사기》와《삼국유사》에는 가락(가야)국이 42년에 오늘의 김해지방을 중심으로 하여 선 것으로 서술되어 있다. 그러나 이 년대는 가야봉건국가(련합체)의 창립년대이며 개별적인 가야봉건소국의 성립년대는 아니다.

B.C. 1세기경에 이미 가야소국이 있었다는 것은 [창원시] 의창 다호리 1호무덤을 비롯하여 고고학적 자료를 통하여서도 잘 알 수 있다.

고문헌과 고고학적 자료는 김해 일대에서 봉건적인 생산관계가 발생하고 있었으며 B.C. 1세기경에는 가야(구야)봉건소국이 형성되었다고 볼 수 있게 한다. 그런데 이 가야(구야)소국은 아직 진국의 한 구성부분인 변한(변진)에 속한 나라였다.

아야(아라, 안야)봉건소국의 형성과정도 이와 비슷하였을 것이다.

봉건소국으로 형성된 가야(구야)소국에서는 사람들의 사상의식의 발전과 생산의 발전, 계급투쟁의 앙양으로 봉건적 제 관계가 점차 확대되여갔고 국력이 강화됨에 따라 진국-변한의 통제를 벗어나 독자적으로 행동하게 되였다. 특히 기원 1세기 초엽경에는 북방에서 남하한 김수로를 우두머리로 하는 정치세력집단이 가야(구야)땅을 비롯한 몇몇 소국들에 와서 이미 있던 지배세력들과 결탁, 타협하여 자기의 지배권을 확립하고 1세기 중엽경에는 금관국(김해가야)을 중심세력으로 하는 가야봉건국가들의 련합체를 형성하게 되였다.

《가락국기》에 실린 가야건국설화에 의하면 김수로는 금관가야국의 통치자로 되였고 그와 한날한시에 난 5명의 형제는 다른 5개 가야나라들의 통치자로 되였다고 한다. 그리고 가야국은 금관가야를 중심으로 한 6개의 가야나라들의 련합으로 이루어졌던 것으로 되여있다. 이것은 금관국이 가야련합체에서 맹주적 지위에 오르게 되였다는 것을 신비적인 전설과 말들로 강조한 것이다. 즉 금관국의 우두머리(통치자)가 된 김수로는 이 땅에 먼저 나타났다고 하여 수로(首露)라고 하였고 금관국 이외의 소국들은 다 김수로의 동생벌로 만들었으며 금관국은 특별히 《대가야》라는 미칭[美稱]으로 부르게 한 것 등이 그것을 중시해 주고 있다.

이처럼 진국-변한에서는 봉건적 관계에 기초하여 12개의 소국들이 출현하였는데 그 가운데서 변한의 중부에 위치하였던 주요소국들을 중심으로 하나의 강유력한 봉건국가련합체가 이루어졌다. 바로 이것이 가야 봉건국가이다. 그 시기는 기록에 42년이라고 밝혀져 있듯이 1세기 중엽경이였다.

가야의 위치는 다음과 같다.

금관가야-경상남도 김해군 일대, 아라가야-경상남도 함안군 일대, 고령가야-경상북도 상주군 함창읍 일대, 대가야-경상북도 고령군 일대, 성산가야-경상북도 성주군 일대, 소가야-경상남도 고성군 일대.

가야국호의 유래에 대해서는 오래전부터 각이한 견해가 제기되여 왔으며 그에 대한 일정한 정설이 없다.

가야는 보통 가라, 가락, 임나가라, 구야, 아야, 아라, 아나 등으로 부른다.

구야는 가야에서 나왔을 것이며 가락, 가라는 한자표기는 어떻든지 간에 다 같이 가야와 통하는 말이다. 왜냐하면 삼국시기에는 조선말에 받침이 없었으며 《ㄹ》과 《ㅇ》은 항상 통했기 때문이다. 그러니 가라는

일제강점기 고령에 있던 임나 비석. 조선총독부는 고령에 임나일본부가 있었다는 이마니시 류의 설에 따라 고령읍 객사에 임나일본부 현판을 설치하고, 제7대 총독(1936~1942) 미나미 지로가 자필로 쓴 비석을 세워놓았다.

가야이며 구야도 가야이다.

가야를 임나라고 부를 때도 있었다.

가야를 왜 임나라고 불렀는지 잘 알 수 없다. 현재까지 전하는 문헌기록으로는《일본서기》에 그 이름이 밝혀있다. 우리의 기록은 그리 흔치 않으나 앞에서도 본 것처럼 그것이 있었던 것만은 확실하다.

임나를 일본말로《미마나》라고 부른 것9은 고대시기의 어느 한 때 임나의《任》을 임이 아니라《밈》으로 부른 적이 있기 때문이다. 즉 삼국시기에

---

9 임나는 한자로 任那이며 미마나(みまな)라고 읽는다.

는 받침이 없었기 때문에 임은 밈으로, 《미ㅁ》로 되였던 것이며 뒤에《나》
가 오면서《미ㅁ나》로, 《미마나》로 부른 것 같다.

가야(가라)라는 국호(지명)가 자료출처에 따라 한결같지 않았으며 매
우 유동적이였다. 이것은 가야(가라)라는 말이 한자어에서 출발한 것이
아니라 고유조선말에서 나왔음을 시사해 주고 있다.

실학자 정다산은 자기의 저서《아방강역고》와《변진고》에서 가야의
국호가《갓》에 유래한다는 괄목할 견해를 제시한 바 있다.10

> 《변(弁)》은 가락이다. 가락은 가야이다. 조선풍속에 관책의 꼭대기에 삐죽이
> 나온 것을 변이라고 하며 또 가나라고 한다. 지금(조선봉건왕조 후반기) 금부
> 의 노비들과 군현의 시노들은 아직도 꼭대기가 삐죽한 책(적-모자)을 쓰며 이
> 를 가나라고 부른다. 혹은 금가나(金駕那)라고도 한다.》

정다산의 이 설을 보충하면 다음과 같다.

본래 변한사람들은 정수리가 삐죽하게 생긴 여러 가지 장식의 각종 모
자를 즐겨 썼다. 이런 데로부터 중국사람들이 변한사람들을 가리켜 첫인
상 그대로 고깔나라사람들이란 뜻을 빌어 변한을《고깔 변(弁)》자를 써
서《弁辰》(변진)이라고 표기하였다. 변진이란 변한과 진한을 가리키기
도 하지만 많은 경우 변한의 고유명사로 쓰일 때가 많았다.

그런데 원래 변한은 성 변[卞] 자를 쓰는 변한(卞韓)이였다. 이에 대하

---

10 다산 정약용은《아방강역고》의〈변진고〉에서 "변진(弁辰)이라고 부른다. 혹은 그 머리에
쓰는 머리쓰개를 다른 말로 진한(辰韓)이라고 하는데, 마침내 이로써 이름을 얻게
된 것이다."라면서 위와 같은 설명을 덧붙였다.

여서는 《삼국사기》(신라본기 시조왕 19년, 38년)와 《삼국유사》(변한, 백제)의 여러 기사에 명문으로 밝혀져 있다.

다른 나라 사람들은 고깔모자를 쓴 기이한 모습을 한 가야사람들을 보고 《卞》자 대신 《弁》또는 《辨[변]》자를 써서 변한이라 불렀던 것이다.

이와 비슷한 사실이 일본의 옛 기록인 《일본서기》(수인기)에 전해오고 있다.

《… 숭신천황 때 이마에 뿔이 달린 사람이 배를 타고 고시국의 게히의 포구에 정박하였다. 어느 나라 사람인가고 묻자 대답하기를 〈오오가라국의 왕자로서 이름은 쯔누가아라시도라고 하며 다르게는 우시기 아리시지간기라고도 부른다.〉고 하였다. …》11

이 설화는 이후 계속된 내용으로 보아 신라사람들의 설화와 중복이 된 감도 없지 않으나 어쨌든 가야사람들이 고시국[越國]12(일본의 동해안쪽의 오늘날의 도야마[富山]현, 니가타[新潟]현 등) 게히[筍飯]의 포구에 정박한 사실을 전한 것이다. 쯔누가아라시도에 대한 기사는 이밖에도 《신찬성씨록》등에도 반영되어 있다.13

---

11 《일본서기》〈수인기(垂仁紀)〉 2년의 기록으로 수인 2년은 서기로 환산하면 서기전 28년인데, 원문은 다음과 같다.
御間城天皇之世, 額有角人, 乘一船, 泊于越國筍飯浦, 故號其處曰角鹿也. 問之曰「何國人也.」對曰「意富加羅國王之子, 名都怒我阿羅斯等, 亦名曰于斯岐阿利叱智于岐 …」
12 고시국(越國:고시노구니)에 대해 현재 일본에서는 후쿠이(福井)현의 쓰루가(敦賀)시부터 야마가타(山形)현의 쇼나이(庄内)지방의 일부에 해당한다고 보고 있는데, 북한 학계의 비정과 범위는 조금 더 넓지만 비슷하다.
13 《신찬성씨록(新撰姓氏錄)》은 815년에 편찬된 야마토국 지배층의 성씨집인데, 그 중

18

오오가라[意富加羅]의 왕자라는 것의 《오오》는 크다는 뜻이므로 오오가라란 《대가라》라는 뜻을 가진다. 그리므로 금관가야국과 고령대가야를 대가야라고 했다는 력사적 사실과 맞는다. 다음 쯔누가아라시도[都怒我阿羅斯等]의 《쯔누》[都怒]는 뿔이라는 일본말이다. 따라서 설화의 첫머리에 나오는 《이마에 뿔이 달린 사람》이라는 말과 일치한다. 그리고 《가》라는 것은 조선말의 《갓》을 뜻한다. 삼국시기에는 받침이 없었다. 《가》가 고유조선말에서 나온 것이기 때문에 《갓》은 글자로 정착하지 못하고 불완전하게 여러 가지로 표기되였다. 결국 《쯔누가》는 《뿔이 난 갓》, 《뿔이 난 고깔》이라는 뜻으로 된다. 아라는 가야라는 말이며 시도는 사람이란 일본말이다. 그러니 아라시도는 아라사람 즉 가야사람이다.

이렇게 고시국 게히의 포구에 왔다는 사람은 이마에 뿔이 달린 듯한 모자를 쓴 대가야의 《뿔 달린 갓을 쓴 가라사람》이다. 말하자면 고유명사가 아니라 가야사람들의 류별나고 특징적인 관책을 보고 일본원주민들이 오래동안 말해오던 것이 문자로 기록된 것이다. 가야사람들의 모자가 인상적으로 외국인들에게 알려진 것이다.

김수로가 《가라의 9촌을 바라보고》 나라를 세웠다고 한 것을 보면 이 가라(가나)의 연원도 오래다는 것을 알 수 있다. 그리고 김해가야를 《삼

본관을 우경(右京) 종별을 잡성(雜姓), 씨족을 삼간명(三間名)으로 하는 미마나국주(彌麻奈國主) 모류지왕(牟留知王)의 후예를 설명하는 글에 위 《일본서기》〈수인기〉의 이야기가 조금 더 자세하게 나온다.

"初御間城入彥五十瓊殖天皇〔謚崇神〕御世, 額有角人, 乘船泊于越國笥飯浦. 遣人問曰:「何國人也?」對曰:「意富加羅國王子, 名都努我阿羅斯等, 亦阿利叱智干岐. 傳聞日本國有聖皇, 歸化. 到于穴門, 有人, 名伊都都比古, 謂臣曰:《吾是國王也, 除吾復無二王, 勿往他處.》臣察其為人, 知非王也. 即更還, 不知道路, 留連島浦. 海北迴, 經出雲國, 至此國也. 是時, 會天皇崩, 便留, 仕活日入彥五十狹茅天皇〔謚垂仁〕」詔曰:「汝速來者, 得仕先皇. 是以改汝本國名, 追負御間城皇號, 曰彌麻奈》因給織絹, 即還本國. 是改國號之緣也."

국사기》에 가야라고 하지 않고 흔히 금관국이라고 불렀는데 이것은 이 국호에 가야, 가라라는 뜻이 담겨져 있었기 때문이다.

한창 강성을 떨칠 때의 가야는 넓은 령역을 차지하고 있었다. 그러나 가야령역은 때에 따라 달랐으며 옛 문헌의 류실로 하여 가야령역은 명백하지 못하였다. 이것을 기회로 일제의 어중이떠중이의 사이비학자들이 달라붙어 가야의 령역을 혹심하게 외곡하였던 것이다.[14] 이러한 사실은 가야의 령역을 력사적 사실에 맞게 정확히 해명할 것을 요구하고 있다.

가야는 진국의 한 부분을 이루고 있었던 변한지역 태내에서 형성된 나라였던 것만큼 기본적으로 변한땅을 계승하였다고 말할 수 있다. 그러나 가야봉건국가를 형성할 때는 옛 변한의 소국 가운데는 련합체에 속하지 않고 떨어져나간 소국들도 있었다. 그러니 가야의 땅은 변한땅 그대로가 아니다. 또한 시기에 따라 그 판도가 달랐다. 그것은 동쪽으로 고구려의 도움을 받아 장성하는 신라가 있었기 때문이다.

신라는 진한의 여러 소국들을 병탄하는 한편 락동강 우안지역의 가라땅을 잠식해나갔다. 가야는 련합체를 이룬 가야소국들이 신라에 병탄되는데 따라 판도가 줄어들었는데 주로는 락동강 우안지역의 피해가 제일 우심하였다.

가야의 판도는 5세기 초를 계기로 큰 변화를 가져온다. 그것은 4세기 말~5세기 초 광개토왕릉비에 반영된 조선반도를 휩쓴 대전쟁에 가야가 말려들어가면서 크게 패한 사정과 관계된다. 가야는 이 전쟁을 계기로 락동강 중하류 우안에 대한 지배권을 점차 신라에게 빼앗기고 말았다. 그러

---

14 그 대표적 인물이 스에마쓰 야스카즈인데, 그가 정립한 임나일본부설을 아직도 남한의 상당수 강단사학자들이 직간접적으로 인정하고 있다.

나 한때 가야땅이였던 것만큼 락
동강 우안에는 오래동안 가야(가
라)계통 지명들이 고착되여 여러
문헌에 올랐다.

경남 고성에서 발굴된 가야의 영락달린목항아리.
가야토기는 신라토기와 다른 특성을 보인다.(국
립진주박물관 소장)

가야계통 지명의 존재는 특수
한 경우를 내놓고는 한때 가야땅
이였다는 것을 보여준다. 물론 그
가야계통 지명들이 다 같이 같은
시기에 존재한 것은 아니다. 고성
과 사천 일대에 있던 소가야는 가
야초기에 가야(련합체)에 속하지 않고 오히려 가야(가라)를 공격하기도
하였던 것이다. 그러나 가야계통 지명의 분포는 가야봉건국가의 최대판
도였을 가능성을 시사해준다. 그리고《삼국지》위서 한전에서 보는 바와
같이 진한사람들과 변한사람들은 한데 어울려 살았다. 따라서 가야사람
들과 신라사람들의 령역 역시 들쑹날쑹하였을 것이다.

가야계통 지명의 류동은 오늘의 경상남북도 일대에 락동강을 생산(농
업)과 수운에 적극 리용한 가야사람들이 있었기 때문이다. 동쪽으로는 량
산 일대의 가야, 북으로는 상주의 가라(부곡면), 남으로 남해가의 김해와
거제도의 가라, 서쪽으로는 소백산 일대의 가야산 계선이 대체적으로 가
야의 최대판도였던 것으로 보인다. 소백산 일대는 섬진강쯤이 서부계선
이였을 것이다. 이 계선에《삼국사기》(지리지)와《동국여지승람》에 보
이는 가야계통 지명이 분포되여있는 것이다.

물론 이러한 가야의 최대판도는 시기에 따라 다르다. 특히 동부 락동강

가야시대의 오리모양그릇.(국립중앙박물관)

계선과 서부 섬진강 일대계선은 금관대가야가 맹주적 지위에 있던 때와 고령대가야가 맹주적 지위에 있던 때와 서로 달랐다.

《삼국유사》에 실린 《가락국기》에는 다음과 같이 가야의 령역을 밝히였다.

《나라 경계는 동쪽이 황산강이요, 서남쪽이 바다요, 서북쪽이 지리산이요, 동북쪽이 가야산이요, 남쪽은 나라의 끝으로 되였다.》

《가락국기》의 이 기사는 6세기 가야의 마지막 시기의 축소된 판도를 반영한 것이다. 왜냐하면 여기에는 가야산 이북 오늘의 경상북도 성주군과 상주, 선산 등지가 빠졌기 때문이다. 또한《가락국기》에는 가야의 동쪽계선이 황산강(락동강)이라고 하였는데 사실은 비화가야를 비롯한 적지 않은 락동강 동쪽지역도 가야땅이였다. 창녕은 명백히 가야의 령역이였다. 가야의 3~4세기의 최대판도는 북으로 락동강의 상류지역인 상주와 선산일대, 서쪽으로는 소백산줄기와 섬진강계선, 동쪽으로는 락동강 건너 비교적 넓은 령역을 차지하였던 것으로 볼 수 있다. 최소판도는 후기가야의 령역을 의미하는 경우가 많은데 이러한 가야판도에서 가야산 이북이 짤리우고 락동강 우안지역이 신라에게 잠식병탄되면서 축소된 것이다. 그리고 서쪽으로 얼마간 늘어났다.

가야는 4세기 말~5세기 초 고구려를 등에 업고 락동강 동쪽, 구체적으로는 부산 동래 일대의 가야땅을 침범하는 신라를 반대하여 전쟁을 벌렸다. 그러나 가야는 장기화된 이 전쟁에서 고구려와 신라에 의해 타격을 받았다. 이리하여 가야의 국력은 소모되고 락동강 동쪽의 적지 않은 땅이 신라의 영향과 통제하에 들어가게 되었다.

가야령역은 가야의 성장발전에서 얼마간의 류동이 있었다. 김해를 중심으로 한 금관가야국이 주동이 되어 일떠선 가야는 처음에 락동강을 가운데 끼고 발생 발전하여 3~4세기에 이르러서는 가장 넓은 판도를 가지게 되었다. 그러다가 남쪽과 서쪽으로 세력을 넓히려는 신라에 의해 가야는 락동강 동안의 적지 않은 땅을 침식당하였다. 창녕과 성주 등이 비록 5세기 이후에도 가야의 나라로 있었으나 신라적 영향을 많이 받게 되었다.

1. 금관가야국

금관가야국은 6가야 중 제일 력사가 오랜 국가였다. 금관가야국의 력사는 곧 그대로 전기가야봉건국가(련합체)의 력사를 보여준다고 하여도 과언이 아니다. 왜냐하면 금관가야국이 4세기 말경까지 가야(련합체)의 중심주도세력으로서 전체 가야를 대변하였기 때문이다.

금관가야국의 호칭은 여러 가지인데 변진구야국, 대가락, 가야국, 금관국 등 기록에 따라 여러 가지로 불리웠다.

금관가야국을 일명《대가락》이라고 한 것은 김수로에 의하여 대변되는 북방세력이 남하해온 다음 지은 이름인데 그것은 김수로가 김해땅에 오기 전부터 가락(駕洛)이라는 소국(마을)이 있었기 때문이다. 김수로세력은 이미 있던《가락》소국을 강화하여《대가락국》이라고 한 것이다.

금관가야국이 다른 가야국(지역)에 비하여 일찍부터 발전할 수 있었던 주객관적 조건은 첫째로, 농업생산에 유리한 자연지리적 조건이 주어져 있었고 둘째로, 락동강 하류지역에 철이 풍부히 매장되어 있어 철생산과 가공이 높은 수준에서 진행되였다는 점을 들 수 있다.

금관가야국이 이미 락동강 하류 김해지방을 중심으로 소국으로 형성되어 있다가 A.D. 1세기 중엽경 북쪽에서 내려온 김수로에 의해 집단이 토착세력(소국세력)과 결탁하여 비교적 큰 나라를 세우게 되였다는 것은 건국설화 하나만 보아도 잘 알 수 있다.

금관가야의 건국설화는 다음과 같다.

천지개벽 이후 이 땅에는 아직 나라가 없었고 임금과 신하의 칭호도 없었다. 아도한, 여도한, 피도한, 오도한, 류수한, 류천한, 신천한, 오천한, 신귀한 등 9명의 한(간)들이 있었는데 이들은 추장으로서 모두 백성 100호 7만5천 명을 거느리고 있었다.

임인년(42년) 3월에 북쪽 구지봉에서 사람을 부르는 듯한 수상한 소리가 나기에 200~300명의 사람들이 이곳에 모였다. 사람은 보이지 않고 목소리만 나는데 《여기에 누가 있는가?》라고 하였다. 9한들이 《우리가 있습니다.》라고 대답하였다. 또 말하기를 《하늘이 나에게 명령하기를 이곳에 와서 나라를 세우고 임금이 되라고 하였다.》라고 하였다. 9한들이 시키는 대로 노래를 부르고 춤을 추다가 올려다보니 보라빛 노끈이 하늘에서 땅으로 드리워있었다. 노끈의 끝나는 데를 찾아보니 붉은빛 보자기에 싼 금함이 있었다. 열어보니 황금알 6개가 있었기에 아도한의 집에 가져다 두었다. 이튿날에 열어보니 6개 알은 6명의 동자로 변하여 있었다. 10여 일이 지나 키가 9척이나 되는 어른이 되였고 얼굴과 눈이 빛났다. 그 달 보름날에 임금이 되였다. 처음 나타났다고 하여 《수로》(首露)라고 하였다. 나라이름은 《대가락(또는 가야국)》이라고 하였으니 곧 6가야의 하나이다. 남은 5명도 각각 5가야의 임금이 되였다. (《삼국유사》 가락국기)

가야에 대한 유일하고도 종합적 문헌기록이라고 할 수 있는 《가락국기》에 실린 건국설화는 가야소국의 형성을 뜻하는 것이 아니라 금관가야국을 주도세력으로 하는 가야봉건국가(련합체)의 형성을 보여주는 설화이다.

설화는 김수로세력을 신비화하기 위해 자신을 《하늘》의 지시로 가락땅에 남하했다고 윤색하였다. 또한 6가야의 우두머리들이 모두 《형제》이며 혈연적으로 친연관계에 있는 세력들로서 이들이 다 《하늘》에서 내려

왔고 그중 김해땅에 먼저 내려간 것(먼저 출현)이 금관국의 김수로라고 하였다.

그러나 6가야에 다 같이 내렸다고 하는 《형제》들은 금관가야국과 아무런 친연적 관계에도 있지 않았다. 그것은 금관가야에 내린 북방의 세력이란 목곽(나무곽과 귀틀)무덤을 장법으로 하는 집단이였기 때문이다.

나무곽무덤이나 귀틀무덤15은 김해와 그 주변에서 일부 보일 뿐 고령을 비롯하여 나머지 다섯 가야의 수도에는 그것이 보이지 않는다. 그곳들에는 가야 재래의 묘재인 수혈식석곽(석실)무덤이 지배적이였다. 귀틀무덤은 김해 특히 그 왕족의 묘역으로 인정되는 곳들에 집중적으로 분포되여 있다. 귀틀무덤은 북방 고조선의 평양 일대에서 남하한 세력의 김해, 부산지방 진출을 물질적으로 증명해주는 유적이다.

설화에서 6가야의 우두머리가 하늘에서 내려왔고 모두가 《형제》로 친연적 관계에 있듯이 묘사한 것은 먼저 출현한 금관가야국왕을 형으로, 나머지 다섯 가야의 왕을 동생으로 묘사함으로써 금관가야국을 맹주로 하고 나머지 다섯 가야가 그에 복종하는 련합체가 형성되였다는 것을 보여준 것이다. 말하자면 금관가야국이 맹주적 지위에 들어앉게 된 력사적 사건을 세상에 선포하고 공고화하기 위한 것이였다.

시기는 좀 뒤지지만 고령가야가 대가야를 칭하게 되는 등 련합체의 맹주적 지위를 계승하자 이 나라의 통치배들도 건국설화를 만들어내고 널리 퍼뜨리였다. 여기서 고령대가야의 통치배들은 금관가야국과 형제로,

---

15 나무곽무덤(木槨墓:목곽묘)을 남한 학계에서는 덧널무덤, 또는 귀틀무덤이라고 한다. 나무널(木棺:목관)을 안치할 수 있도록 무덤 중심부에 따로 짜서 맞춘 덧널(木槨:목곽), 또는 귀틀을 갖춘 무덤을 뜻한다.

친연적 관계에 있었음을 강조하고 있다. 이것은 실지로 그랬다기보다 신흥 고령대가야가 옛 맹주국과 친연관계에 있다고 함으로써 자기의 정통성을 강조하고 자기 지위를 높이려는 데 목적이 있었다.

금관가야국의 판도는 오늘의 김해를 중심으로 락동강을 가운데 끼고 좌우에 뻗은 지역일대였을 것이다. 구체적으로는 오늘의 김해시와 창원군과 의창군을 포함한 지대와 부산시, 량산군의 일부를 포함한 지역이였을 것이다. 이렇게 보게 되는 것은 서쪽으로 아라가야(함안)가 있고 웃쪽으로는 락동강이 가로 놓여있어 마산 일대쯤이 금관가야와 아라가야와의 경계선으로 추측되기 때문이다.

금관가야국의 동쪽계선은 시기에 따라 일정하지 않았다. 금관가야국의 동쪽계선은 오늘의 량산 일대까지 뻗쳤다. 그 후 량산 일대는 5세기 초경에 신라의 판도로 된 것 같다. 5세기 중엽이후 부산지구가 신라의 완전한 판도로 들어가게 됨으로써 금관가야국은 동쪽으로 락동강을 경계 삼게 되었다. 이리하여 금관가야국은 수도(김해) 앞의 방어진지와 지탱점을 잃게 되었으며 오직 수도 앞에 있는 락동강을 해자로 삼을 수밖에 없게 되었다. 락동강 동안의 땅을 잃은 것은 금관가야국의 급속한 약화를 보여준다. 또한 금관가야국은 6가야의 맹주국으로서의 체면도 유지 못할 형편에 있게 되었다.

광개토왕릉비에 반영된 고구려군의 남하로 하여 4국 호상간의 정치, 군사적 균형은 변동을 가져왔다. 그리하여 5세기 초를 기점으로 금관가야국의 판도는 훨씬 줄어들었다.

금관가야국의 발전은 오늘날 문헌의 류실로 하여 그 전모를 알 수 없다. 그러나 단편적인 문헌자료와 특히 고고학적 자료들은 금관가야국이

금관가야의 유물인 금굵은고리귀걸이와 수레바퀴
모양토기.(국립중앙박물관)

당시로서는 상당한 정도의 국력을 소유하고 있었고 문화수준도 매우 높았다는 것을 보여주고 있다.

금관가야국은 수도를 중심으로 발전하였다.

금관가야국 발전의 중심지는 이 나라의 수도였던 김해였다. 오늘의 김해시의 김수로왕릉이 있던 주변이 금관가야국 사람들이 신성시하던 곳으로 보인다.

《삼국유사》에 실린 《가락국기》에 의하면 가야국왕이 림시로 지은 대궐 남쪽 신답평으로 거동하여 사방의 산악을 바라보고 서울을 정하였다고 한다. 그리고 주위 1,500보나 되는 외성(라성)에 궁궐정각과 일반 관사들이며 무기고와 곡식창고들의 자리를 잡았다. 일을 마치고 대궐로 돌아와서 국내의 장정역부들과 장인바치들을 두루 징발하여 그달 20일부터 견고한 성터를 닦기 시작하여 3월 10일에 이르러 역사를 마쳤다고 하였다.

이 기록을 통하여 알 수 있는 것처럼 금관가야국에는 크고 화려한 궁전(대궐)과 주위가 1,500보나 되는 긴 외성 그리고 일반 관청 건물과 무기고, 낟알창고 등이 있었음을 알 수 있다. 조선봉건왕조 시기의 기록인《세종실록》지리지에 의하면 왕궁터는 김해도호부 내에 있다고 하였다.

그러나 지금까지 궁전터와 건축 자리는 아직 발견되지 않았다. 다만 김수로왕릉과 왕비릉의 뒤산에 분산성이 알려져 있을 뿐이다.

김해에는 김수로왕릉과 왕비릉을 중심으로 구지봉과 분산성이 있고 그 주변에 부원동유적, 구산동무덤떼 그리고 왕릉급 무덤들이 있는 대성동무덤떼와 례안리, 퇴래리, 질산동 등의 유적이 있다. 이로 보아 《가락국기》에 나오는 왕릉과 외성도 분산성 아래의 분지와 구릉지대에 위치했을 가능성이 크다.

금관가야국은 령토 상 큰 나라가 아니였으나 비교적 발전된 제철제강업에 기초한 높은 경제력과 군사력을 가진 나라였다. 그렇기 때문에 한때 전체 가야국을 대표하는 맹주국으로 군림할 수 있었으며 고구려, 백제, 신라와 동등한 자격과 자세를 가지고 감히 대국인 고구려와도 맞설 수 있었다.

금관가야국은 5세기 초에 이르러 갑자기 약화되었다. 그 직접적 계기는 고구려-신라 련합세력과의 전쟁이었다. 여기서 가야는 큰 타격을 입었다.

3~4세기에 이르러 신라는 령토확장 전쟁을 벌리면서 가야국들을 압박하고 그 일부 지역을 빼앗았다. 이 무렵 백제의 영향력이 강화되어 동남 일대에도 미쳤다. 이리하여 신라와 리해관계가 상반되였던 가야국들은 백제가 급속히 강화되어 동쪽과 동남쪽으로 현저히 침투하여오자 그와 동맹관계를 맺은 다음 북규슈의 왜국과 함께 백제편에 서서 고구려-신라와 대립하게 되였다.

391년 백제와 가야는 자기의 손아래 동맹자인 왜의 군사들을 끌어들여 신라를 공격하였다. 이로써 고구려와 신라를 한편으로 하고 백제와 가야 그리고 왜를 한편으로 하는 대규모의 전쟁이 조선반도 남부를 중심으로 벌어지게 되었다.

광개토왕릉비에는 다음과 같은 내용이 적혀있다.

396년 광개토왕은 친히 군사를 거느려 백제를 치고 대동강이남 한강이
북의 넓은 땅을 차지하였다. 고구려군은 전과를 확대하면서 백제 수도성
을 핍박하여 국왕의 항복을 받아 내였다. 급해 맞은 백제국왕은 남녀노예
1천 명과 가는 천 1천 필을 바치면서 맹세하기를《이제부터 이후로 영원
히 (고구려왕의) 노객으로 되겠다.》고 하였다. 광개토왕은 수백 개의 마
을(촌)을 차지하고 백제왕의 동생과 대신 10명을 잡아가지고 유유히 개
선하였다.

그런데 399년에 백제는 맹세를 어기고 왜와 통하여 공모하였다. 광개
토왕은 대노하여 남쪽으로 평양까지 순행하였다. 이때 신라왕은 사신을
보내여 광개토왕에게 보고하였다.

《왜들이 국경에 차고 넘쳐 그곳 성지(요새)를 파괴하고 있습니다. 노객
인 저는 당신의 가신으로 되였기 때문에 왕에게 (군사를) 청원하는 바입
니다.》

광개토왕은 신라왕의 충성을 기특히 여겨 칭찬하였다.

이리하여 광개토왕은 보병과 기병으로 무어진[구성된] 5만 군사를 남
쪽으로 파하여 신라를 구원케 하였다. 고구려군의 드센 공격에 의해 남거
성으로부터 신라성에 이르기까지 차고 넘쳤던 왜는 관병(고구려군)이 바
야흐로 들이닥치자 곧 퇴각하고 말았다. 고구려군은 후퇴하는 왜군을 추
격하여 임나가라의 종발성에 이르렀다. 성은 곧 항복하였다. 최남단까지
진출한 고구려군이였으나 아라가야(함안) 변방군의 드센 공격을 받아 뒤
로 물러났다. 이 싸움에서 일단 가야와 가야계통 왜의 군사력을 물리친 신

라는 고구려에 대하여 매우 감지덕지하여 신라왕 자신이 직접 고구려에 래왕하여 조공을 바치게 하였다.

4세기 말~5세기 초의 고구려-신라 대 백제-가야-왜의 두 련합무력에 의한 대결전은 금관가야국에 있어서 일대 시련의 시기였으며 국가의 운명과 직접 관계된 싸움이었다.

이때의 전쟁규모가 어느 정도였는지 다는 알 수 없으나 고구려의 정예군사가《보기(보병과 기병) 5만》이였다고 한 것으로 보아 량측 다 상당한 무력을 동원하였음을 짐작할 수 있다. 또한 가야-왜편의 심대한 타격상은 광개토왕릉비에《왜적궤적, 참살무수》[왜구대궤 참살무수(倭寇大潰 斬煞無數)]라는 데서 표현되였다.

407년 싸움에는 또 고구려의 5만 군사가 동원되였는데 가야-왜의 군사들은 고구려군에 의해《참살탕진》[참살탕진(斬煞蕩盡)](목 베여 죽여 몽땅 소멸하였다)하여 로획한 투구, 갑옷이 1만여 령에 이르렀고 무기와 군사기재, 물자는 이루 헤아릴 수 없게 많았다고 한다.

가야는 백제와 동맹하여 강대국 고구려와 맞서 싸웠다. 이 사실은 가야가 비록 령토와 인구면에서 큰 나라는 아니였으나 상당한 정도로 경제력과 군사력이 강한 나라였음을 보여준다. 가야가 패하기는 하였으나 하루 이틀도 아니고 여러 해 동안 고구려, 신라와 맞서 싸운 것은 대단한 것이였다.

금관가야는 이 전쟁에 자기 나라 뿐 아니라 다른 가야소국 례하면 이웃에 있던 아라가야(함안)를 비롯한 여러 가야나라들을 동원시켰다. 금관가야가 이렇게 한 것은 고구려를 등에 업고 잠식해 들어오는 신라의 공세를 막아내기 위한 데 있었다.

금관가야국은 고구려와 신라를 상대로 한 이 전쟁에서 심대한 타격을 받아 급속히 약화되였다.

오랜 기간에 걸친 전쟁으로 하여 국력은 소모되였으며 신라의 압력으로 령토 양도를 비롯하여 여러 가지 양보를 하게 되였다. 이 전쟁을 계기로 락동강하류 동쪽의 땅은 점차 신라세력의 통제하에 들어가게 되였다.

이리하여 가야(련합체)에서의 금관가야국의 맹주적 지위는 저락되였으며 그 대신 한때 락동강 하류일대에서 금관가야국 대신 아라가야가 두각을 나타냈으며 종국적으로는 고령가야가 대가야국을 칭하면서 가야(련합체)의 맹주적 지위를 답습하게 되였다.

전쟁을 겪은 금관가야국은 쇠퇴일로를 걷는 한편 크게 세 개 세력으로 갈라지게 되였다. 한 세력은 내륙인 고령가야에 옮겨갔으며 다른 한 세력은 그냥 눌러있으면서 잔명을 유지하였고 또 한 세력은 바다건너 일본렬도에 있는 가야나라(소국)들에 건너갔다.

한 세력이 고령가야로 옮겨간 동기는 여러 가지이다. 순치의 관계에 있던 락동강 동안일대가 신라세력권 안에 들어가게 된 조건에서 강(락동강) 하나 건느면 바로 수도(김해)에 육박할 수 있는 정황에서 안전한 내륙지방에 피신해보려는 의도도 있었을 것이다. 또 한편으로 수도 앞의 보루가 적들에게 떼운 조건에서 적(신라)들과 가까이 마주하고 있는 수도를 떠나서 내륙에 들어가 힘을 키워 끝까지 신라와 겨루어보려는 의도도 있었을 것이다.

동기는 어떻든 금관가야국의 한 개 집단의 고령에로의 이동은 그곳 세력과 합세하여 큰 력량의 밑거름이 되였다. 그것은 정치, 경제, 군사, 문화 분야에서 크게 은16을 나타내였다.

잔존세력은 계속 신라의 압박을 받다가 신라에 투항한 김씨 왕족들인데 김구해, 김유신의 조상들이 바로 그들이었다.

경남 함안군 가야읍 말이산의 아라가야 45호 고분군에서(2019년 5월 공개) 나온 사슴모양토기. ⓒ함안군

일본렬도에 건너간 세력은 처음 북규슈 이또지마반도[糸島半島]17에 있던 가야소국 주변에 진출하였다가 다시금 세또내해[瀬戸內海]18를 거쳐 기내[畿內]일대19에로 이동하였다.

고구려, 신라와의 전쟁으로 말미암아 타격을 받은 금관가야국이지만 종전의 맹주적 지위와 워낙 강한 국력을 가지고 있었던 탓에 그 후 한 세기 동안이나 나라를 유지해왔다. 그동안 몇 번씩이나 중흥을 위한 기도가 있었으나 신라에 눌리워 끝내 532년에 병탄되고 말았다.

---

16 '은'은 보람 있는 값이나 결과를 뜻하는 명사다.

17 이토시마반도(糸島半島)는 한반도에서 가장 가까운 일본 열도인 후쿠오카(福岡)시 서쪽 이토시마시에 속한 반도이다. 김해를 떠나면 대마도와 일기도(壱岐島:이키섬)을 거쳐 가장 먼저 닿을 수 있는 곳으로 수많은 가야계 유적, 유물이 있다.

18 세토내해(瀬戸內海)는 큐슈(九州)와 일본의 본토인 혼슈(本州)와 서남부 아래 시코쿠(四國) 사이의 좁은 바다를 뜻한다. 큐슈에서 이 좁은 바다를 거쳐 고대 야마토왜의 수도인 나라에 도착할 수 있다.

19 일본고대사의 기내(畿內)란 고대 수도 부근에 인접한 나라들을 뜻하는데, 보통 산성국(山城国:현재의 교토 남부)·대화국(大和国:현 나라현)·섭진국(摂津国:현 오사카 북부 부근)·하내국(河內国:현 오사카 동부)·화천국(和泉国:오사카 서남부)의 5개국을 지칭하는 용어다. 원래는 4기내(四畿內)였는데, 나라시대인 서기 716년 하내국에서 화천국을 분리한 이후 5기내라고 불렸다. 북한 학자들의 연구에 의하면 고대 가야계·백제계를 비롯한 고대 조선인들이 세운 고대 국가들이다.

《삼국사기》신라본기에는 이때의 사실을 다음과 같이 전한다.

《금관국주(왕) 구해(구령)가 왕비와 노종, 무득, 무력의 세 아들과 나라의 보물을 가지고 와서 항복하였다. 왕으로 례절있게 대우하고 높은 벼슬을 주고 본국(금관가야)을 식읍으로 주었다.》[20]

김구해의 막내아들 김무력은 신라에 투항한 후 신라편에 서서 고령대 가야를 중심으로 결집된 가야(련합체)를 배신적으로 공격하군 하였다.[21] 7세기 후반기 외세를 끌어들인 사대주의자 김춘추와 결탁한 김유신은 바로 김무력의 손자이다.

---

20 《삼국사기》〈신라본기〉 법흥왕 19년(532)의 기록이다.
21 《삼국사기》〈신라본기〉 진흥왕 15년(554) 조에는 백제 성왕이 가량(加良:가야)와 함께 관산성을 공격할 때 신라 신주(新州)의 군주(郡主)인 김무력이 주의 군사를 이끌고 공격했다고 기록하고 있다. 이 전투에서 백제 성왕과 좌평 네 명과 백제군사 2만9천6백 명이 전사했다.

2. 고령대가야

고령대가야는 지금의 경상북도 고령군을 중심으로 한 지역에 있었다.

대가야라는 칭호는 이 나라(고령가야)가 6가야 가운데서 마지막 시기에 주도적 지위에 있은 데로부터 달게 된 이름(미칭)이다. 그 시기는 5세기 중엽경으로부터 6세기 중엽 6가야가 종말을 고할 때까지의 약 한 세기이다.

고령대가야는 금관가야국과 더불어 6가야(련합체)에서 맹주적 지위를 차지한 나라였다. 고령대가야는 5세기 초 금관가야국이 쇠퇴하면서 그 맹주적 지위를 계승하였다.

고령대가야가 금관가야국과 대등한 위치에 있었다는 것은 신라의 최치원이 쓴 《석 리정전》에 가야산신이 대가야왕과 금관가야국왕의 두 아들을 낳았다고 한 데서도 알 수 있다. 가야산신인 정견묘주와 천신인 이비가 사이에 생긴 대가야왕 뇌질주일(내진주이진아시왕)과 금관가야국왕 뇌질청예(김수로)가 바로 그들이라고 한다.[22]

---

22 《석 리정전(釋利貞傳)》은 고운 최치원이 지은 승려 리정의 전기이다. 신라의 리정은 순응(順應)과 함께 당(唐) 나라에 갔는데, 양(梁) 나라 때 죽은 보지공(寶誌公)의 영혼이 나타나 해인사(海印寺)를 지으라고 말했다는 것이다. 리정은 이에 따라 귀국해서 왕명으로 순응과 함께 해인사를 건립했다고 한다. 《석 리정전》은 자체는 전해지지 않지만 《동국여지승람》 경상도 '고령현'조와 《여지도서(輿地圖書) 하》의 경상도 고령조에 실려 있다. 《여지도서》의 내용은 가야산신 정견모주(正見母主)가 천신(天神) 이비가지(夷毗訶之)와 감응해서 대가야왕 뇌질주일(惱窒朱日)과 금관국왕 뇌질청예(惱窒青裔)를 낳았는데, 뇌질주일은 이진아시왕(伊珍阿豉王)의 별칭이고, 청예(青裔)는 수로왕의 별칭이라고 설명하고 있다.

고령에서 발굴된 가야의 철투구(鐵製胄), 사이토바루고분에서 나온 가야철모 (오른쪽, © 이덕일). 가야계가 초기 일왕가의 조상임을 말해주는 유물이다.

주로 금관가야국의 력사를 중심으로 서술한《가락국기》에도 6가야가 다 같이 형제의 나라라는 것을 강조하고 있지만 고령대가야의 건국신화 에서도 이 나라가 6가야의 하나일뿐 아니라 전 맹주국인 금관가야국을 형제들 중에서도 아주 가까운 둘 밖에 없는 막역한 사이로 묘사하고 있 다.

그러나 이와 같은 묘사는 정치적 요구와 목적을 추구한 데서부터 생긴 것이다. 금관가야국과 고령대가야의 통치배들은 그들이 말하는 대로 같 은 혈통의 형제가 각기 갈라져 나간 나라가 아니였다.

그것은 량자가 묘제에서 서로 다르다는 것을 통하여 잘 알 수 있다. 뒤 늦게 발전한 고령대가야는 금관가야국의 맹주적 지위를 계승하고 공고화 할 필요성으로부터 그와 같은 건국전설을 만들어내고 퍼뜨린 것이다.

고령대가야는 지리적 위치상 웃가야라고 불렀다. 이에 대해서는 우륵 이 작곡했다는 12곡의 곡명에 잘 나타나고 있다. 23

5세기 중엽 이후 고령대가야는 상당한 넓이의 판도를 가지고 있었다.

고령대가야가 다스리는 령역에는 합천과 진주 등과 같이 강유력한 정치집단도 있었다. 이러한 세력집단들이 고령대가야에 직속하는 무력 집단이였는지 아니면 대가야에 포함되는 소국이였는지 잘 알 수 없다. 그러나 이러저러한 세력집단들이 대가야를 맹주국으로 받들고 그가 통제하는 령역 내에서 상하의 주종관계를 유지하였다는 것은 의심할 바 없다.

고령대가야의 강성발전은 력사기록의 갈피 속에 도간도간[조금씩 사이를 두고] 전해져 내려왔다. 또한 무덤떼와 산성 등 유적 유물의 면모를 통하여 그 형편의 한 측면을 엿볼 수 있다.

고령대가야는 신라의 공세에 맞서는 한편 신라에 병탄되지 않은 서남부의 가야사람들을 자기 주위에 결속시켜나갔다. 동시에 이 과정은 서남부 일대에 대한 개척과 이 일대에 대한 세력권을 확립하는 과정이기도 하였다.

고령대가야의 강성과 발전은 농업생산의 고조와 철 생산의 장성에서 볼 수 있다.

고령 일대는 농업생산에 유리한 자연지리적 조건을 갖추고 있었다. 농업생산은 로동도구와 유기적으로 결합되어 발전해나갔다. 생산도구들

---

23 《삼국사기》〈잡지(雜志)〉악(樂)조는 가야금의 유래에 대해서 설명하고 있다. 「《신라고기》에는 가야국 가실왕(嘉實王)이 당나라 악기를 보고 이를 만들고는 성열현(省熱縣) 사람 우륵(于勒)에게 12곡을 작곡하게 했다고 전한다. 우륵은 가야가 어지러워진 것을 보고 가야금을 가지고 신라 진흥왕에게 귀순했고, 진흥왕은 그를 국원(國原; 충주)에 안치시켰다. 우륵이 지은 12곡은 첫째 하가라도(下加羅都), 둘째 상가라도(上加羅都), 셋째 보기(寶伎), 넷째 달이(達已), 다섯째 사물(思勿), 여섯째 물혜(勿慧), 일곱째 하기물(下奇物), 여덟째 사자기(師子伎), 아홉째 거열(居烈), 열째 사팔혜(沙八兮), 열한 번째 이사(爾赦), 열두 번째 상기물(上奇物)이다.《삼국사기》〈악지〉」 상가라도를 금관국이 있었던 지금의 김해, 하가라도를 대가야가 있었던 지금의 고령으로 비정하는 견해가 많다. 금관국과 대가야에 대한 곡이라는 것이다.

인 선진적 농기구와 공구 등 철기생산의 도입과 보급은 생산에 적극 작용하여 농업뿐 아니라 수공업 그리고 군사력도 한층 발전시켰다.

5세기 이후 고령대가야가 먼저 힘을 넣은 것은 철생산이였다.

《삼국사기》(지리지 고령군)에 의하면 옛 대가야인 고령군의 령현으로 야로(冶爐)현이라는 곳이 있다. 본래는 적화(赤火)현이라 하였다.[24] 그러던 것이 대가야 때는 적화(불꽃, 빨간불)현이라고 하던 현을 야로 즉 《야장가마》현으로 고쳤다.

이것은 고장이름 자체가 고령대가야가 오래전부터 강유력한 철생산기지를 가지고 있었다는 것을 보여준다. 야로현은 지금의 합천군에 속한다.

《세종실록》(지리지 합천군)에 의하면 합천의 토산으로는 은어와 송이버섯 그리고 사철이 난다고 하였다. 그러면서 주석을 달기를《야로현 남쪽 신묘리에 철장이 있어 해마다 나라에 바치는 쇠가 9,500근》이라고 하였다. 9,500근이라는 량은 봉건사회에서는 대단한 것으로서 야로는 당시 조선 3대 철산의 하나로 꼽히게 되였다.

대가야의 발전과 강성은 신축성 있는 대외관계에 반영되였다.

대가야는 전통적인 백제-가야 관계를 계속 유지공고화 하는 한편 적대국 신라와의 관계도 조정해 나섰으며 멀리 바다 건너 중국 남제에 사신을 보내기도 하였다. 또한 대가야는 5세기 후반 이후 적극화된 고구려의 남

---

24 《삼국사기》〈지리지〉는 "고령군은 본래 대가야국이며 시조 이진아시왕(伊珍阿鼓王)〔또는 내진주지(內珍朱智)라고도 이른다〕부터 도설지왕(道設智王)까지 무릇 16세, 520년 동안 이어졌다. 진흥왕이 침략해서 멸망시키고 그 땅을 대가야로 삼았다."라고 전하면서 경덕왕 때 고령군으로 바꿨다고 덧붙이고 있다. 거느리는 현은 둘인데 그 중 '야로현(冶爐縣)이 본래 적화현(赤火縣)이었는데, 경덕왕 때 이름을 고쳐서 지금에 이른다'고 설명하고 있다.

진공세를 저지하기 위한 3국동맹에 적극 가담하여 능동적 역할을 놀았다.

중국의 력사책인《남제서》(렬전 가라국조)에는 다음과 같이 기록되여 있다.

《가라국은 삼한의 종류이다. 건원 원년(479년) 국왕 하지가 사신을 보내여 왔다. … 본국왕(가라국왕)을 제수하였다.》[25]

여기서 보는 바와 같이 가라국왕은 남제왕조가 수립된 해인 479년에 중국에《축하》사신을 파견하였던 것이다.

이 가라국은 고령대가야였다.

6가야의 맹주로 등장한 대가야는 자기 지위를 확고히 정립하기 위한 대외활동을 맹렬히 벌리면서 전 맹주국인 금관가야국과 동조관계에 있다는 건국신화 전설을 내돌리여 맹주국으로서의 계승성과 정통성을 강조하였다. 그뿐 아니라 대가야는 내실을 군히는 한편 신라왕실과 사돈관계를 맺는 등의 신축성 있는 대외활동을 진행하였다.

대가야는 고구려의 남방진출에 대처하여 처음에는 서둘러 사돈관계를

---

25 남제의 건원 원년(479)은 신라 소지왕 1년이고, 금관가야 8대 질지왕(재위:451~492) 29년이다. 북한 학계는 남제에 사신을 보낸 하지(荷知)왕을 대가야왕으로 보고 있지만 남한 학계는 대체로 금관가야의 왕으로 본다. 금관가야 질지왕과 이름이 다름에도 금관가야로 보는 이유는 대가야가 남제에 사신을 보낼 정도로 성장하지는 못했다고 전제하기 때문이다. 이런 고정 관념은 일본인 식민사학자들이 한국사의 발전 과정을 깎아내리기 위해서 만든 것이다. 조선총독부의 이마니시 류(今西龍)는 이 기사의 하지왕은 금관가야의 질지왕이 아니라 9대 겸지왕(재위:492~521)이라고 주장했다.(今西龍, 《加羅彊域考》) 물론 아무런 근거 없이 가야사를 깎아내린 것이다. 남한에서는 천관우가 대가야 국왕이라고 보았다.(천관우, 《복원 가야사》)

맺지 않았으나 우호의 표시로 꼬리가 5자나 되는 희귀한 꿩을 신라에 보내는(496년) 등26 신라관계에서 융통성있게 처신하였다.

고구려의 남방진출이라는 큰 위협하에 하삼국인 백제, 신라, 가야는 비록 일시적이지만 힘을 합쳤으며 그것은 큰 힘을 발휘하게 되었다. 실지로 하삼국의 련합군은 강대한 고구려의 455년, 475년, 481년, 484년, 494년, 495년 등의 공격에 대항하여 좌절시키기도 하였던 것이다.

신라는 고구려의 공격을 저지하기 위해 백제, 가야와 동맹을 맺긴 했으나 가야를 병탄하기 위한 야욕에는 변함이 없었다. 신라는 6세기에 들어와서는 자기와 직접 지경을 맞댄, 그러면서도 쇠약해진 가야나라들을 각개격파해 나갔다. 지증왕 때(6세기 초) 신라가 창녕 비화가야를 불의에 공격하여 집어삼킨 것은 그러한 실례들 중의 하나이다.

신라에 대한 결정적 반격을 노리고 있던 대가야는 드디어 신라 통치배들이 한강 하류지역을 차지(533년)한 데 격분한 백제가 554년 관산성(충청북도 옥천군)을 들이친 것을 계기로 그에 합세해 나섰다.

이때의 싸움은 처음 백제-가야련합군이 우세하였다. 그런데 얼마 안가서 싸움은 역전되였다. 이전의 금관가야국왕의 아들 김무력이 배신적으로 대가야를 공격해 나섰기 때문이다.

이 싸움에서 백제-가야군은 대참패를 당하였다. 기록에는 백제의 4명의 좌평과 2만9,600명의 백제군사가 죽었다고 한다. 가야도 큰 타격을 받았다.

관산성격전이 있은 다음 대가야는 급속히 약화되였다.

---

26 《삼국사기》 〈신라본기〉 소지왕 18년 봄 2월에 가야국(加耶國)에서 흰 꿩을 보냈는데, 꼬리가 5척이었다는 기록이 있다.

경북 고령군 대가야읍에는 수천 기의 대가야고분이 있다. © 위키백과

562년 9월 대가야는 힘을 모아 신라에 반기를 들고 나와 싸움을 걸었다.

신라는 대군을 동원시켜 이사부를 사령관으로 삼고 사다함을 선봉장으로 내세웠다.

대가야는 나라의 생사존망을 걸고 싸움에 림하였다. 그러나 신라군 선봉장 사다함이 이끄는 선봉대가 틈을 노리고 있다가 갑자기 들이치는 바람에 성의 방어 한구석이 깨지고 말았다. 이와 같은 엄중한 사태에 미처 대처할 새 없이 대군이 들이닥치자 그만 대가야 지휘부는 항복하고 말았다.

고구려, 백제, 신라와 더불어 우리나라 력사에서 당당히 한자리를 차지하였던 가야국은 이렇게 신라군의 대부대 공격에 의해 최종적으로 망하였다.

大加耶始祖 伊珍阿豉王像

대가야국 시조 이진아시왕(伊珍阿豉王)의 정부 지정 표준 영정. © 고령군

대가야 멸망으로 우리나라 삼국시기의 거의 전 기간에 걸쳐 존재한 6가야는 종말을 고하였다. 그 존속기간은 소국시기부터 계산하면 약 600년간이며 련합체 형성 이후부터는 약 500년 동안이였다.

그런데《임나일본부》설의 제창자들은 자기의 자주적인 국권을 가지고 오래동안 존재한 가야국에 기내 야마또정권이 4세기 중말엽경으로부터 6세기 중엽 사이의 200년간이나《미야께》[27]를 설치하고 식민지 지배하였던 것으로, 이《미야께》는 후세의 조선총독부와 근사한 정치적 성격과 권능을 가졌던 것으로 외곡 날조하였던 것이다.

---

27 미야케(みやけ)는 관가(官家), 또는 둔창(屯倉), 향택(鄕宅), 삼택(三宅) 등으로 쓴다. 일본사에서 미야케란 이른바 대화개신(大化改新) 이전 야마토(大和)정권의 직할 경작지를 뜻한다.《일본서기》에 나오는 관가를 일본인 식민사학자들은 야마토 조정이 한반도 남부의 가야에 설치한 직할지라는 '임나=가야설'을 주장했다.

2장

《임나일본부》설의 조작과 실재여부

1. 《임나일본부》설의 조작과 그 해독성

무릇 력사를 지나온 세월의 자취라고도 하고 앞날을 비쳐주는 거울이라고도 한다. 그렇기 때문에 물적 자료 즉 유적 유물들을 가지고 력사의 진실을 밝히는 력사가들은 그 누구보다도 객관적이여야 하며 량심적이여야한다.

그런데 력사를 연구하는 사람들이 본도에 어긋나게 반동적인 정치에 놀아나면 어떻게 되는가를 보여주는 대표적인 실례를 《임나일본부》설을 조작한 일본력사학계의 지나온 행적에서 찾아볼 수 있다.

《임나일본부》설 조작은 곧 근대일본 편사학28의 출발이며 동시에 조선력사 말살과 외곡날조의 시작이였다. 일본고대사연구에서 조선력사는 무시하지 못한다. 따라서 일본의 려명과 고대사의 체계적 해명은 필연적으로 고대의 조선과 일본관계연구를 동반하게 된다. 어떠한 립장과 관점에서 초기의 조일(朝日)관계를 연구하겠는가. 이에 따라 초기 조일관계분야에서도 주체적 사관과 제국주의사관이라는 량극의 사관이 분기, 대립되게 된다.

《임나일본부》(미마나미야께[任那官家])설의 조작경위를 보기 위해서는 반드시 일본 편사학이 걸어온 력사를 더듬어보아야 한다. 그래야 이 사이비학설이 디디고선 사료적 근거의 허황성과 그 밑바닥에 깔린 반동적

---

28 편사학(編史學)은 역사를 편찬하는 학문이란 뜻이다.

이며 침략적인 본질을 정확히 파악할 수 있다.

《임나일본부》설의 조작경위

일본에서 말하는 《임나일본부》란 한마디로 말하여 고대시기 기내 야마또(日本, 大和, 大倭)정권이 조선의 가야지방에 설치하였다고 하는 식민지통치기관을 말한다. 《임나일본부》를 일명 《야마또노미꼬또모찌》혹은 《미마나미야께》라고 하는 것은 고대시기 가야를 임나라고도 부른 적이 있었으며 일본말로 《미마나》라고 불렸기 때문이다.

《미야께》는 고대시기 기내 야마또 정권의 직할령을 의미하였다. 한자로는 屯倉[둔창], 鄕宅[향택], 三宅[삼택] 등으로 쓴다. 《미야께》의 명칭유래는 곡물을 거두어들이고 저장하는 창고 또는 그러한 일을 맡은 사무소의 명칭에 기원한다. 그것이 점차 발전하여 토지와 경작민까지 포괄하는 직접적 지배라는 정리(定理)개념으로 되였다.

결국 《미마나미야께》설이라는 것은 야마또정권이 조선의 가야지방에 식민지통치기관을 설치하였으며 그것은 비단 가야에 머무르지 않고 백제, 신라까지 포괄하는 광활한 지역을 일본의 야마또정권이 직접 지배하였다는 사이비학설이다. 통치기간은 소위 《통설》에 의하면 4세기 중말엽경으로부터 6세기 중엽 사이로서 대체로 200년간이다. 일본에서는 이와 같은 《임나일본부》설을 《1억의 국민적 상식》이라고 말해왔다.

일본사학계가 주장하는 《임나일본부》설을 좀 더 보면 다음과 같다.

《일본서기》라는 일본 옛 책에 임나(가야)에 대한 기사가 나오는 것은 숭신 《천황》65년(B.C. 33년에 해당)조29와 수인 《천황》2년(B.C. 28년)

에 임나인이 왜에 건너갔다고 하는 기록30부터이다. 그 후 신공황후 49년 (249년-일본학계는 이 년대를 간지 두 순 즉 120년을 끌어내린다. 즉 369 년)에 야마또의 왜가 임나에 처음으로 출병한 기록이 나오며 이를 전후하여 《일본서기》에 임나관계기사가 갑자기 많이 나오게 된다. 이러한 임나 관련기사는 대체로 웅략기, 계체기, 흠명기에 해당된다.

이때 야마또의 왜는 임나를 평정하고 백제에게서도 《조공》의 맹세를 받고 이후 남부조선에 계속 병력을 파견한 것으로 되여 있다. 특히 463년 부터 《국사(國司)》, 《일본부》를 두고 임나왕과 함께 임나를 경영한 것으로 되여 있다. 《국사》, 《일본부》는 다같이 미꼬또모찌라고 부르는데 이것은 《왕명을 받드는 자》라는 뜻이다.

이러한 야마또정권의 현지 지배기관을 《미야께》라고 말하는데 그 뜻은 야마또정권의 직할령 내지 과세지구를 의미한다고 한다. 왜에 의한 이러한 임나지배 내지 백제의 대왜(對倭)복속은 562년 신라의 《임나미야께

---

29 《일본서기》〈숭신 65년〉조에, "임나는 축자국에서 2천여 리 떨어져 있으며, 북쪽으로는 바다로 막혀 있고, 계림의 서남쪽에 있다.(任那者, 去筑紫國二千餘里, 北阻海以在鷄 林之西南)"는 구절이 있다. 임나의 북쪽이 바다로 막혀 있다는데도 남한 강단사학계는 임나를 가야라고 주장한다. 동북아역사재단에서 간행한 《역주 일본서기 1》는 이 구절을 "임나는 축자국을 떠나 2천여 리, 북으로 바다를 사이에 두고 계림의 서남에 있다."라고 해석했다. '막힐 조(阻)'자를 억지로 '사이를 두고'라는 뜻으로 견강부회한 이유는 가야를 임나로 둔갑시키기 위한 것이다. 《역주 일본서기 1~3권》은 물론 대한민국 국고로 만들었다. 대한민국 국민들의 국고로 일제 식민사학과 중국 동북공정을 옹호하는 일들이 남한에서는 다반사로 벌어진다.

30 《일본서기》〈수인 2년〉조는 "이해 임나인 소나갈질지(蘇那曷叱智:소나가시찌)가 귀국하고 싶다고 청했다. 대개 선황 때 내조했다가 돌아가지 못했기 때문이다. 그래서 소나갈질지에게 두터운 상을 주고 붉은 비단 1백 필을 임나왕에게 내렸다(是歲, 任那人 蘇那曷叱智請之, 欲歸于國. 蓋先皇之世來朝未還歟. 故敦賞蘇那曷叱智, 仍齎赤絹 一百匹賜任那王)"고 쓰고 있다. 그런데 《일본서기》는 신라에서 길을 막고 이 물건들을 빼앗아갔기 때문에 두 나라가 이때부터 사이가 나빠졌다고 쓰고 있다. 수인 2년은 서기 전 28년이다. 그래서 서기 42년에 건국한 가야와 서기전 28년에 존재하는 임나가 같은 나라일 수는 없다.

타멸》(신라의 대가야-고령가야병합)까지 계속되였으며 따라서 이른바 임나문제는 369년~562년의 약 200년간의 일이였다. 이른바 임나의 현지 경영(지배)이 끝난 후에도 왜에 대한 임나의 경제상의 예속을 의미하는 이른바《임나의 조공》은 646년경까지도 신라 또는 백제에 의하여 계속되였다고 한다.

이상이 일제가 조작한《임나일본부》설의 골자이다. 이와 같은 황당무계한《남부조선지배》론은 신공황후의 삼한정벌과 야마또정권의 임나출병이라는《일본서기》의 기사에 토대하여 작성, 확정되였다. 그러나 이러한 신공황후의 삼한정벌이란 원래 가공적 소위이며 이를 그대로 곧이 믿는 사람은 지금의 일본에도 거의 없는 것 같다. 하지만 임나출병 문제만은 깊은 연원을 가지고 있어 웬만한 일본학자들 속에서는 믿어 의심치 않는 력사적 사실로 되고 있다.

뿐만 아니라 일본 력사학계는 임나출병을 기존사실화함으로써 침략적 성격을 띠는 일본고대사체계를 더욱 완성하려고 하고 있다. 다시 말하여 야마또정권이 임나출병과《남부조선경영》에서 얻어진 새로운 물적, 인적 자원의 도움으로 풍부한 선진 영농공구들과 무기들을 만들게 됨으로써 일본 통일국가형성의 기초가 마련되였다는 론리가 바로 그것이다.

지금에 와서 조선땅에 있었다고 하는 일본의 미야께가 일제시기의 총독부와 같은 상설적인 총지배기관이였다고 내놓고 말하는 사람은 없다. 하지만 그와 비슷한 것이 있었다고 하는 사람은 한둘이 아니었다. 31

---

31 '비슷한 것이 있었다고 하는 사람'들에 의해 지금도 임나일본부는 살아 있다. 조선총독부 같은 성격의 임나일본부가 있었다고 주장하지는 않지만 그 비슷한 것은 있었고, 한반도 남부는 왜인들이 지배했다는 것이다. '임나=가야'라는 전제에서 외교기관설, 교역기관설 등의 이론을 가지고 성격논쟁으로 변실시킨 것이다. 그런 사례를 몇 개만 살펴보자.

일본의 가장 오래된 책으로서《고사기》와《일본서기》의 두 책이 있다. 이 두 책은 8세기경에 만들어졌다. 이 두 책 가운데서《일본서기》에 백제 (구다라), 신라(시라기), 가야(임나), 고구려(고마)가 호상 싸움을 하며 여기에 야마또 국가가 적극 관계한 기사가 나온다. 이 책에는 야마또 국가 는 약화된 가야에 미야께를 설치하고 또 임나국사(任那國司 : 미마나노 구니노미꼬또모찌)를 파견하였다고 씌여 있으며《신공황후의 삼한정 벌》등의 기사들도 실려있다.

《임나일본부》에 관한 문헌적 근거는 바로 이《일본서기》가 유일무이한 것이다.[32] 조선의 세 나라에 대하여 쓴 력사책들인《삼국사기》,《삼국유

이노우에(井上秀雄)는 왜인을 칭하는 가야지방의 한 독립소국이 임나이며, 백제·신라의 접경지대에 있던 일본부의 군현을 통치했다고 주장했다. 우케다(請田正幸)는 임나일본 부는 6세기 전반 안라(安羅:경남 함안)에 있던 일본부만을 가리키는데, 이는 야마토 왜왕이 파견한 사신이라는 외교기관설을 주장했고, 요시다(吉田晶)도 외교기관설에 찬성했다. 야마오(山尾幸久)는 5세기 후반 임나의 지배자였던 목만치(木滿致)가 왜국으 로 건너간 이후부터 왜가 임나를 지배했다고 주장했고, 스즈키(鈴木英夫)는 530년에 왜의 군사가 안라에 파견되어 임나일본부가 성립되었으나 이듬해 백제군대가 안라에 진주함으로써 임나지배가 종결되었다고 주장했다. 이에 따르면 임나일본부는 1년 동안 존속했던 셈이다. 임나일본부를 조선총독부에 비견하던 과거의 견해보다는 후퇴했지만 여전히 '가야=임나'라는 핵심 내용은 철회하지 않고 있으면서 성격논쟁으로 변질시킨 것이다. 남한 강단사학자들은 총론에서는 '임나일본부설을 부인한다'라면서도 각론에 들어가면 '가야=임나'라는 전제에서 일본인 학자들과 대동소이한 주장을 하고 있다. 김태식은 임나일본부가 아니라 '안라왜신관(安羅倭臣館)'이라고 부르는데, 530년대 중엽에 백제가 친 백제계 왜인관료를 안라에 배치했는데 이것이 대왜 무역의 중개기관인 안라왜신관이라는 것이다. 이는 김태식이 만든 용어일뿐 한국 사료는 물론《일본서기》에 도 나오지 않는 자의적인 용어이다. 김현구(고려대 역사교육과 명예교수)는 임나가 한반도 남부의 경상도는 물론 전라도·충청도까지 지배했다는 스에마쓰 야스카즈(末松 保和)의 임나강역설을 따르면서도 그 지배주체는 야마토왜가 아니라 백제라고 주장했 다. 그런데 그 백제는 야마토왜가 지배했다는 삼단논법으로 왜가 한반도 남부를 모두 지배했다고 주장했다.(김명옥·이주한·홍순대·황순종,《매국의 역사학자, 그들만의 세 상》과 이덕일,《우리 안의 식민사관》참조)

32 《일본서기》는 720년경 편찬되었는데, 빨라야 3세기 후반에 시작하는 야마토왜의 역사를 서기전 660년 시작하는 것으로 1천년 정도 끌어올렸다. 그래서 역사서의 기본인 연대부 터 맞지 않는다.《일본서기》는 백제 멸망 후 스스로 자립해야 할 필요성 때문에 상국이었

사》에도 또 당시의 금석문들에도 미야께에 대한 기록은 없다.《일본서기》
의 기록에 근거하여 없는 사실을 조작한 여기에 근대일본의 죄행이 있다.

1868년 명치유신으로 불리우는 불철저한 부르죠아 혁명과 더불어 조
선침략의 길에 나선 일본은 조선과 대륙침략의 구실로서 력사학을 택하
였다. 그들은 조선침략구실의 리론적 근거로서《일본서기》의 기사를 과
대 확장하여 그럴듯한 학설을 만들 것을 착안하였다. 이렇게 창출된 것이
《임나일본부》설이였다.

그러면 구체적으로《임나일본부》설은 언제 어디서 어떻게 날조되였는
가.

《군사작전을 토의하는 륙군참모부가 력사학설을 창시한다.》

얼핏 생각하기에는 괴이한, 현대지성인의 귀를 의심케 하는 일이 19세
기 말년에 일본에서 벌어졌다.

력사연구는 나라와 민족의 력사를 탐구하는 진지한 과학일진대 100년
이 넘는 일본 편사학은 순수한 과학의 일로를 걸어온 것이 아니라 제국주
의일본의 조선침략, 대륙침략을 위한 군국주의적 침략목적에 철두철미
복무한 어용과학이였다.

일본은 19세기 중말엽 근대화의 길에 들어서자 바람에 조선과 불평등
조약인 강화도조약을 강압체결하고 뒤이어 청일, 로일 두 전쟁을 일으켰
다. 그리고 장차 조선을 병탄하고 련이어 만주를 삼키며 나아가서 온 아시
아의 맹주가 될 것을 꿈꾸었다. 그 침략적 야망을 부채질하는 데 효과있게
써먹은 것이 다름 아닌《일본서기》의 기사들이였다.

던 백제를 속국으로 그려놓는 식으로 역사를 왜곡했다.

일본학자들이 시인(是認)하는 바와 같이 강화도조약과 때를 같이하여 군사침공 작전과 모략음모를 꾀하는 참모본부(당시는 참모국)는 1872년~1873년경부터 조선에 현역군인들을 잠입시켜 조선의 력사와 지리, 풍속 등을 내탐케 하는 한편 특히 고대시기의 일본과 조선관계의 력사연구에 주목을 돌렸다. 그것은 다가오는 청일전쟁을 예견하여 취해진《예견성 있는》조치였다. 조선과 만주 일대에 파견된 군사탐정들이 여러 분야의 자료를 수집하는 속에서도 일본의 조선침략에 유리한 구실로 되는 자료들에 선차적 주목을 돌렸다는 것은 물론이다.

1880년 일본 륙군본부에서는《황조병사(皇朝兵史)》라는 책을 출판하였다. 이 책은《일본서기》의 내용을 개악한 것으로서 군인들에게 조선침략사상을 불어넣기 위한 목적으로 편찬된 것이었다. 여기에는《신공황후의 삼한정벌, 응신, 인덕천황의 신라정벌》따위의 항목을 설정하였다. 그 글에서는 고대일본이 조선을 종속시켰으며 신공황후가 나라(일본-인용자[조희승])의 위신을 해외에 떨친 최초의 인물이라고 썼다.

1882년 7월 임오군인폭동이 일어났다. 조선의 애국적 군인들은 침략과 략탈의 소굴인 일본령사관을 불태워버렸다. 그러자 일제는 곧 륙군참모부의 지시에 따라 일대 반조선 깜빠니야[캠페인]를 벌리면서 10여 종의 소책자를 인쇄 배포하였다. 이어 같은 해 8월 륙군참모부 편찬과는《임나고고(任那考稿)》라는 원고를 작성하였다. 이때부터 고대시기 가야(임나)국이 일본륙군의 대조선정책에서 확고하게 중요한 문제로 상정되게 되였다.

해외침략을 위한 직접적 담당자인 일본륙군본부는 어떻게 하나《일본서기》에 실린 기사 즉 조선을 고대일본이 식민지화하였다는 것을《과학

적》으로 증명하려고 꾀하였
다. 《일본서기》의 기사 하나
만으로는 부족한감이 났던
것이다.

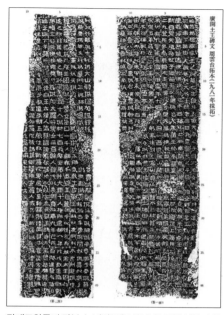

이렇게 《립증》을 애쓰던
참에 마침 청일전쟁을 예견
하여 조선과 중국 및 조만국
경 일대에 파견하였던 10여
명의 현역군인 군사탐정(간
첩) 가운데서 한 명이 광개토
왕릉비의 비문탁본(쌍구본)
을 가져왔다. 비문을 가져온
자는 사까와 가게아끼[酒勾
景信]33 일본 참모본부소속
장교 륙군대위(당시 포병중
위)였다. 그는 변성명을 하고 청나라 우장을 거쳐 조만국경 일대를 싸다

광개토왕릉비 탁본. 능비탁본(모사본)을 구한 인물이 일
본군 참모본부의 간첩 사카와 중위라 조작 논란이 끊이
지 않는다.

니다가 집안에 직접 들려 릉비의 탁본(쌍구본)을 한 벌 얻어왔다. 때는 18
84년경이었다.

륙군참모부에서는 릉비탁본을 《일본서기》의 기사를 립증하는 움직일
수 없는 금석문 자료로서 쌍수를 들고 환영하였다. 그들은 탁본을 《궁내성
도서료》에 소장하고 따로 모사본을 만들어 《제국박물관》에 비치하였다.

___

33 일본군 참모본부의 간첩인 주구경신(酒勾景信)을 남한에서는 사카와 가게노부라고
읽는다.

한편 참모본부 편찬과는 곧 당대 한학(漢學)의 대가라고 하는 학자들과 력사가들을 끌어들여 비문의 해독과 해석을 여러 해에 걸쳐 진행하였다.

수년간의 연구《성과》는 잡지《회여록(會餘錄)》제5집(1889년 2월 출판)에 묶어서 발표하였다.《회여록》5집에는 사까와가 가져온 비문 모사본을 축소영인하고 게재하였으며 또 거기에 참모본부 장교(륙군대학교 교수)이며 사학회 회원인 요꼬이의《고구려고비출토기》와 석문(釋文)과《고비고》등을 첨가하였다. 이에 앞서 1882년 요꼬이는《임나고》,《임나국명고》를 써서 참모본부에 제출한 바 있다.

《회여록》(5집)이 나오자 곧 간(菅政友), 나까(那珂通世), 미야께(三宅米吉) 등 당대의 유명짜한 력사대가들이라고 하는 사람들에게 광개토왕릉비문에 대한 연구론문을 발표하게 하였다.

사까와가 가져간 탁본은 탁본이라기보다 쌍구본 즉 모사본에 더 가까운 것이였다.《회여록》5집에 게재된 비문 특히 영락5년 관계기사(1면 9행), 영락9년 기사(2면 6,7행), 영락10년 기사(2면 8~10행) 등은 자의대로 글자순위를 바꾸어 넣는 등 각종 간교한 짓이 자행되였다. 19세기 말이후 약 100년간 일본의 각급 력사교과서에는 기본적으로 이《회여록》5집에 실린 모사본이 사진으로 게재되여 고대 야마또정권의《조선정벌》이 설교되였다.

물론 그렇다고 하여 어떤 사람이 주장하는 것처럼 광개토왕릉비문에 대한 일제 륙군참모본부의 대규모《석회도포작전》이 있었다고는 생각할 수 없다. 광개토왕릉비문 특히 신묘년(391년) 기사에 대한 크고 작은 론문은 내외학계 통털어 200편이 넘는다고 한다.

이렇게 되여《야마또조정》이 대군을 조선반도에 진출시켜 백제와 신라

를 《신민(臣民)》으로 삼고 북상하
여 남하하는 고구려와 대격전을 벌
려 조선반도의 패권을 다투었다는
일본륙군참모부가 구상하고 제시
한 초기조일관계사에 대한 침략적
학설의 기본틀이 규제되게 되었다.

룽비는 고구려사람에 의하여 만
들어진 당대(4세기 말~5세기 초)의
금석문인 것만큼 그가 가지는 사료
적 가치는 일등을 뛰여넘어 특등이
며 《움직일 수 없는》 확고한 사실
(史實)이라는 것이 선포되였다. 하
지만 일본학자들이 룽비의 기사들

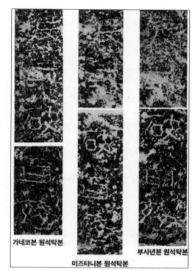

가네코본 원석탁본   부사년본 원석탁본
미즈타니본 원석탁본

광개토왕릉비에 나오는 '渡□破百殘'. 비문의
倭 자 및 渡海破에 대한 조작설이 일찍이 제기
되었다.

에 특별한 흥미를 느끼고 비문내용을 저희들의 비위에 맞게 이리저리 돌
려 맞추면서 그리고 한문문리에 맞지 않게 자의적으로 해석한 것 자체가
잘못이였다. 특히 1면 9행에 있는 신묘년 기사에서 고구려가 주어로 되여
야 할 문장에서 왜를 주어로 본 것 자체가 억지였고 또한 룽비에 나오는
왜를 기내 야마또정권의 왜로 본 것 자체가 잘못이였다.34

---

34 〈광개토대왕릉비〉에서 문제가 되는 기사가 신묘년(391) 기사다. 광개토대왕릉비 1면에
"倭以辛卯年來渡□破百殘□□新羅以爲臣民"라고 나온 기사다. 일본인 학자들은 "신
묘년에 왜가 바다를 건너 백제와 신라를 파하고 신민으로 삼았다."라고 해석해 임나일본
부설의 근거로 삼았다. 민족사학자 정인보는 도해파의 주어를 고구려로 봐서 '왜가
신묘년에 오니 (고구려가) 바다를 건너 (왜를) 격파했다. 백잔이 (왜와 통해서) 신라를
침략하여 신민으로 삼았다'라고 해석했다. 북한의 김석형·박시형 등도 주어를 고구려로
보는 해석에 동의하고 있다. 최근 재일교포 사학자로서 남한 강단사학자들과 같은
역사관을 갖고 있는 이성시는 광개토대왕릉비의 내용이 장수왕이 부왕 광개토대왕의

이러나저러나 간에 초기조일관계 연구는 1880년대에 도꾜제국대학이 나오고 내각직속으로 있던 림시수사국(修史局)이 제국대학으로 옮겨지면서 륙군참모부로부터 떨어져 나와 1889년 도꾜대학의 문과대학에 설립된 국사과를 중심으로 진행되게 되였다. 하지만 력사연구의 중심이 어디에 옮겨지든 초기조일관계의 기본방향에는 변함이 없었다. 즉 일본군부에서 작성된 국가정책, 일제의 국책에 기초하여 규정된 연구방향대로 심화, 확산되였던 것이다.

1889년 도꾜제국대학 문과대학에 국사과가 증설되고《사학회잡지》가 창간되였으나 제국대학을 중심으로 한 일본력사, 초기조일관계사는 어디까지나《만세일계의 천황》,《천황은 신성불가침》이라는《제국헌법》에 의한《국책》에 따라 연구되였다.

도꾜제국대학에 국사과가 증설되는 것과 때를 같이하여《대일본제국헌법》(1889년 2월)이 반포되고 그 이듬해에는《교육칙어》란 것이 발표되였다. 그리고 1887년에는 교과서검정제도가 시작되였다. 이리하여 소학교에서는 문부성의 검정(검열)을 받은 교과서만이 사용 허가되였다. 그 내용이 고리타분한《황실사관》에《투철》한 정신으로 일관되였다는 것은 두말할 것 없다.

업적을 과시하고자 과장한 것이라는 논리를 만들었고, 한국 역사를 깎아내리는 데 앞장서는 기경량(가톨릭대학교 국사학과) 등은 방송에 나와 광개토대왕릉비가 고대인의 욕망을 반영했으며, 과장되었다고 주장했다. 남한 강단 사학자들은 광개토대왕릉비의 내용이 과장되었다는 새로운 논리를 만들어 〈광개토대왕릉비〉의 진실성에 의문을 제기하고 있다. 남한 식민사학이 만들어 낸 새로운 변종논리다.

《동조동근》론의 대두

《동조동근》론은 장차 《내선일체》론으로 번져지게 될 사상적, 리론적 기초가 된 사이비학설이였다. 《동조동근》론에 《임나일본부》설이 깔려 있다는 것은 물론이다. 20세기 초 일제에 의한 조선강점이 현실화된 시점을 전후하여 《동조동근》론이 미친 듯이 선전되였다. 광기어린 《동조동근》론의 앞장에 선 것이 바로 일본의 어용사가들이였다.

도꾜제국대학을 중심으로 한 임나사 연구는 철두철미 일제의 조선침략을 안받침하고 합리화하기 위한 학술리론적 근거를 제시하는 것이였다. 따라서 그것이 《일한동종론》, 《일한동조론》, 《내선일체론》으로 이어진다는 것은 불가피한 일이였다. 그것은 일본의 침략전쟁확대와 더불어 확대, 확산되는 과정이였다.

일제에 의한 조선강점정책의 하나로서의 《임나일본부》설의 부식은 형태는 다르지만 이러저러한 계기로 발현되였다. 특히 조선을 둘러싼 식민지 략탈전쟁이였던 로일전쟁 개시를 앞두고 《임나일본부》설의 변형학설들이 미친듯이 선전되였다. 지어는 해외에까지 그것이 선전되고 제국주의일본에 유리하게 리용되였다.

그러한 선전에 앞장선 일본 근대의 유명한 인물로 오까꾸라 텐신(岡倉天心, 1862~1913년)이라는 미술행정관이 있었다. 그는 도꾜대학을 졸업한 다음 문부성에 도꾜음악학교(도꾜예술대학의 전신) 창립에 힘써서 이듬해 그 학교의 교장이 되였다. 그 후 제실박물관(오늘의 도꾜 우에노 국립박물관) 미술부장이 되는 등으로 일본의 근현대미술 발전에 다대한 영향을 주었다는 인물이다. 그는 대학시절 미국에서 초빙교수로 왔던 페노로사(Fenollosa, 1853~1908년)를 알게 되였다.

오까꾸라 텐신은 그 페노로사와 동무가 되여 미국에서 보스톤미술관 동양부 관리자가 되였다. 그는 미국에 가있을 때 영문으로 된 《동양의 리상》, 《일본의 각성》, 《차의 책》을 출판하였다. 이 책들은 겉으로는 《일본 및 동양의 문화와 예술의 전통적 우수성을 내외에 호소》하였다고 하지만 내실은 조선민족의 력사를 내리깎고 그 우에 일본력사의 우월성을 올려 앉히는 불순한 내용들로 일관되여 있다. 실례로 1904년 로일전쟁 전야에 출판된 《일본의 각성》에서는 우리나라와 일본과의 관계를 다음과 같이 그릇되게 해석하여 내리엮었다.

《조선의 시조 단군은 일본의 시조 아마데라스 오오미노가미의 아우 스사노오노 미꼬또의 아들일 뿐 아니라 조선은 일본의 제14대 천황 중애의 황후 신공이 정벌군을 파견하여 삼한땅을 정복했던 3세기 이후로부터 8세기에 이르는 500년 동안 일본의 지배하에 있던 고유한 속주(식민지)였던 것만큼 일본이 로일전쟁에서 승리를 거두고 앞으로 조선을 식민지로 재지배한다 해도 결코 침략이 아니라 력사적인 원상복귀일 뿐이다.》

《조선의 고분에서 나오는 출토품들이 일본고분의 출토품과 쌍둥이처럼 닮아 있다는 것만 보아도 일본이 태고적 때부터 이미 조선을 지배하고 있었다는 것은 명백한 사실이 아닌가.》

그가 단군이 스사노오노 미꼬또의 아들이라는 것도 신공황후의 《삼한정벌》이라는 황당무계한 이야기를 진실처럼 말하는 데는 경악을 금할 수 없다. 그뿐 아니라 조선과 일본 고분출토의 류사성을 두고 식민지지배의 근거로 삼으려는 론리에 다시 한 번 놀라게 된다.

그런 식의 론리이면 어느 것이 주동이
되여 누구를 지배했느냐를 따지게 된
다. 오늘날 고분출토유물의 류사성으로
볼 때 칼이든 거울이든 그리고 굽은 구
슬이든 본류는 조선에 있고 가지 친 것
이 일본이라는 것은 삼척동자도 다 아는
사실이다.[35]

한국에 체류하면서 일본식민사관을 비
판했던 존 카터 코벨.

오까꾸라 텐신 외에 니또베 이나조
(新渡戶稻造 1862~1933년) 역시 로일
전쟁에서의 일본의 승리에 대한 국제적
여론을 환기시킨 인물이다. 그는 1905
년 미국에서 영문으로《무사도(武士道)》라는 책을 출판하였는데 책에서
는 일본인이 얼마나《고매하고 우수한 민족》인가를《설득력 있게》해설
하였다. 책은 로일전쟁이 일본의 승리로 끝나도록 미국 내의 분위기를 고
취하는 데 한몫하였다. 결과적으로 로일전쟁은 일본에 매우 호의적인 당
시의 미국대통령 루즈벨트(1858~1919년)의 중재로 일본 측에 유리하게
강화가 되었다는 것은 잘 알려져 있다.

그는 도꾜대학의 식민지정책강좌 담당교수라는 데서 알 수 있는 것처

---

35 미국 컬럼비아 대학에서 고고학과 일본미술사로 박사학위를 받고 하와이대학에서 재직했
던 존 카터 코벨은 일본 고대 문화가 한반도에서 건너간 것이란 사실을 알게 되었다.
코벨은 "제4국, 가야가 한국의 교과서에서 취급되지 않는 이유는 일본이 한때 가야를
이른바 '지배'했다고 하는 황당한 일본 역사의 기록 때문이다. 이 주장은 물론 진짜
사실을 180도 뒤집어놓은 것이다.(존 카터 코벨,《한국 문화의 뿌리를 찾아서》)"라고
말했다. 그는 1978년 하와이대학을 정년퇴임하고 한국에 체류하면서 이런 주장들을
펼쳤으나 조선총독부 역사관을 추종하는 남한 강단사학계의 냉대와 외면에 상심하다가
1996년 미국에서 작고했다.

'조선민족'을 모독하는 데 앞장선 니토베 이나조.

럼 제국주의일본의 해
외침략을 적극 두둔하
고 옹호한 어용졸개에
지나지 않았다. 그가
교육자로서 청소년학
생들에게 여러 가지 영
향을 주었다고 하지만 그 영향이란 미사려구의 껍데기를 벗겨보면 일본
의 해외침략사상을 심어준 데 불과하다.

오늘도 그의 이러한 《공적》과 《감화》력을 숭상해서 몇 해 전까지만 해
도 그의 초상이 5천¥[엔]짜리 화폐에 찍혀 돌아갔다. 그가 제국주의 어용
졸개였던 것은 조선침략의 원흉 이또 히로부미(이등박문)의 앞잡이노릇
을 하면서 조선을 모독한 데서도 여실히 나타나고 있다.

그는 이또를 위시로 한 조선통감부의 촉탁으로 조선 각지를 답사한 후
다음과 같은 보고서를 제출하였는데 이 보고서에 조선민족을 멸시하는
식민지 사환군으로서의 본색이 집중적으로 나타나있다.

> 《조선인은 풍모로 보나 생활 상태로 보나 도저히 20세기의 인종으로는 볼 수
> 없을만큼 원시적이며 민족으로서 생존의 기한은 끝나고 있는 듯하다. 지금 조
> 선반도에 드리우고 있는 것은 죽음의 그늘이다.》(《삼천리》 34호)

오까꾸라나 니또베 등이 무엇을 위하여 그따위 책을 미국에서 출판하였
는지 명명백백하다. 오까꾸라가 떠벌인 신공황후의 《삼한정벌》 따위와
그에 이어진 《임나일본부》설의 변형인 《태고적에 조선은 일본의 속주(식

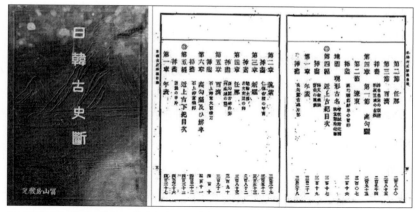

요시다 토고의《일한고사단》표지(왼쪽)와 목차. 남한 강단사학의 대부 이병도는 이 책을 읽고 한국사연구를 결심했다고 한다.

민지〉였다.》고 하는 론리는 로일전쟁을 일으킨 일본의 침략적 목적을 가리우기 위한 방편으로서 명백히 력사날조였다는 것을 보여주고 있다. 그러한 력사날조, 력사조작의 능수들이 항용 사용해 온 것이《일본서기》에 있는 외곡되고 이지러진《일본은 신의 나라》라는 그릇된 력사관이였다.

일본은 신국(神國)이며 예로부터 조선은 일본에 복속했었다는 사상(《국사안(國史眼)》 1890년)은 신라나 가야가 일본의 동생벌이였다(《일한고사단(日韓古史斷)》 1893년)36는 사상과 더불어 일제의 조선강점을 전후하여 일본력사가들 속에서 강하게 고창되였다.

___

36 남한 강단사학계의 태두라는 이병도는 와세다대 유학시절 서양사를 공부하려고 하다가 요시다 토고(吉田東伍:1864~1918)의《일한고사단(日韓古史斷)》을 보고 한국사로 방향을 바꾸었다고 말했다.(대한민국학술원,《앞서 가신 회원의 발자취》, 이병도 선생, 2004) 이병도는 1960년부터 1981년까지 대한민국 학술원 회장을 역임했다. 대한민국이 외형적 성장에도 불구하고 정신세계는 왜 극도의 사대주의에 머물러 있는지를 단적으로 말해준다. 처음부터 일제 식민사관으로 한국을 바라보는 역사관을 갖게 된 것이다.

그 대표적 학자가 기다 사다기찌(喜田貞吉)였다.37 권위 있는 력사학자(문학박사)라고 자타가 인정한다는 이자는 당시《력사상으로 본 일한 동지역의 복고와 확정》이라는 론문에서《동조동근》론을 주장하였다. 그것은 력사적 사실을 사료에 근거하여 고증한 것이 아니라 순수《일본서기》의 기사와 탁상고고학에 기초하여 꾸며낸 사이비리론, 학설에 불과하였다.

하지만 기다는 뻔뻔스럽게도《일한(日韓)은 본래 동일하였다는 것은 사실이였고 결코 한때의 방편설이 아니다. 따라서 이번의 병합은 한국을 멸망시킨 것은 아니고 그 태고의 모습대로 복귀시킨 것이다. 조선인은 결코 망국의 백성이 아니라 그 빈약하고 불쌍한 경우로부터 벗어나고 본래에 돌아가서 천하의 큰길을 활보할 대일본국민으로 된 것이다. 때문에 우리(일본-인용자)에게는 이것(조선-인용자)을 구별할 필요가 없고 저것(조선-인용자)에 있어서는 또 스스로 나아가서 옛날대로 돌아갔으며 완전히 장벽을 허물고 우리(일본-인용자)에게 동화되지 않으면 안 되는 것이다. 그러니 이 본래의 관계에 어두운 조선인 가운데는 혹은 이번 병합을 가지고 그 나라가 멸망당하였다고 오해하는 자도 없을 수 없을 것이다. 이것은 오로지 피차간의 력사를 모르는 결과 … 이다.》고 하면서 제놈들의 조선강점을 합리화하였다.

그리면서《한국병합은 실로 일한의 관계가 태고의 상태에 복귀한 것이다.》,《… 이번의 병합은 불행한 형제들이 때가 이르러 본래의 가정으로

---

37 기다 사다기치(喜田貞吉:1871~1939) : 도쿄제국대학 출신으로 구로이타 가쓰미(黒板勝美: 1874~1946)와 동급생이었다. 그는 도쿄제대 교수로서 일본 민족의 형성에 대한 여러 가설을 제시했다. 그중 한일 민족의 뿌리가 같다는 이른바 '일선민족동원론(日鮮民族同源論)'을 제기해서 조선점령 이론을 제시했다는 비판을 받았다.

복귀한 것과 같다. 한국은 실로 빈약한 분가이고 우리나라(일본)는 실로 부강한 본가이라고 말할 것이다. … 분가는 자기로서 훌륭히 집을 유지할 만한 경제력이 없다. 이에 상반되는 본가집은 … 날로 번창한다. 이제는 분가는 언제까지나 가난살이를 계속하고 오래동안 스스로 고통 겪으며 주변에게 폐를 끼칠 수 없다. 그래서 본인도 복귀를 희망하고 본가도 즐겨 이것을 받아준 것이 곧 한국병합이다. 말하자면 오래동안 분립해 있던 것이 하루아침 사이에 본가의 가정의 사람으로 된 것이다.》는 강도적 론리를 휘두른 다음 다음과 같이 본심을 털어놓았다.

> 《… 이제는 제국에 복귀한 이상은 빨리 일반국민으로 동화하여 함께 천황폐하에 충량한 신민으로 되지 않으면 안 된다. 이것은 다만 그들 자신의 행복 뿐 아니라 그들의 먼 조상의 유풍을 표창하는 까닭이다.》(《한국의 병합과 국사》기다사다기찌〈喜田貞吉〉저 삼성당서점〈三省堂書店〉1910년)

기다의 이 책은 일본 력사지리학회에서 편찬한 것으로서 말하자면 기다 개인의 저서이거나 의견이 아니라《국가적 견지에 선》, 일본사학회를 대표하는 글이었다. 이것을 증명하듯이 일본 력사학계는 일제에 의한 조선강점을 열렬히 환영지지하였다.

즉 일본사학계는 이른바《한일합병》(일제에 의한 조선강점)을《축하》하여 1910년 11월에 학술잡지《력사지리》림시 중간《조선특집호》(삼성당서점)를 간행하였다. 일본사학계는 이 조선특집호에서 병합의 조서, 리왕[李王] 책봉의 조서, 의친우우의 조서, 대사 및 면조의 조서 등과 함께 《간행에 즈음한 말(辭)》이라는 것을 실었다. 그들은 여기서 다음과 같이 쥐쳤다[함부로 말했다].

《병한(조선을 병탐한다는 뜻-인용자)의 큰 조서가 한 번 내려 동양화란(東
洋禍亂)의 연원인 조선이 우리 제국(일본을 가리킴-인용자)에 병합되였다.
백두산과 압록강의 남쪽 1만4천 방리(方里)의 반도는 이에 제국의 새 판도에
들어섰다. … 1천만의 백의민중은 이제 제국에 새로 붙은 신민으로 되였다.
동양의 평화는 이로 말미암아 영원히 유지되고 제국의 안전은 이로 하여 장
래에 보장된다. 이것이야말로 실로 옛적부터의 큰 걱정거리를 해결하였을
뿐 아니라 불합리한 조선의 독립부터 생겨나는 백성들의 도탄 속에 헤매는
고통을 구제할 하늘이 할 일을 수행한 것이 아니고 무엇이겠는가. 아! 천 년
동안의 쾌사(快事), 우리들 제국의 신민들이 어찌 경축하고 축하하지 않겠는
가.》

조선이 동양을 어지럽히는 연원이라느니, 조선이 식민지가 됨으로써
동양평화가 영원히 유지되고 일본의 안전이 보장된다느니, 조선이 독립
해있음으로 하여 조선인민들이 도탄 속에 헤맨다느니 하는 말들은 천부
당만부당한 것이며 조선사람이라면 분노로 하여 이가 갈리고 치가 떨리
는 강도적 망발이다. 이《간행에 즈음한 말》자체가 1910년 8월 29일에
발표한《한국병합의 조서》의 복사판에 지나지 않는다는 것은 불 보듯 명
백하다.

일제의 조선강점 이후 일본사학계는 은폐된 가면을 아예 벗어던지고
독단, 독선적인 침략사관을 로골적으로 표명함에 이르렀다. 기다는 1921
년에《민족과 력사》에 발표한 론문《일선량민족동족동원론》에서 다음과

같이 줴쳤다.

《일찌기 수백년간 피차 동일정부의 아래에 있던 사실을 밝힘으로써 한국의 병
합은 결코 이민족을 새로 결합한 것이 아니라 일단 떨어져있던 것을 본래대로
된 사정을 서술하려고 시도하였다.》

일제에 의한 조선강점 이후 요시다(吉田東伍)는 조선강점을 영구화,
합법화하기 위하여 다음과 같이 고대력사를 외곡하였다.

《내 생각에는 일본이 고대에 있어서 반도를 정략(征略)한 것도 오늘과 마찬가
지로 세계평화를 위하여, 또는 일본의 자위를 위한 것이였다고 인정된다. 대
륙의 동요로 인하여 일본과 같은 동족인 신라나 임나(가야)가 위태로운 것은
곧 일본의 지위가 위태로운 것이다. 그래서 일본이 출병한 것을〈삼국사기〉
이하 왕왕 왜구로서 악의있게 써놓은 것은 명치시대의 일본병을 왜적으로 말
하는 것과 똑같은 오해이다.》(《일본조선비교사화》국사강습소 11페지 1923
년)

이에 앞서 1906년 남만주철도주식회사(략칭 만철) 설립의《칙령》이 공
포되고 그 이듬해 도꾜지사에《만선지리력사조사실》이 설치되였다. 만
철회사란 일제의 조선, 만주, 나아가서 중국대륙과 몽골까지도 대상으로
하는 대륙침략 략탈기관의 거점이였다.

바로 여기에 만선사 연구를 위한 조사실이 설치되였는 바 조사실의 필
요성을 력설하고 주재한 사람은《동양문고》의 주재자,《동양학보》의 창

시라토리 구라키치(白鳥庫吉).

간자로 유명한 도꾜제국대학 교수인 시라도리(白鳥庫吉 1865~1942년)[38]였다. 그는 도꾜제대(1877년) 설립 10년 후에 독립한 사학과 제1회 졸업생이었다. 시라도리는 도꾜제대 출신의《우수한》학자들을 만선조사실에 끌어들이고 말 그대로 조선과 만주에 대한 력사, 지리, 풍습, 언어 등을 연구케 하였는바 그 모든 것이 조선과 만주, 나아가서 대륙침략의 척후의 임무를 맡아하였다는 것은 두말할 것 없다.

여기서는 그의 수급제자인 쓰다(津田左右吉)[39]와 이께우찌(池內宏)[40]

---

38 시라토리 구라키치(白鳥庫吉)는 도쿄 제국대학을 나왔는데, '임나=가야설'을 주창했던 나가 미치요(那珂通世)에게 배웠고, 《삼국사기》 불신론을 제창한 쓰다 소키치(津田左右吉)를 길렀다. 역사뿐만 아니라 민속, 신화, 전설, 종교, 고고학 등 광범한 분야를 연구했는데, 1910년 왜 여왕 비미호(卑弥呼)가 임금으로 있었던 야마타이(邪馬台)국이 북큐슈에 있었다는 설을 주장해서 기나이(畿內), 즉 나라에 있었다는 교토 제대의 나이토 코난(內藤湖南)과 논쟁했다. 당시 일본에는 '동쪽에는 시라도리, 서쪽에는 나이토, 또는 '문헌학파는 시라도리, 실증학파는 나이토'라는 말까지 있었다. 1924년 동양문고 이사장을 맡아 동양학보를 발간했다.

39 쓰다 소키치(津田左右吉:1873~1961) : 와세다대에서 시라토리 구라키치에게 사사했다. 1908년 만주철도 산하의 '만선(滿鮮)지리역사조사실'에 근무하면서 만주와 조선역사 왜곡에 종사했는데 실증의 탈을 쓰고 한국사를 왜곡했다. 쓰다는《삼국사기》불신론을 제창해서 삼국의 건국 연대를 대폭 끌어내렸다. 신라는 19대 눌지왕(417~458), 백제는 근초고왕(346~375) 때 건국되었다고 주장했다. 이를 이병도가 신라는 17대 내물왕(356~401), 백제는 8대 고이왕(234~286) 때 건국했다고 조금 끌어올렸는데, 2001년부터 한일 두 나라 국고로 운영되었던 한일역사공동위원회의 김태식 등 한국 측 학자들은 신라와 백제의 건국 연대를 더 끌어내려 쓰다 소키치설로 되돌아갔다(《한일역사공동연구보고서》). 남한 강단사학의 진정한 스승은 이병도가 아니라 쓰다라는 자기 고백이다.

40 이케우치 히로시(池內宏:1878~1952) : 도꾜제대 출신의 식민사학자다. 그 역시 실증주의를 표방했지만 이는 외피뿐이고 반도사관으로 한국사의 강역에서 대폭 삭제시켰다. 특히 두만강 북쪽 700리 공험진까지 걸쳐 있던 고려 강역을 함경남도 안변지역으로 축소시켰는데, 남한의 강단사학자들은 국정·검인정을 막론하고 이케우치의 이런 왜곡을

등이《임나일본부》설의 기초를 닦아나갔
다. 특히 쓰다는 1919년에《〈고사기〉 및
〈일본서기〉의 신연구》, 1921년에《백제에
관한 일본서기의 기재》(《만선지리력사조
사보고》8) 등을 발표하였다. 하지만 쓰다
가 꾸며낸 사이비학설이라는 것은 이른바
《대일본제국》의 대륙침략정책에 맞게 그
에 편승하여 꾸며낸《론설》이며《주장》에
불과하다. 따라서 소위《쓰다사학》이란 과
학의 탈을 쓴 침략론리로 일관되어 있다.

《삼국사기》 초기기록 불신론을 제창
한 쓰다 소키치(津田左右吉).

　실례로 그는《임나강역고》머리말에서《옛적 우리나라가 남조선에 속
령을 가졌을 때에 이 통치기관을 일컬어 임나일본부라 하였다.》고 하면
서《일본서기》에 보이는 임나관계의 모든 지명들을 모조리 남부조선에
적당히 지정해놓았다. 바로 쓰다는 철두철미 일제의 조선, 대륙침략을 안
받침하기 위한 사적(史的) 뒤받침을 한 셈이다.

　만철회사는 관사(官私) 절반씩의 운영이며 그 지도층에는 관동도독,
관동장관, 주만대사 등 정계와 군부의 우두머리들이 틀고 앉았고 또 조사
실의 인선과 성격, 사명으로부터 보아도 이러한 연구가 도꾜제국 대학의
일본고대사, 초기조일관계사 연구의 계속이며 연장이었다고 말해도 과
언이 아니었다. 만철 조사실의《연구성과》는 관비를 들인《만선력사지리
연구》로 체계적으로 출판 간행되었다.

　추종해서 고려 국경을 압록강 서쪽에서 함경남도 안변까지였던 것으로 그린 교과서로
한국 학생들을 가르치고 있다.

19세기 말부터 1945년 8월 15일 일제패망에 이르기까지의 도꾜제대와 만철조사실을 중심으로 한 고대일본의 남부조선지배설을 론증한답시고 쓴 이른바 《대작》이라는 것을 렬거하면 다음과 같다.

1. 《국사안(國史眼)》 호시노(星野恒) 1890년
2. 《임나고》 간(菅政友) 1893년
3. 《일한고사단》 요시다(吉田東伍) 1893년
4. 《한국의 병합과 국사》 기다(喜田貞吉) 1910년
5. 《가라고》 나까(那珂通世) 1894년~1896년
6. 《임나강역고》 쓰다(津田左右吉) 1913년
7. 《가라강역고》 이마니시(今西龍) 1919년
8. 《잡고》 아유가이(鮎貝房之進)[41] 상하 2권 1937년

《동조동근》론의 해독성

그러면 일본군부와 그에 추종하는 어용력사가들이 《임나설》을 적극 주장한 목적은 어디에 있었는가 하는 것이다. 한마디로 말하여 그것은 일제의 조선침략과 지배를 합리화하기 위한 것이였다고 요약할 수 있다.

그에 대하여 어떤 일본학자는 다음과 같이 지적하고 있다.

《일조관계사의 연구사(研究史)를 돌이켜보면 근대사학이 일본에 도입된 이

---

[41] 아유가이 후사노신(鮎貝房之進:1864~1946)은 고종 32년(1895)의 명성황후 시해에 가담했던 일본 낭인 깡패 출신이다. 그는 《잡고(雜攷)》에서 이른바 임나 7국의 위치를 아무런 근거 없이 한반도에 비정했는데, 그의 이런 논리를 스에마쓰 야스카즈(末松保和)가 추종해서 임나를 한반도 남부로 비정했고, 이를 다시 일부 남한 강단사학자들이 수용해서 '임나=가야설'을 주장하고 있다.

래 일본사 연구에는 (초기조일관계사가) 없어서는 안 될 한 분야로 여겨졌다.
… 당시의 연구태도는 이미 비판된 바와 같이 조선에로의 침략과 지배를 안받
침[42]한 것이였다.》(《임나일본부와 왜》 아즈마출판〈東出版寧樂社〉 1978년
357페지)

《임나일본부》설은 일제의 조선침략과 지배를 합리화한 반동학설로서
내용적으로 보면 두 측면을 내포하고 있다.

하나는 조선민족의 넋을 빼앗아 사대주의와 민족허무주의를 심어놓음
으로써 조선사람의 민족자주정신을 말살케 하려는 데 있었으며 또 하나
는 일본이 옛적에 잃었던 땅(조선)을 되찾는다는 복고주의적 야심을 심어
놓음으로써 일본을 대륙침략에로 내모는 데 유효하게 리용하자는 데 있
었다.

일제시기 어용사가들은 조선력사를 란폭하게 외곡날조하면서 각종 사
이비학설들을 내놓았다. 조선력사발전의 합법칙적 과정을 악랄하게 헐
뜯은 《정체론》, 《외인론[外因論]》이 그 전형적 악설이다.

이것을 요약하면 우선 조선은 태고적부터 자기 혼자서는 사회를 발전
시킬 힘이 없는 렬등민족(정체론)이며 남의 나라 힘에 의거함으로써만 발
전할 수 있고 또 해왔다(외인론)고 한 것이다. 또 그것을 론증할 수 있다고
들고 나온 대표적 학설이 《임나설》과 《락랑설》이였다.[43]

---

42 '안받침'은 안에서 지지하고 도와주다는 뜻이다.

43 북한 역사학계는 해방 직후부터 조선총독부가 만들어놓은 《락랑설》, 즉 '낙랑군=평양설'
과 임나가 가야라는 《임나설》 해체를 핵심 과제로 삼았다. 북한 학계도 해방 직후
이를 두고 논쟁하다가 리지린의 북경대 박사학위논문인 《고조선연구》(1962년)가 발간
되면서 '낙랑군=평양설'은 폐기되었으며, 김석형의 〈삼한·삼국의 일본렬도 분국설〉
(1963년)이 발표되면서 '임나=가야설'도 폐기되었다. 그러나 남한 강단사학계는 광복

말하자면 북부조선에 한4군의 설치로 중국식민지가, 남부조선에는 일본의 식민지가 있었다는 것이였다. 이렇게 남북의 큰 두 대국이 조선을 식민지 지배하였기 때문에 조선이 유지되고 큰《혜택》을 입은 것처럼 떠들었다. 하지만 일제와 그에 아부 추종한 어용사가들이 내놓은 이른바《학설》이란 다 허망하기 그지없는 침략적 성격을 띤 반동적 학설이였다.

여기에 이러한 이야기가 있다.

일제시기 경성제국대학의 법문학부 사학과의 교수로 조선사 과목을 담당한 후지따 료사꾸(藤田亮策)44가 있었다. 후지따는《조선사개설》이란 것을 가지고 강의를 하였는데 그가 한 강의란 조선은 북에 한4군, 남에《임나일본부》가 있었다고 력설한 것뿐이고 그밖에 구석기니 신석기니 하는 것을 몇 마디 했을 뿐이였다고 한다. 후지따는 조선멸시사상이 지독한 자로서 조선학생을 앞에 놓고도 조선사람과 그 선조들을 아무런 거리낌없이 모독하는 강의를 하였다고 한다.

일제에 의한 각종 반동학설의 조작과 류포의 목적이 조선민족의 슬기와 민족적 자존심을 거세하기 위한 데 있었다는 것은 그들 자신의 말을 통해서도 알 수 있다.

《3한의 문명이라는 것은 대개는 지나(중국)부터 가지고온 것을 그대로 받아

70년이 훨씬 지난 지금까지도 '낙랑군=평양설', '임나=가야설'을 직간접적으로 수용하고 있다.

44 후지타 료사쿠(藤田亮策:1892~1960)는 도쿄제대 출신의 고고학자로 구로이타 가쓰미(黑板勝美)의 지도를 받았다. 식민사학을 전파하던 이마니시 류(今西龍)가 사망한 후 그 뒤를 이어 경성제대 및 조선사편수회에 근무하면서 고고학을 빙자해 여러 방식으로 식민사학을 전파했고, 1941년부터는 경성제대 법문학부 부장을 역임하면서 조직적으로 한국사를 깎아내렸다. 일제 패전 후인 1948년 일본고고학협회 위원장을 역임했다.

들인 데 지나지 않은 것이기 때문에 일본이 조선의 문화 때문에 진보를 가져왔다는 것은 결코 단언할 수 없다. … 이것은 일본과 조선과의 력사상의 관계를 교육상에 응용하는 경우에 있어서는 크게 생각하지 않으면 안 되는 것으로서 조선인이라는 것들에 쓸데없는 자부심을 일으키지 않도록 하지 않으면 안 된다.》(《조선의 장래》나이또〈內藤湖南〉전집 4권)

여기서 명백히 알 수 있는 바와 같이《임나설》을 비롯한 여러 학설들은 《조선인들 속에서 쓸데없는 자부심을 일으키지 않도록》하는 데 기본사명이 있었다. 조선민족을《렬등민족》,《보잘것없는 민족》,《력사적으로 식민지운명을 타고난 숙명적 존재》라는 사상을 강조하는 여기에《임나설》을 비롯한 각종 악설의 본질이 있다.

오래동안 조선총독부 조선사편찬위원을 해먹은 이나바(稻葉岩吉)45는《조선문화사 연구》(유잔가꾸 1925년)라는 책에서 많은 지면을 떼서 조선사회 전반에 걸친《정체성》을 력설하였다.

그는 가족제도상 나타난《내선 량민족의 문화적 차별》은 조선은 일본에 비하여 6백년의 차이가 있다(80페지)고 단언하기에 이르렀다. 다시 말하여 조선은 일본에 비하여 600년이나 뒤떨어진 후진국가, 후진민족이라

---

45 이나바 이와기치(稻葉岩吉:1876~1940)는 러일전쟁 때 통역관 출신으로 만철 조사부에 들어가 만주 및 한국사 왜곡에 종사했다. 1922년 조선총독부 조선사편찬위원회 위원 겸 간사를 맡았고, 만주 건국대 교수를 역임했다. 이나바는 〈진(秦)나라 만리장성 동단(東端)고〉에서 진나라 만리장성이 황해도 수안까지 내려왔다고 주장했고, 남한 강단사학계의 태두 이병도가 이를 그대로 추종해 만리장성이 있었다는 낙랑군 수성현을 황해도 수안이라고 비정했고, 남한 강단사학자들이 국고 47억여 원을 들여 만들었던《동북아역사지도》(2016년)도 그대로 따랐다. 중국은 동북공정 차원에서 만리장성을 평양 부근까지 내려왔다고 주장하는데 이런 주장의 단초를 제공한 인물이 이나바 이와기치고, 남한의 강단 사학자들이다.

는 것이다.

일제의 관변어용학자들은 말끝마다 조선을 일본의《분가》로 묘사하였고 조선사람들은《본가》인 일본에 빨리 동화하고《천황》의 충량(忠良)한 백성으로 되라고 설교하였다.

《임나설》에 기초한 반동학설은 일본을 신국(神國)으로 올려놓았고《팔굉일우》의 구호 밑에《대동아공영권》을 꿈꾸게 하였다. 일본의 부르짖음은《거국일치》,《사상총동원》의《야마또다마시》46로 표현되였으며 그것은《일본서기》에 근거하여 력사를 정치에 깊숙이 끌어들여 밀착시킨 결과 산생되였다.

일제의 이러한 책동은 조선인민 특히 지식인청년들 속에서 큰 동요를 가져왔다.

절대다수 인민들은《창씨개명》과《신사참배》,《궁성요배》를 배격하였으나 일부 사람들 특히 일본의 교육을 강요당한 지식인청년들 가운데는 민족허무주의에 빠져 조선사람으로 태여난 것을 수치로 여기는 사람들이 생겨났다.

이렇게《임나설》은 조선사람의 순결한 넋과 량심을 좀먹게 하여 민족자주정신이 싹트지 못하게 하려는 저주로운 반동학설이였다.

다른 한편《임나설》은 일제의 조선 및 대륙침략을 위한 사상적 기둥으로 적극 복무하였다. 《임나설》은 일본이 조선과 대륙침략에 나설 계기와 구실을 마련하는 데 한몫하였으며 일본은 신국으로서 응당 조선과 중국에 쳐들어가야 할 력사적 사명을 가진 듯이 제창하며 그러한 침략사상을

---

46 '야마또다마시(やまとだましい)'란 대화혼(大和魂)이란 뜻으로서 일제 황국사관의 핵
  심이론이다.

일본국민들에게 주입하였다.

《임나설》은 이렇듯 국내에 침략전쟁사상과 분위기를 고취할 뿐 아니라 침략전쟁 수행의 직접적 담당자들인 지배층 특히 군부수뇌의 사상정신적 지탱점이 되었다.

1870년~1880년대 군부에서 조작된 조선침략방책의 하나로 규제된 《임나설》은 그 후 제국주의 지배층에게도《확고한 진리》,《기존사실》로 고착되었다. 이런 데로부터 지배계급 상층들은 그들대로 대륙침략을 위한 경험과 교훈을 일목료연하게 알 수 있는《구감[龜鑑]》들이 필요하였다.

《우리의 대륙경영실패의 진상》(아야가와〈綾川武治〉47저, 병서출판사, 1936년)은 그러한《구감》으로 되는 책들 중 대표작의 하나이다. 이 책에는 어마어마하게도 륙군대장의 제자(題字)와 서문이 붙어있다. 내용을 본다면 다음과 같다.

제1편 상고(上古) 조선반도 경영시대

제2편 문록 경장 조선역(임진전쟁)

제3편 청로싸움, 씨비리출병

편 제목을 통해서 알 수 있는 바와 같이 이 책은 제국주의일본의 상층의 비위에 맞게 대륙침략의 쓰라린《실패》의 원인과 교훈을 찾으려고 한 책

---

47 아야가와 타게지(綾川武治:1891~1966)는 도쿄제대 출신의 일본 국가주의자이자 변호사로서 중의원 의원을 역임했다. 남만주철도주식회사의 동아경제조사국에 근무하면서 극우단체 유존사(猶存社), 행지사(行地社), 국본사(國本社) 등에 가입해 황국사관 전파에 앞장섰다. 조선총독부 촉탁을 역임하고 대정익찬회(大政翼贊會) 연락부부 부장을 역임했다. 1946년 극우세력으로 분류되어 공직추방을 당했으나 1951년 미군정에 의해 공직추방령이 해제된 후 1954년 일본혁신동맹을 만들어 극우 활동을 계속했다.

이다. 제1편에서《임나설》이 장황하게 서술되였음은 물론이다.

일제 상층에게 있어서《임나설》이 얼마나 중요하였는가를 그들의 말을 통해서 보기로 하자.

《… 작년 봄 3월 내가 관동청 촉탁을 임명받고 부임하자 당시의 관동군 장관 히시가와(菱川隆) 각하가 좀 오라고 해서 가니 아래와 같은 취지의 명령을 받았다.

〈우리나라가 상고부터 대륙에 출병하고 대륙을 경영하였으나 실패의 경험만이 많은 것 같다. 이번에 만주사변 이래 상당히 대규모의 출병을 행하여 대륙경영에 착수하고 소인 등이 제1선의 임무를 맡았지만 우리나라로 하여금 과거처럼 실패를 거듭하게 하지 않겠는가. 단순히 대륙으로부터의 퇴각에 그치지 않고 우리나라 장래의 운명에 중대한 결과를 초래할지도 모른다. … 그렇다면 오늘의 급선무는 우리의 대륙경영 실패의 원인을 규명해 두는 것이다. 이 점을 명백히 해두어야 할 것이다. 아마도 과거의 전철을 밟지 않으면서도 실패에 빠지는 것을 방지할 수 있다. 내가 임무를 만주에서 받은 이래 이에 관한 문헌을 구했으나 아직 이와 같은 선인들의 저서를 발견하지 못했다. 하지만 이 본문제는 하루도 소홀히 할 수 없다. 청컨대 이 문제의 조사에 착수하라.〉》

이 문제의 조사에 착수해서 쓴 첫 부분이 바로〈상고 조선반도 경영시대〉즉《임나설》이였던 것이다.

《동조동근》론과 관련하여 반드시 언급하고 넘어가야 할 문제로서 아오야나기 쯔나따로(靑柳綱太郎 1877~1932년)가 쓴《조선통치론》이 있다.

책 제목에서 알 수 있는 것처럼《조선통치론》은 일제에 의한 조선강점을 로골적으로 미화분식하고 찬양한 사이비도서이다.

아오야나기는 1903년 조선에 기여들어 봉건정부의 재정고문부의 재무관(1905년)을 거쳐 궁내부에 틀고앉아 일제의《한일합병》을 막후에서 조종한 침략의 척후병이며 전형적인 제국주의 어용사환군이였다. 일제는 아오야나기로 하여금 1912년에《조선사연구회》라는 것을 조작케 하였다.

이에 기초하여 일제는 그로 하여금 앞으로 어떤 방향에서 조선을 통치하여야 하는가를《명시》한《조선통치론》(1923년)을 쓰게 하였다. 40개장 844페지에 달한 도서 아닌 도서는 주변나라들이 조선을 타고 앉기 위하여 어떤 방법을 썼으며 어떻게 침략하였는가 하는 것을 력사적으로 푼 다음 앞으로 일본이 어떤 방법으로 조선을 통치하여야 마땅한가 하는 것을 정치, 경제, 문화에 걸쳐《전면적》으로,《체계적》으로 횡설수설하였다.

《일본군국의 정신과 조선통치》,《조선인동화문제》,《무단정치사론》,《조선통치의 교육》,《조선통치와 민족성의 개조》등의 글들에서 그는 일제의 조선강점을 로골적으로 긍정 자찬하였다.

그러면서《조선통치론》에서는 렬등 민족인 조선은 비록 4천년의 력사를 가졌으나《비굴하고도 음험하며 맹렬한 개인 리기주의자들이며 더럽고 불결한 민족》으로서《민족적 도덕상 불공명, 불결백한 민족》이라고 조선민족을 혹심하게 모독 중상하는 입에 담지 못할 온갖 악담을 퍼부었다. 이 자는 이러한 더러운 조선민족을 일본이 영원히 통치하기 위하여서는 수많은 일본인들이 조선반도에 건너와서 필연코 조선땅을 타고앉아《내선동화》의 대업을 이룩하여야 한다.》고 력설한 다음 요컨대 조선민족을 기어이 일본민족으로 동화시켜야 한다고 줴쳤다.

미쯔비시 재벌의 창시자 이와자끼 야따로의 맏사위이며 외무상, 총리를 한 가또 다까아끼(1860~1926년)와 총리, 대장상을 겸한 적이 있는 다까하시 고레기요(1854~1936년) 등 일본정부의 거물급 인물들이 떨쳐나서 앞을 다투어 서문을 쓴 데서 알 수 있는 것처럼 이 사이비도서는 일제에 의한 조선통치의《지도적 지침》과 강도적《대강》을 밝힌 것이다. 여기서 기본은 조선민족에 대한 동화정책이였다.

이를 위하여 제7장에서는《적극적 동화책과 조선어의 페멸》문제를 제기하였다. 이것은 일제가 조선강점 전 기간 시종일관 틀어쥐고나가야 할 방향과 방법을 제시한 것이였다.

일제어용사가였던 아오야나기는 1925년에 공들여 쓴《신조선》(경성신문사 간행)을 발표하였다. 상, 중, 하 3권으로 된 1천 페지가 넘는 부피두터운 책이다. 일제의 조선강점을 극구 미화 분식한 경제도서이지만 여기서도 그는 조선인동화를 부르짖었다.

《… 내 생각하기를 총독부가 조선사람들을 동화하려고 초조해하는데 모순이 없겠는가. 조선은 이제는 1,700만 명에 달하는 대민족이다. 이 대민족을 단순히 관헌(관권)의 힘만으로 동화하려고 한다면 그것은 100년 동안 강이 맑아질 것을 기다리는 것과 같을 것이다. 내선동화가 곤난한 것은 본문에서도 서술하였지만 이 곤난한 대사업을 뚫고나가 속히 동화하려고 당국은 노력하고 있는 것이다. 즉 교육의 충실을 도모하여 내선인의 지식을 충당하는 데 부심하고 동화의 손쉬운 방법으로 교통법(혼인법)을 제정하고 내선잡혼(일본인과 조선인이 결혼하여 일본인종자 혹은 잡종을 만든다는 것) 정책을 실시하였다.

물론 교합통혼은 동화를 위한 좋은 방도이기는 하지만 일단 조선의 가족제도를 돌아보고 조선의 오례의를 연구하고 조선의 민족성을 연구하고 나아가서 조선의 풍속습관을 조사한다면 내선잡혼정책은 당초부터 불합리한 것이라는 것을 알 수 있다. 언어의 교향도 없고 가족제도나 민족성의 대변화를 계발하지 않는다면 즉 두 민족의 사상적 및 생활적으로 융합되는 준비를 하지 않고 단순히 교합잡혼으로써만 동화하려고 하는 것은 나무에 올라 물고기를 구하는 것과 같은 것이다.》(서문 3페지)

아오야나기는 계속하여《내선인동화난》이라는 항목에서 내선동화는 매우 힘들지만 동화교육을 잘 실시하면 된다고 한 다음 력사문제를 꺼들었다. 그는《조선사람들에게 먼저 조선력사를 읽게 하라. 조선에 력사가 있지만 력대 이래의 악정부, 음모와 암살의 저주로운 사실, 귀를 강구고[48] 방울을 훔치는 일들을 알게 하라.》고 하였다. 그것은 력사를 통하여 조선민족의 락후성을 강조함으로써 스스로가 환멸을 가지게 하자는 데 있었다.

실례로 그는《타락으로부터 구원되는 농업왕국》이라는 항목에서는 조선농업이란 조선봉건왕조 500년의 학정의 력사였고 조선사람들에게 농업개선을 기대하는 것은 원시시대의 백성들에게 나무심기를 배워주는 것과 같은 것》이라고 조선민족을 모독하였다. 그는 동화를 위한 방책은 력사교육을 강화하는 것이라면서 다음과 같이 력설하였다.

---

48 '강구다'는 주의하여 들으라고 귀를 기울이다는 뜻이다. 한자성어 엄이투령(掩耳偸鈴)은 제 귀를 막고 방울을 훔친다는 뜻으로 방울 소리가 제 귀에 들리지 않는다고 남의 귀에도 들리지 않을 것으로 생각하는 어리석은 사람을 뜻하는 말이다.

《… 일본인과 조선사람들의 민족성은 흰 것(일본)과 까만 것(조선)처럼 차이가 심하다. 그리하여 조선의 민족성은 일종의 병균이 잠재하여 굳게 암결(암이 결집되여있다는 뜻)하고 있다. 이것을 정치의 힘으로, 산업경제상에 있어서 융화되고 변천되여 발달할 수 있는가 없는가, 할 수 있다면 문제없지만 … 내선동화의 어려움도 여기에 기인하는 것이다.》,《따라서 나는 조선민족성사론(史論-력사적으로 론단하다)을 론하여 조선사람들의 암증을 지정하고 그 근환을 제거하려고 하는 명의의 연구자료로 삼고저 한다.》

그러면서《지난 일을 회고하면 삼한 이래 조선민족의 망국파가(亡國破家)의 모양은 비통 참담한 력사로서 고래로 거의나 다 독립의 경험이 없고 자주왕국의 위급존망에 부딪치더라도 국민들은 한 몸 바쳐 국난에 림하지 않고 늘 혀바닥 아부와 권모술수로 한 때를 미봉할 뿐이였다. 더우기 궁중집권과 궁중정치의 페단에 온 나라 백성들은 가렴주구에 울고 … 그래도 죽지도 않고 또 살지도 않고 도탄 속에 헤매이는 생지옥 속에서 고통받다가 량반과 서민들 모두가 스스로 자기 나라를 멸망시키려는 위기일발의 상태였다.》(222페지)라고 줴쳤다.

요컨대 아오야나기는 조선사람들에 대한 동화는 필수적인데 그를 위한 방책은 관권에 의한 방법이 아니라 민족성개조를 위한 동화교육의 실시라고 하면서 력사를 통한 조선민족성의 말살을 강조하였다.

일제는《조선통치론》의 방향에 따라 조선을 영원한 식민지로 만들기 위하여 인적자원, 물적자원을 략탈하기 위한 조사놀음을 벌리는 한편 조선사람을 일본인으로 동화하기 위한 사상정신분야에 대한 조사사업도 동시에 밀고나갔다. 그리하여 조선의 력사와 문화, 성씨 지어는 민간신앙에 이르기까지 철저한 조사가 진행되였다. 성씨조사는 앞으로《창씨개명》을 감행하기 위한 전제조건으로 되였다.

이처럼 일제의《동조동근》론과 그 바탕에 놓여있는《임나설》은 단순한 학계간의 문제가 아니라 국가적인 문제였으며 제국주의일본에게 있어서《임나일본부》의 존재는 국시(國是《국책》)였다.

1970년대에 들어와서 광개토왕릉비문의 신묘년 기사를 두고 학계간의 범위를 벗어나 언론계, 사회계에 일대 파문이 일어난 것도 그것이 백여 년 간 고수, 고집해오던 일본사학계의《확고한》정설이 무너지느냐 마느냐 하는 판가름 문제로 상정되였기 때문이다. 그리고 또 그것은 제국주의일본이 력사학을 저들의 대륙침략에 교묘하게 악용한 죄과가 그대로 드러나게 되였기 때문이다.

하지만 일제가 퍼뜨린《동조동근》,《내선일체》의 후과는 막심하였다. 일제의 조선총독부가 조직적으로 출판한 관련도서만도 수백 권에 달한데다가《내선일체론의 기본리념》(경성 1940년)을 비롯하여 변절자들의 집단인 록기동맹[綠旗同盟]49이 퍼뜨리는 얼토당토않은 책들도 많아 조선의 청소년들 특히 지식인청년들 속에서 민족허무주의와 일본에 대한 사대주의로 하여 민족적 긍지와 자부심이 심히 훼손되였다.

일제가 부식시킨《동조동근》,《내선일체》가 조선민족에게 끼친 후과

---

49 록기동맹(綠旗同盟)은 녹기연맹의 오기일 것이다. 녹기연맹은 1925년 2월 11일(일제의 건국기념일인 기원절)에 경성제대 안에서 천황주의 극우파 단체로 창립된 경성천업(京城天業)청년단이 모체다. 1933년 녹기연맹으로 개칭하면서 사회단체로 확장했는데, 당초에는 일본인들로만 조직했다. 1937년 중일전쟁 때부터는 한국인들을 가입시켰는데, 이석훈(李石薰), 이영근(李泳根), 현영섭(玄永燮) 등이 본부 기구에서 활동했다.《월간 녹기(綠旗)》등을 발행했다.

가 얼마나 컸는가 하는 것을 일본사람의 말을 통하여 들어보기로 하자.

일제패망 이후 일본에서 《조선사연구회》를 조직한 다음 오래동안 그 회장을 한 바 있는 조선사연구의 권위자로 있던 하따다 다까시(旗田巍)는 《신조선사입문》(조선사연구회편 룡계서사 1981년판)의 《조선사상(史像)의 제 문제》에서 다음과 같이 말하였다.

> 《지난날 일본이 조선을 지배하고 있을 때 일본인들은 조선인에 대하여 민족적 편견을 가지고 조선사람들을 굽어보았다. 전후 그것은 좋지 않은 일이라고 표면상 말하기도 하나 내심적인 편견은 아직도 남아있다.
>
> 조선인에 대한 편견을 낳게 한 요인 중의 하나에 이지러진 조선사상(史像)이 깔려있다. 조선사상은 조선관(觀)의 형성에 중요한 역할을 담당하였으나 (일제)패망 전의 조선사연구는 이지러진 조선사상을 만들어내고 그릇된 조선관 -민족적 편견 형성에 한몫하였다.》

하따다는 이지러진 조선사상을 세 가지로 요약해서 서술하였다. 그것을 보면 다음과 같다.

> 《… 일제패망 전에는 일본인이 조선사연구를 거의 독점하고 일본인연구사들이 만들어낸 조선사상(史像)을 일본인뿐 아니라 조선인들에게도 주입시켰다. … 조선사상은 심히 이지러진 것이였다.
>
> 첫째로 조선사에는 자주적 발전이 없다는 것이다.
>
> 조선은 아시아대륙에 부착하는 반도라는 지리적 조건에 규정되여 대륙에서 일어나는 큰 세력에 압도되여 숙명을 가지고 또 바다를 건너오는 외부세력

에 위협을 받아 조선인은 자력으로 자기의 력사를 만들 수 없다고 한다. 또한 문화면에서도 외래문화 특히 중국문화에 압도되어 그것을 수용할 뿐 자기의 독자적인 문화를 만들 수 없었다고 한다. 미시나 쇼에이[三品彰英]50의 〈조선사개설〉은 이러한 견해를 대표하는 것으로서 그는 조선사의 특징을 〈타률성〉으로 보고 그에 의하여 조선사의 전개를 설명할 뿐 조선인민의 정신구조에 대하여서도 〈타률적 전위〉에 매달려 자기를 주장할 뿐이지 자주성이 없다고 단정하였다. 또한 이나바 이와기찌(稻葉岩吉 1876~ 1940년)의 〈만선사체계의 재인식〉은 〈만선(만주와 조선) 불가분론〉의 립장에서 조선에 대한 대륙세력의 압도적 영향을 강조하고 조선사를 대륙세력의 파동의 력사로 보았다. 조선의 자주적 발전의 부인을 이들 두 명만큼 명확하게 서술하지 않았다 해도 내심으로는 거의 비슷한 견해를 가지고 있었을 것으로 추측된다.

둘째로 〈일선동조론〉이라고 불리우는 조선사상(史像)이다.

일본인과 조선인은 동조동원(同源 : 근원이 같다는 뜻)으로서 피줄상 련계가 있을 뿐 아니라 동시에 고대의 일본은 조선을 지배하고 량자 사이에는 가부장과 가족원 혹은 본가와 분가의 관계에 있었다고 한다. 신공황후의 〈삼한정벌〉 혹은 〈임나일본부〉에 의한 조선지배 등은 이 견해의 표현이다. 이러한 력사 인식은 〈일본서기〉 이래 일본인들 속에 뿌리깊이 살아왔다. (에도)막부 말기의 국제위기시대에는 재야론객들 속에서 유미에 대항하기 위하여 조선을

---

50 미시나 쇼에이(三品彰英:1902~1971)는 도쿄제대 출신의 식민사학자로 해군 교수를 역임했다. 그는 《삼국사기》〈신라본기〉의 22대 지증왕(재위 500~514) 이전의 기사는 사실적인 정확성이 결여된 전설시대라고 주장하는 《삼국사기》 불신론의 견지에서 한국 고대사를 부정했다. 미시나 쇼에이 등 일본인들이 공통적으로 주장한 《삼국사기》 불신론에 대해서 남한에서는 고 최재석 교수가 《삼국사기 불신론 비판》(만권당, 2016)에서 비판한 것이 거의 유일할 정도로 남한 강단사학자들은 《삼국사기》 불신론을 도그마로 따르고 있다.

침략하고 일본을 팽창할 것을 주장하였지만 거기에는 고대일본의 조선지배가 회상되었다. 명치(유신) 이후 일선동조론은 교과서 기타를 통하여 일본국민들에게 주입되였으나 〈합병〉시기에는 한층 강조되여 일본의 조선지배를 합리화하는 유력한 지주(支柱)가 되였다. … 계속하여 식민지 지배시대 때에는 〈동화정책〉의 관념적 무기로 되였다. 조선인으로부터 독립의식을 빼앗고 일본인화하려는 경우에 일본인과 조선인이 동조동근이고 고대의 조선인은 천황의 지배하에 있었다고 하는 일선동조론은 절호의 력사상(傳)이였다. 그것을 일본인뿐 아니라 조선아이들에게도 가르치려고 하였다. 고대의 일본과 조선의 관계는 단순한 고대사의 문제가 아니라 조선통치에 관한 현실적 문제였다.

셋째로 조선의 후진과 락후를 주장하는 정체론이다.

지난날 명치(유신) 이전의 일본인들은 조선을 문화의 선진국으로 여기고 있었다. 특히 에도시대의 유학자들은 조선의 주자학, 주자학자들을 존경하였다. 그러나 명치 이후 일본이 유미문화를 수용하고 문명개화를 추진시켜 조선을 비롯한 아시아국에 지배력을 확대하는 데 따라 일본인도 유미를 례찬하고 아시아 여러 나라들을 깔보고 그 후진, 락후에 대하여 말하기 시작하였다. 후꾸자와 유기찌[福澤諭吉][51]의 〈탈아론[脱亞論]〉은 그 대표적 실례이다. 또한 후꾸다 도꾸조(福田德三)[52]의 〈한국의 경제조직과 경제단위〉는 경

---

51 후쿠자와 유키치(福澤諭吉:1835~1901)는 일본의 계몽사상가로서 게이오의숙(慶應義塾)의 창설자이다. 임오군란 이후 조선에서 청 세력이 확대되는 것을 막기 위해 김옥균 등의 급진개화파를 지원했지만 1884년의 갑신정변으로 패배하자 '탈아론'을 주장했다. 그 골자는 중국과 조선을 대할 때 특별히 사이좋게 대우할 것 없이 서양인들이 저들을 대하듯이 처분을 하면 된다는 것이다.

52 후쿠다 도쿠조(福田德三:1874~1930)는 일본경제학의 개척자로 불린다. 도교상과대학과 게이오의숙의 교수를 역임했는데, 조선의 경제수준이 일본에 비해서 1천여 년 가까이 낙후되었다는 '정체성론'을 주장했다.

제발전단계론에 의하여 조선경제의 수준을 생각하여 조선은 봉건제도가 성립하는 이전의 단계, 일본과 비교해서 말하면 헤이안기(平安朝 9~12세기)의 단계에 머물러있다고 하였다. 이 봉건제도결여론 혹은 헤이안조시대론은 그 후의 일본인의 조선경제사연구에 계승되였다. 한편 일본사와 조선사의 연구자들도 일본과 조선을 비교하여 조선은 일본보다 수백년 지어는 천년씩이나 뒤떨어져있다고 하였다.》(상기 도서 7~9페지)

후쿠자와 유키치(福澤諭吉).

하따다는 자기의 저서인《일본인의 조선관》을 비롯하여 여러 도서들에서 일제어용사가들이 사상정신분야에 끼친 후과에 대하여 지적하였다. 그밖에도 일제어용사가들에 의하여 생긴 이지러진 력사관, 조선관에 대하여 문제를 제기하고 지적한 량심적인 일본학자들은 한둘이 아니다.

니시가와 히로시가 쓴《일본 제국주의하에 있어서 조선고고학의 형성》(《조선사연구회 론문집》1970년 7호)을 비롯하여 고고학분야에 끼친 일제의 간악한 책동의 후과에 대하여 쓴 글들도 있다.

《일본인의 조선사상(史像)의 형성은 교과서에서 보는 한 〈소학생의 사회과 6년〉에 있는 것처럼 조선교량론과 임나일본부로부터 시작된다고 말할 수 있다. 조선에는 과거가 없을 뿐 아니라 미래도 없다. 그것도 옛날부터 일본의 지배하에 있다는 인식이 애들 속에 침투해간다. 그릇된 인식은 가르치는 교사들의 대다수가 가지고 있는 것이 현실적이다. …》라고 하는 지적(조선사연구회 회보, 37호, 1974년, 10페지)은 교과서 속에 살아있는 《임나일본부》설의 해독성을 면바로[똑바로] 맞힌 지적의 한토막이다.

하따다가 지적한 바와 같이 일제가 부식시킨 이지러진 조선사상(史像)은 잘못된 것이지만 그것은 조금도 시정되지 않고 각급 력사 교과서들에 그대로 숨 쉬고 있는 것이다.

조선민족성의 이모저모

필자는 일본에서 살 때 조선사람들이 민족성이 약하다는 말에 자신도 모르게 귀를 기울인 적이 있었다. 중국인이나 이스라엘(유태인)사람들에 비하면 민족성이 약하고 남의 나라 사람들에게 쉽게 동화되지 않겠는가 하는 것이었다. 일본에 사는 조선동포들 가운데서 일본사람으로 귀화하거나 몇 세대 바뀌자 일본사람으로 동화가 되는 현실이 조선사람들이 남의 나라 사람으로 쉽게 동화되지 않는가 하는 우려를 불러일으키기도 하였다. 하지만 그것은 시야가 좁은 탓으로 인한 일면적인 해석이고 근시안적 판단이다.

이러한 실례가 있다.

고대시기에 일본렬도를 개척하던 조선사람들은 거의 1천년간이나 고국의 기치를 들고 일본렬도에 틀고 앉았다. 8세기에 이르러서야 일본렬도의 통치자들은 조선에서 건너온 조선사람들의 후손들이 자기들이 신의 후손이라고 자처하는 것을 국가적으로 금하게 하였다. 그것은 저들의 통치에 리롭지 못하였기 때문이었다.

고구려와 백제가 망하기 전까지 조선사람들은 일본렬도에서 하늘에서 내려온(건너온) 사람으로 자처하면서 으시대고 살았다. 그리하여 일본원주민들은 바다 건너온 조선사람들은 하늘에서 내려온 것으로 알았는데 지금도 하늘이라는 뜻인 아마(天)는 바다 해(海)와 통하는 말로 쓰이고 있다. 해녀를 아마(海女)라고 부르는 것이 그러한 실례이다. 높은 생산기술과 문화를 소유한 조선사람들은 원시적 미개상태를 벗어나지 못했던 렬도의 원주민들에게 있어서 숭앙의 대상이였고 하늘이며 신이였다.

이러한 사회경제적, 문화적 배경은 바다 건너간 조선사람들을 하느님으로 떠받들게 하였고 조선민족으로서의 긍지와 자부심을 가지게 하여 1천년 가까이 민족성을 유지고수하게 하였던 것이다.

발해사람들 역시 그러하였다. 고구려를 계승한 발해는 926년 거란에 의해 나라가 멸망하자 일부는 동족의 나라 고려에 집단이주하는 한편 국토회복과 국권회복을 위하여 줄기차게 투쟁하였다. 그리하여 여러 발해 소국들을 세웠는데 그중에는 정안국53과 오사성 발해국54의 두 소국이 뚜렷한 자욱을 남기였다.

정안국사람들은 1018년까지 80~90년 이상 외적들을 반대하는 반거란

---

53 정안국(定安國:938년~986년)은 926년 발해(대진)가 멸망한 후 938년에 발해 귀족 출신인 열만화(烈萬華)가 발해 유민들과 세운 나라를 뜻한다. 제2대 임금 오현명(烏玄明)은 원흥(元興)이라는 독자적 연호를 사용했는데, 거란의 요나라에 멸망했으나 그 후에도 부흥운동을 계속하다가 고려로 귀순했다.

54 오사성 발해국은 오사국(烏舍國)을 뜻한다. 발해귀족인 오씨(烏氏)가 세운 나라인데, 오사성(烏舍城)을 중심으로 세운 나라였기 때문에 오사국으로 불렸다.

투쟁을 벌리다가 일이 잘되지 않게 되자 고려에 들어와 살게 되였고 오사성 발해국도 1004년경까지 존재하였다. 1029년에는 거란의 지배하에 있던 발해유민들이 추장 대연림[大延琳]의 지휘 밑에 흥료국[興遼國]55을 세웠다. 흥료국 역시 거란의 공격을 철저히 막아내지 못하게 되자 많은 주민들이 고려에 들어와 살았다.

발해멸망 이후 100년이 훨씬 지난 다음 흥료국을 세운 것이나 또한 발해국이 멸망한지 근 200년이 지난 1116년 발해유민들이 고영창[高永昌]의 지휘 밑에 대발해국을 세운 것56이나 다 강한 민족성의 발현이였다. 이것 하나만 보아도 조선사람들이 결코 민족성이 약하다고 할 수 없다.

100년이면 20년을 1세대로 본다 치더라도 5세대이다. 200년이면 10세대가 바뀌여지는 오랜 세월이다. 그럼에도 불구하고 옛 발해국을 재건하기 위해 희생을 무릅쓰고 폭동에 궐기한다는 것은 민족성이 강하지 않고서는 도저히 있을 수가 없는 것이다.

가까운 실례들을 더 들어보자.

백제가 멸망한 다음 숱한 백제사람들이 일본렬도에 건너갔다. 그중에는 왕족과 귀족들, 관하인에 속하는 백성들이 있었다, 그들은 이미 전부터 렬도에 정착한 아야[漢]씨와 하따[秦]씨57하고는 부류가 다른 망명귀족

---

55 흥료국(興遼國)은 대조영의 후손인 대연림(大延琳)이 발해 유민들과 1029년 건국한 국가이다.

56 대발해국은 일명 대원(大元)국이라고도 했다. 고영창(高永昌)이 1116년경 요양(遼陽)을 차지해서 세운 국가이다.

57 아야(漢)씨가 백제계라는 점에 대해서는 대체로 동의한다. 하따(秦)씨의 출자에 대해서는 조희승은 신라계라고 보고 있지만 여러 학설이 있다. 진시황의 후손이라는 학설도 있는데 이는 자신들을 중국과 연결시키려는 의도로서 신빙성이 없다. 신라에서 건너갔다는 학설 외에 백제에서 건너갔다는 학설은 이 씨족의 시조인 궁월군(弓月君)의 발음이 백제와 같은 구다라(くだら)로서 '궁월군=백제군'이라는데 있다. 《일본서기》에

일본 사이타마현 히다카시에 있는 고려신사(高麗神社, 고마징쟈). ⓒ 위키백과

이면서 보다 급수가 높은 계층들이였다. 그들은 《백제씨》(구다라씨)의
성을 가지고 일본왕실이 특별대우를 하는 존재로서 왕궁 안에서 큰 세력
을 형성하였고 또 별도로 귀족으로서 하나의 큰 문벌을 형성하였다. 그것
은 수백년 동안 계속되였다.

　고구려가 망하였을 때도 일부 귀족들과 관하인들이 일본렬도에 건너
갔다. 그들 역시 귀족으로서 하나의 큰 세력을 형성하였다. 그들은 고구
려의 고(高)를 성씨로 삼고 오래동안 귀족문벌로 행세하였다. 고복신(高
福信)이 그러한 전형적인 인물이다. 그는 후에 고구려의 고씨에 창고창을
달고 고창 즉 다까꾸라(高倉)라는 성을 칭하였다.58

궁월군이 백제의 120 현민을 이끌고 왔다는 이야기도 백제계라는 설의 근거로 사용된
다.

고구려의 후손으로 유명한 것이 오늘의 도꾜도의 고마징쟈(高麗神社)이다.59 여기서는 고마약광(高麗若光)을 위수로 한 고구려사람들의 집단이 살았다.

무사시 고마군은 말 그대로 고구려고을이다. 고마군의 중심마을은 현재 고마촌이 있는 도꾜도의 이리마군 고마향이다.

지금도 이 고마신사에는 고구려왕이 썼다는 칼과 고마개(고구려개), 《고마씨계도》가 남아있다. 그에 의하면 673년에 해당하는 시기에 고구려 약광이 일본에 건너갔다고 하였다. 그를 중심으로 고구려사람들이 집결하여 고마고을이 번창하였다. 앞에서 본 고복신은 바로 고구려 고마고을 출신이었다.

임진왜란 때 규슈섬 사쯔마의 시마즈패가 조선의 도자기 기술자들을 수많이 랍치해갔다. 사가(현)의 나베시마패도 조선도자기공을 수많이 랍치해갔으나 시마즈놈이 랍치해간 도자기집단이 20세기까지 하나의 집단부락으로 존재하면서 자기의 민족성을 고스란히 고수하면서 살았다.

---

58 고복신은 고창복신(高倉福信:709~789)을 뜻한다. 그는 《신찬성씨록》에 고구려 왕족의 후예인 연흥왕(延興王)의 자손으로 기록된 배나복덕(背奈福德:세나노 후쿠토쿠)의 후예이다. 광개토대왕의 후손으로 전해지고 있는데, 《속일본기》에는 779년 고창조신(高倉朝臣)으로 개성했다고 전해지고 있다.

59 고마신사(高麗神社)는 도쿄에서 그리 멀지 않은 사이타마(埼玉)현 히다카(日高)시에 있는 신사인데 이 일대는 옛날부터 고려향(高麗鄕)이 있던 곳으로 716년에 무사시노쿠니(武蔵國) 고마군(高麗郡)이 설치되었던 지역이다. 아직도 부근에 JR 고마가와(高麗川)역과 고마(高麗)역이 있을 정도로 고구려의 자취가 남아 있는 곳이다.

영언산 반야암. 원래는 환인 환웅 단군의 초상이 있었다. 일본에 전래된 환인·환웅·단군사상에 대한 연구가 필요하다. ⓒ 이덕일

가고시마현 나에시로가와의 심수관 일가들이 바로 그들이었다.[60] 그들은 오래동안 백두산에 계신 단군이 저들 집단을 보호해준다고 굳게 믿고 조선이 바라보이는 바다를 향한 산꼭대기에 단군신사를 짓고 조선식 그대로의 풍습을 유지하여 살아왔다.

이에 대하여서는 일본의 이름 있는 작가 시바 료따로(1923~1996년)의 단편실화작품《고향은 잊을 수 없소이다》에 실려 있다. 여기서 가장 큰 감

---

60 심수관(沈壽官:1835~1906)은 1598년 정유재란 때 일본으로 납치된 심당길(沈當吉)의 후손이다. 본관은 청송(靑松)으로서 가고시마현 히오키시 나에시로가와(苗代川)에서 지금까지 사쓰마 야키(薩摩燒)라고 불리는 도자기를 만들고 있다. 시바 료타로(司馬遠太郎)가 《고향을 잊을 수가 없소이다》의 주인공으로 소개하면서 널리 알려졌는데, 1988년 대한민국명예총영사로 임명되었다.

흥을 일으키는 것은 임진왜란 때 조상이 랍치당한 지 이미 200년이라는 오랜 세월이 지났음에도 불구하고 그 후손들은 조상들의 고향을 그리워하였다는 사실이다. 의사이며 려행가였던 다찌바나 난게이(1753~1805년)는 나에시로가와의 로인을 만났을 때의 이야기를 이렇게 썼다.

… 세월로 말하면 자기네 조상이 여기에 끌려온 지 벌써 200년 가까이 되었다. 하지만 인간의 마음이란 참으로 이상야릇한 것이다. 고향이란 잊을래야 잊을 수 없을 뿐 아니라 때에 따라 꿈속에서도 나타난다고. 낮 한때 도자기 굽는 가마 안에서 일할 때도 혹간 고향이 그리워지니 지금도 귀국을 허가받을 수만 있다면 고향에 가고 싶은 마음이 간절하다고 말하는 것이었다. 그리고는 눈물이 글썽하여《고향은 잊을 수 없소이다.》하는 말로 로인은 이야기를 끝마쳤다고 한다.

세대로서는 8대가 넘었고 세월이 200년씩이나 흘렀는데도 조상의 땅, 자기가 보지 못한 고향을 그리워하는 여기에 조선사람의 진한 민족성이 있는 것이 아니겠는가. 이러한 조선사람을 어찌 민족성이 희박하다고 단정할 수 있겠는가 하는 것이다.

이와 같은 강한 민족성의 발현은 비단 일본땅에서만 찾아볼 수 있는 것이 아니다. 중국대륙에서도 그와 같은 일을 고구려유민, 발해유민의 실례를 들어 찾아볼 수가 있다. 조선봉건왕조시기에 들어와서도 그러한 실례는 얼마든지 찾을 수 있다.

17세기 전반기 심하전역과 정묘와 병자의 두 전쟁으로 말미암아 녀진침략자들에 의해 조선사람들이 수많이 랍치되여가거나 포로가 되여 만주지방에 강제이주당하였다. 그러나 그들은 대부분이 자기의 민족성을 잃지 않고 살아왔다. 이에 대한 몇 가지 사실이 있다.

18세기의 유명한 실학자 박지원은《열하일기》(권2, 관내청사)에서 지금의 하북성 풍운현 고려포의 조선족들이 병자호란 때 랍치되여간 조선 포로의 후예들로서 100여 년 후인 당시에도 의연 조선사람의 원래의 생활 풍습을 그대로 보존하고 있다고 하였다.

17세기 전반기의 외래침략을 받으면서 생긴 동란 속에서 현지의 력대 봉건지배계급들의 민족적 압박과 차별정책 그리고 한족을 비롯한 여러 민족들과의 장기적인 생활원인으로 하여 일부 사람들은 민족성을 잃고 동화되기도 하였다. 그러나 적지 않은 조선사람들이 400년이 지난 오늘까지도 자기의 민족성을 유지하면서 생활하고 있다고 한다.

하북성 청룡현 팔도하자향에는 350여 명의 박씨가, 료녕성 개현 진툰향에는 270여 명의 박씨가, 료녕성 본계현 산성자향에는 1,200여 명의 박씨가 살고 있다. 이들 박씨의 조상들은 한때 만주 팔기병으로 복무하거나 왕실농장의 노예로 부림을 받는 등 인간 이하의 민족적 및 계급적 차별대우를 받아왔다. 하지만 이들 박씨 후예들은 현지의 한족, 만족과 엄격히 구별되는 조선민족의 고유한 생활풍습과 풍속을 보존해오는 것과 동시에 강렬한 민족의식을 지니고 살아왔다.

참고적으로 그러한 민족적 차이점을 이야기하자.

① 박씨마을에서는 동성혼이 엄격히 금지되고 있다.

② 혼례식은 반드시 그 부근 산성의《고구려묘》에 가서 제사를 지낸 다음 마을에 돌아와서 진행한다.

③ 박씨 집안 녀인들은 한족처럼 전족을 하지 않으며 전족을 한 녀인을 절대로 며느리로 맞지 않는다.

④ 박씨의 집안에서는 한족, 만족과는 달리 물장을 담그지 않고 된장을

담그어 먹었다.

⑤ 3개 지방의 박씨들은 빨래를 한 다음 반드시 풀을 먹이고 다듬이질을 한다.

⑥ 아침과 저녁식사 때에는 로인들에게 맨 먼저 독상을 받쳐드린다.

⑦ 매운 음식과 개고기를 즐겨 먹었다.

…

1986년 청룡현 팔가자향의 76살 나는 박만춘 로인은 지나간 일에 대하여 이렇게 회상하였다.

《어렸을 때 나는 자기가 어떤 민족인가를 몰랐는데 동네에 나가 놀 때마다 한족아이들이 나를 보고 〈고려종자〉라고 놀려주군 하더군요. 하도 이상스러워 집에 돌아와 할아버지에게 물으니 우리들이 조선에서 이주하여온 경위를 말하여주면서 우리는 고려인이라는 것과 고려인은 력사가 유구하고 우수한 문화를 가지고 있는 민족이라고 가르쳐주었으며 조선의 문화와 유명한 인물들의 이야기를 해주었습니다. … 우리는 편벽한 산골에서 살면서도 자기가 훌륭한 고려인후손이라는 것을 잊지 않았습니다.》(《중국조선민족발자취총서》1 중문 민족출판사 1999년 74~76페지)

이상에서 본 것이 조선사람 후예들의 진 모습이다. 국력이 약하였던 탓에 해외에 끌려가지 않을 수 없었던 비참한 처지의 조선사람들이였건만 그들은 조상을 탓하거나 남의 나라 민족으로 동화되는 것을 바라지 않고 꿋꿋이 살아왔던 것이다.

다리만 보고 몸뚱이 전체를 규정하지 말라는 말도 있듯이 이러한 조선사람을 어떻게 민족성이 희박하고 동화되기 쉬운 민족이라고 하겠는가. 400년이 지나도록 자기의 고유한 민족성을 고수하면서 《고려인》으로서의 존엄과 영예를 지키면서 사는 민족, 이것이 조선민족, 조선사람의 본연의 모습이다.

본론에 돌아가자.

조선사람의 민족성이 강한 것은 우에서 든 실례 몇 가지만 가지고도 일목료연하다. 그렇다면 왜 일본에서 조선사람들이 일본사람으로 귀화(동화)하는 현상이 벌어졌겠는가 하는 것이다.

그것은 일제가 부식시킨 《동조동근》론의 직접적 후과에 기인한다.

아오야나기의 《조선통치론》과 《신조선》에서 명백히 알 수 있는 것처럼 일제는 조선사람들에 대한 동화정책, 동화교육을 과거의 력사를 외곡하여 내리먹이는 방법으로 실현하려고 하였다. 그들은 조선사람들의 민족적 우수성을 외곡말살하고 조선사람들로 하여금 민족적 자긍심과 영예를 못 가지게 횡설수설하였으며 동화교육을 통하여 동화정책을 강력하게 추진시켜나갔다. 그리하여 일본은 자라나는 조선의 청소년들에게 《조선사람들은 더럽고 무지몽매하고 음흉하기 그지없으며 유치하고 어리석은 민족》으로서 일본에 비하면 《새까만 민족성을 지닌 악착한 민족, 암으로 응고된 민족》이라는 입에 담지 못할 비렬한 사상을 주입시켰다.

그것은 일제시기부터 오늘에 이르기까지 일본의 력사교과서를 비롯한 각종 교과서와 참고서, 거리의 구석구석에서 들을 수 있는 이야기이다. 실로 일제의 식민지였던 조선과 일제패망 후의 일본은 조선사람들을 동화시키려는 반동들의 소굴이었다.

2019년 1월, 스위스 제네바에서 열린 유엔아동인권위원회에 맞춰 현장을 방문한 조선학교 학생대표단과 어머니들이 일본정부의 차별적인 교육정책에 항의하고 있다. ⓒ 김지운

《조선사람들은 더러운 민족》이라는 것은 인에 박힌 말이였고 누데기를 걸치고 마늘냄새 풍기는《불결한 민족》으로 모독받은 것이 일본에 사는 조선사람들의 처지였다. 이들은 일본에 강제이주당하였거나 먹고살기 위하여 부득이 정든 고향을 떠나 낯설고 물 설은 왜 땅에 건너간 사람들이였고 그의 후손들이였다. 그런데 일본학교에 다니는 조선청소년들과 동화교육을 받은 조선사람들 가운데는 민족적 멸시와 수모를 받으며 살아온 데로부터 궁극에 가서는《조선사람이 싫다.》는 사상감정을 가지게 된 것이다.

그러나 그것은 어디까지나 일부에 불과하다. 조선사람된 긍지와 영예를 가지고 떳떳하게 사는 사람들이 태반이다. 특히 총련의 민주주의적 민족교육을 받는 재일조선청소년들은 어지러운 자본주의 일본땅에 살면서도 민족의 넋을 지켜 꿋꿋이 살고 있다.

부분적인 사실, 지엽적인 형태 몇 개를 보고 근원적인 문제와 사실, 내용을 규정, 단정할 수 없다.

민족성문제 역시 그렇다. 일본동화 교육의 악결과와 부분적 사실을 놓고 조선사람들의 민족성이 약하다고 결코 단정할 수 없다.

중국이나 그 밖의 나라와 지역에 나간 조선사람들도 대를 이어 민족성을 고수해나가고 있다. 앞에서 본 중국 박씨마을과 연변지구에 사는 조선사람들과 규슈 가고시마현의 나에시로가와의 심수관 일가에 대한 이야기들이 그것을 웅변으로 말해주고 있다.

반공화국, 반총련의 역풍이 부는 일본이라는 엄혹한 현실 속에서도, 조선민족멸시사상과 민족적 차별정책, 동화교육의 거센 광풍 속에서도 새 세대들에게 줄기차게 우리말과 글, 조국의 역사와 문화, 지리를 배워주면서 민족의 넋을 지켜나가는 반세기가 넘는 총련의 민주주의적 민족교육의 존재와 미더운 발전모습이야말로 조선사람들의 민족성이 얼마나 강한가 하는 것을 직접적으로 보여주는 것 외 아무것 아니다.

《동조동근》문제와 관련하여 겸해 말하면 일본의 《동조동근》론은 기다(喜田貞吉) 등이 처음 제창한 것이 아니었다.

《동조동근》론은 오끼나와(琉㺪)의 정치가이며 력사가인 상상현(쇼쇼겐-尚象賢 1617~1675년)의 《일류동조론(日琉同祖論)》을 그대로 우리 조선에 갖다 맞춘 것에 불과하다.[61]

---

61 상상현은 하누지 쵸쥬(羽地朝秀:1617~1676)이다. 지금의 오키나와인 류구국(琉球國)의 역사가이자 정치가였다. 1650년에 류구 최초의 정사인 《중산세감(中山世鑑)》을 편찬했다. 1666년부터 류구국의 섭정으로 있으면서 일본 문화를 도입해야 한다고 주장했는데, 일본에서는 이를 정치개혁이라고 높이고 있다. 류구국은 1429년부터 1879

상상현은 류뀨(오끼나와) 제2상씨 왕통초대상원(尙円)의 자손으로서 1609년에 있었던 사쯔마번의 침략을 받은 다음 그 속국적 지위에서 류뀨의 부흥을 모색한 사람이다. 그는 1650년《중산세감(中山世鑑)》이라는 책을 저술하였는데 이것은 오끼나와의 첫 력사책이라고 일러온다.

그는《일류동조론》을 강하게 제기하였는데 나라의 기강확립과 개산사업의 장래, 절약강화, 농민부담의 경감, 일본문화와 도입, 미신타파 등을 추진시켰다. 이것들을 집행하기 위한 리론적 근거로《중산세감》을 내놓았다. 일본문화도입 역시 이러한《동조론》에 기초한 것이였다. 다시 말하여 일본과 류뀨(오끼나와)는《동조동근》이며 따라서 일본문화를 적극 도입하여야 한다는 주장이였다.

지금에 와서 인류학적 근거 등으로 볼 때 류뀨사람들이 일본렬도의 주민들과 형질학적으로 근사하며 같을 수 있으나 당시로는 일본본토의 주민들과 류뀨사람들의《일류동조론》은 관념적인 것에 불과하였다.

기다 사다기찌를 비롯한 근대일본사학을 형성한 사람들은 조선침략의 립장에서 이미 있던《일류동조론》을 인위적으로 갖다 붙여 조선과 일본이《동조동근》이라고 망발하였을 뿐 그것은 어제도 그렇고 오늘도 과학적으로 볼 때 비슷하지도 않는 랑설이다. 일본과 조선은 인류형질학적으로, 문화적으로 볼 때 근원적으로 완전히 차이나며 구별된다. 단지 닮은 것이 있다면 조선의 강한 문화적 영향으로 일본문화가 형성되였다는 사실이다.

년까지 류구열도의 중심에 있던 왕조였는데, 이른바 메이지 유신 후인 1871년 폐번치현 때 가고시마(鹿兒島)현으로 편입되었다가 청일전쟁 이후 일본의 완전한 지배지로 전락했다.

이렇게 어슷비슷하지도 않은 조선과 일본사이의 관계를 똑바른 연구도 하지 않고 이미 있던 상상현의《일류동조론》을 조선에 기계적으로 갖다 댄 것 자체가 어불성설인 것이다.

2. 《임나일본부》는 조선에 있었는가

불청객들의 조선고고학《연구》

1905년부터 1945년까지 조선사람들은 국권을 상실한 주권 없는 백성이였다. 주권이 없는 이 땅의 주인은 일본사람이였다. 일본사람들은 조선에 건너와 닥치는 대로 고분을 들추고 파헤쳤다.

《조선의 락후성과 정체론을 증명할 자료는 없는가.》

《임나일본부를 립증할 자료는 없는가.》

조상의 무덤이 외인에게 파헤쳐져도 국권을 못 가진 조선사람은 조상의 무덤을 지키지 못하고 수수방관할 수밖에 없었다.

이와 반대로 불청객들인 일본사람들은 수십년 동안 아무러한 구속과 통제도 받지 않고 발굴(도굴, 란굴포함)을 자행하였다. 이에 대해서는 일제시기 직접 총독부 박물관 촉탁으로서 발굴사업에 가담한 일본인학자 아리미쯔(有光敎一)의 말을 들어봐도 잘 알 수 있을 것이다.

조선고고학의 개막은 일본인학자의 손에 의하여 20세기에 진행되였다. 그 무렵 일본의 세력은 군사력을 배경으로 주로 정치, 경제의 분야에서 대륙에 뻗쳐왔다. 일본인학자가 고고학적 활동을 조선반도에서 시작하게 된 것은 이 추세와 깊은 련계가 있었다. 그리고 1910년의 일한병합부터 조선총독부시대를 통해서 조선반도를 도약으로 하는 고고학적 연구는 오로지 일본인학자에 의해서 독점당한 형세가 되였다.

1945년까지 조선에 있어서와 유적발굴조사는 나라(조선총독부-인용자)가 이것을 진행하는 체계로 총독부의 해당한 관리 이외의 사람에게는 유적을 발굴시키지 않는다는 규칙이 있었다. … 일본에서 고고학자나 력사학자가 빈번히 조선에 와서 유적의 발굴조사를 진행하였으나 그들은 조선총독부로부터 위원 또는 촉탁의 사령(辭令)을 받고 있었으며 많은 경우 발굴비는 총독부가 지출하였다. 또한 1916년에 설립된 조선총독부 박물관은 학술적 발굴로 나온 자료의 진렬을 주요 목적으로 하였고 그 발굴조사를 맡은 관원은 모두 일본인이였다. 이 상태는 일본 패망 때까지 변하지 않았다.

세키노 다다시의《고적조사보고서》. 가는 곳마다 낙랑 유물을 '우연히' 발견한 세키노 다다시는 북경 유리창(琉璃廠)가에서 낙랑 유물을 마구 사서 총독부 박물관에 보냈다고 일기에 썼다.

《1945년까지의 40년이 넘는 기간 조선고고학사는 … 그간의 연구 활동이 거의 일본인 학자에 의하여 진행되어 조선인학자에게는 중요한 발굴조사의 기회가 마련되지 않았다. 이것은 일본의 조선통치라는 특별한 사정과 깊은 관계가 있었다고 하더라도 조선고고학의 립장에서 돌이켜보면 유감스러운 것이였다.》《침묵의 세계사》10권《반도와 태양의 유적》신조사(新潮社) 13페지 1970년)

일본은 조선총독부라는 관권을 등에 업고 식민지통치 전 기간《임나일본부》의 존재를 증명하기 위해 별의별 악한 짓을 다하였다. 그것은 그야

말로《영속화》,《조직화》되였다. 따라서《임나일본부》를 증명할 시간이
모자랐다는 구실은 서지 않을 것이다.

일본인에 의한 고분발굴은《1945년에 이르기까지의 만 30년 간 조선총
독부의 고적조사위원회는 이 방면의 사업의 중핵으로 되여 많은 공적을
남기》(《임나흥망사》스에마쯔 야스가즈 요시가와홍문관 1961년 12페
지)였다.

한 일본인은 이에 대하여《1916년부터는 총독부의 통일적 사업으로서
년도계획에 따라 반도전토에 걸치는 조사가 개시되여 세끼노 박사 이외
에 도리이, 이마니시, 구로이따, 하마다, 이께우찌, 하라다, 우메하라, 야
쯔이 등의 전문학자를 망라하고 각 방면의 연구를 담당하고 실로 학계에
드물게 보는 성대한 거사였다. 이밖에도 야기, 시바따(柴田常惠) 제씨도
조선의 고문화연구에 힘을 다하여 당시의 일본고고학자의 태반은 반도의
고적조사사업의 참가자이고 또 실시자였다고 해도 과언이 아니다.》(《조
선고고학연구》후지따 료사꾸 다까기리 서원 1948년 머리말)라고 까밝
혔던 것이다.

세상을 경악케 한 고분도굴자들의《공적》

일본학자들이 주장하는《임나설》의 기본중심은 기내 야마또정권의 출
장기관이라고 말할 수 있는《일본부》의 존재이다. 따라서 경상남도 김해
지방에서《일본부》의 존재가 고고학적 자료에 의해 증명되여야만 하였
다. 왜냐하면 일본학자들의 말대로 한다면《일본서기》에 나오는《일본
부》가 설치된 것은 가야 일대이기 때문이다.

바로 가야의 중심지가 김해이다. 이 김해 일대에 일본적(야마또적)인 유적 유물만 나타나면 쾌재를 올리고 만세를 부를 판이었다. 그러나 일은 일본인학자들의 희망대로 쉽게 되지 않았다.

맨 처음 여기에 주목을 돌린 것은 초기에 《임나고》를 쓴 간 마사또모(菅政友)[62]이다. 그는 이소노가미(石上) 신궁의 궁사(구지-책임자)를 하면서 매일처럼 칠지도를 보며 칠지도 명문과 《일본서기》의 기록을 꿰어맞추려고 무진 애를 쓴 사람이다. 그는 청일전쟁을 앞둔 1893년 《임나고》를 썼는 바 여기서 신공황후가 신라정벌을 감행한 해를 362년으로 정하고 이것을 출발점으로 해서 《상대에 있어서의 조선지배》를 론하였다. 게다가 그는 나라현 이소노가미신궁의 백제 칠지도까지 결부시켰다. 이리하여 《백제칠지도가 야마또정권에 바친 공상품》이라는 틀거리가 형성된 것이다. 이러나저러나 간에 《임나일본부》의 증명을 그토록 갈망하던 간 마사또모는 김해에 한 번도 발을 들여놓지 못하였다.

실지로 현지탐사를 한 것은 시바따(柴田常惠), 이마니시(今西龍)[63],

---

62 간 마사또모(菅政友:1824~1897)는 미토번(水戸藩) 출신의 일본 국학자이자 정한론자이다. 1858년 미토번에서 일본의 역사서를 편찬하기 위해 설치한 창고관(彰考館)에 들어가 《대일본사(大日本史)》 편찬에 함께했다. 1873에는 이소노가미 신궁(石上神宮)의 대궁사(大宮司)로서 신궁에 보관되어 있던 백제 칠지도에 명문(銘文)이 있음을 발견했는데, 이때 일부 글자가 의도적으로 지워졌다는 의혹이 일기도 했다.

63 이마니시 류(今西龍:1875~1932)는 기후(岐阜)현 출신의 식민사학자로서 도쿄제국대학을 나왔다. 1906년부터 경주(慶州) 부근의 고고학 조사를 했으며 1913년에는 평안도 용강군(현 온천군)에서 낙랑군 유물이라는 이른바 '점제현(秥蟬縣) 신사비'를 발견했다고 주장했다. 그 이전 2천여 년 동안 평지에 서 있던 이 신사비를 아무도 본 적이 없었는데, 이마니시 류는 하루 만에 찾아냈다고 주장했다. 북한은 해방 후 이 비석의 성분 분석을 통해 이 부근의 화강암이 아니라 만주 지역의 화강암과 성질이 같다고 밝혀냈다. 이마니시 류는 신라사, 백제사 등 한국 고대사를 연구하면서 임나일본부를 살리기 위해 《삼국사기》 불신론을 주창했는데, 남한의 강단사학자들이 아직도 이마니시 류의 《삼국사기》 불신론을 정설이라고 추종하고 있다. 그런데 1912년 큐슈 남부의 미야자키(宮崎)현 사이토(西都)시에 있는 사이토바루(西都原)고분군(古墳群) 발굴에

세키노 다다시(1868~1935).

도리이(鳥居龍藏), 하마다(浜田耕作), 우메하라(梅原未治)를 비롯한 유명짜한 인물들이였다. 이밖에도 세끼노(關野貞)64, 하라다(原田淑人), 야쯔이(谷井濟一) 등이 김해지방을 탐지했다.

후에 오래동안 일본고고학협회의 회장을 한 도꾜대학의 구로이따 가쯔요시는 1915년 김해지방을 조사한 다음 도꾜제국대학 총장에게 보고서를 제출하였다. 그에 의하면 김해땅이란 가야의 수도가 있었던 곳으로서 또 거기에《임나일본부》가 설치되였다고 하지만 실지로 조사한 결과 어디에 그것이 있는지 유적 유물로써는 찾아볼 수 없다는 것이였다.

그런데 구로이따의 현지조사와 관계없이 조선총독부는 1916년에《고적 및 유물보존규칙》과《고적조사위원회규정》을 공포하여 일본인에 의

참여했다. 이 유적은 빨라야 3세기 후반부터 시작하는데 야마토왜의 황조(皇祖), 즉 황실의 조상의 유적이라고 보고 있다. 즉 야마토왜는 아무리 빨라야 3세기 후반에 시작한다는 사실을 알면서도 황국사관(皇國史觀)으로 일본사는 서기전 660년에 시작한다고 주장했다. 즉 일본사는 끌어올리고 한국사는 끌어내려렸는데도 불구하고 이병도를 비롯한 남한의 강단사학자들은 아주 높이 평가했다. 경성제대 교수를 역임했다.

64 세키노 다다시(關野貞:1868~1935)는 도꾜제대 공학부 조가학과(造家學科:건축학과) 출신의 건축학자이자 건축사가이다. 대학 졸업 후 내무성과 나라현의 건축기사로 나라의 고건축과 평성궁지(平城宮址) 등을 조사했다. 도꾜대 공대 교수로서 1910년 조선총독부의 위탁을 받아 한국과 중국의 고건축을 비롯한 각종 유적을 조사했는데, 한국 북부에서 가는 곳마다 한(漢)나라와 낙랑군 유적을 찾아냈던 '신의 손'이었다. 조선총독부에서 발간한《조선고적도보(朝鮮古蹟圖譜)》(1916~1935)도 편찬했다. 그는 자신이 발견한 기념비적인 유적, 유물들에 대해 모두 "우연히 발견했다."라고 부기했다. 최근 그의 일기가 발견되었는데, 정작 낙랑군이 있었다는 평양이 아니라 북경의 골동품 거리인 유리창(琉璃廠)에서 '한나라, 낙랑 유물을 마구 구입해 조선총독부 박물관에 보냈다'고 고백했다.

한 조선전국의 고분발굴을 법적으로 비호조장하는 대책을 세웠다. 이와 때를 같이하여《고적조사위원회》는 1916년부터 5개년계획이라는 것을 세워 전국의 유적 유물을 들추기 시작하였다. 특히 경상남도의 지역은 참빗으로 훑듯이 철저히 조사당하였다.

미야자키현 사이토바루고분군 지도.

여기에는 도교대학과 교또대학의 이른바 우수한 학자들이 총동원되었다. 그들은 조선인민의 피땀을 빨아들인 조선총독부의 막대한 자금을 물 쓰듯 탕진하면서 고분발굴을 진행하였다. 일본인학자들은 김해지방탐사가 김해조개무지발굴에 있었던 것처럼 구구하게 말하지만 기실은《임나일본부》의 존재를 증명하기 위한《물적 증거》를 찾기 위한 것이였다는 것은 불 보듯 뻔하였다.

그런데 우연인지 필연인지 임나(가야)땅을 밟은《선구자》들인 여러 학자들은 이에 앞서 규슈 동남부의 사이또바루(西都原, 齋殿原)고분유적들을 조사발굴하였다.65 여기에는 동서 약 1.1km, 남북 약 3.3km에 걸치는

---

65 사이토바루고분군(西都原古墳群)은 큐슈 남부 미야자키현에 있는 3세기 말부터 6세기까지의 고분유적으로서 1952년 일본의 국가 특별사적 공원으로 지정받았다. 동서 2.6km, 남북 4.2km의 넓은 면적의 고분군이다. 현재 전방후원분 31기, 원형분(円形墳) 279기, 방형분(方形墳) 1기와 지하식(地下式) 횡혈묘 11기 등 다양한 형태의 고분들이

사이토바루박물관에 전시 중인 철검과 철제 갑옷. 사이토바루고분군의 주인공이 가야계라는 움직일 수 없는 증거다. ⓒ 이덕일

대지 우에 약 600여 기의 가야고분이 존재하고 있었다. 바로 이 사이또바루고분떼를 들춘 학자들이 그대로 조선에 건너와 가야고분을 조사한 것이다.

일본의 사이또바루고분을 조사하고 조선의 가야고분을 조사한 그들이 어떠한 감개에 잠겼는가는 헤아릴 수 없다. 다만 일본고고학의 선구자였다고 하는 교또대학의 하마다 교수가 1921년에 쓴 론문에서 다음과 같이 말한 것이 흥미를 끈다.

즉 일본의 유적 년대나 내용은 조선반도 남부의 형편이 알려지는 과정에서 점차로 알게 되었다. 조선반도 남부에는 일본과 비슷한 민족이 같은 문화를 가지고 살아있었을 것이다. 그런데 지금 어느 쪽의 문화가 높다거나 낮다거나 즉시로 단정할 수 없다는 등의 취지였다. 이것은 사이또바루고분을 조사한 적이 있는 하마다 교수가 자기의 솔직한 심정을 조심히 토로한 것으로 리해된다.

존재한다. 그중 메사보츠카(女狭穂塚)고분은 길이 176m, 후원부가 96m, 높이가 14m에 달하는 큐슈 제일의 전방후원분인데, 오사호츠카(男狭穂塚)고분과 쌍을 이루고 있다. 1912년 도쿄제대에서 발굴한 후 일본 황실의 발상지라고 여겼는데, 일왕 아키히도 부부도 2004년 이곳을 방문해서 지금도 기념 식단이 존재한다.

사이토바루고분군 유적지에 세운 일왕 아키히토 부부 방문기념식단. 일왕 부부는 일 왕가 조상들의 유적을 찾아왔을 것이다. ⓒ 이덕일

 계속해서 조선총독부가 기획한 이른바 《5개년계획》을 좀 더 따져보자.
 《5개년계획》은 당초에 첫해에는 한4군과 고구려, 두 번째 해에는 가라, 백제(경기, 충청남북도, 경상남북도, 전라남북도) 등의 조사, 세 번째 해에는 신라, 네 번째 해에는 예맥, 옥저, 발해, 녀진 그리고 다섯 번째 해에는 고려의 유적조사로 예정되었다.
 이리한 《5개년계획》에 따라 구로이따 가쓰요시는 1916년 8~9월에 경상북도 고령군, 경상남도 김해군의 고분과 그 밖의 유적을 조사하며, 이마니시 류는 9월부터 이듬해 1월에 걸쳐 경상북도 선산군, 달성군, 고령군, 성주군, 김천군, 경상남도 함안군, 창녕군을 조사하였다. 도리이 료죠는 이해 10월부터 이듬해 1월에 걸쳐 경상북도 경주군, 영주군, 안동군, 대구부, 달성군, 경상남도 거창군, 함선군, 진주군, 사천군, 통영군, 동래군, 밀

양군, 김해군 및 울릉도의 석기시대 유적과 고분 등을 조사하였다.

또한 1918년 9~10월 사이에는 하마다 고사꾸, 우메하라 수에지 등에 의한 경상남북도, 충청남북도의 조사가 있었고 그중 상주, 고령, 창녕에서 고분발굴을 진행하였으며, 7~8월에는 하라다 요시또가 경상남북도 경주군, 경산군, 청도군, 김천군, 상주군, 경상남도 량산군, 동래군의 제 유적을 조사하였다. 1920년에는 바바(馬場是一郎), 오가와(小川敬吉)에 의해 경상남도 량산군 량산면 북정동의《부부무덤》이 발굴되였다. 그리고 야쯔이에 의해 전라남도 라주군 반남면 고분의 조사가 개시되였으며 또 1918~1920년 사이에 야쯔이에 의해 고령, 성주, 창녕, 김해, 함안 등지에서 고분조사가 진행되였다.

그밖에 고이즈미(小泉顯夫), 노가미(野守健) 등에 의한 경상북도 달성군 달서면의 고분조사와 사이또(齋藤忠)에 의한 대구부근의 고적조사, 아리미쯔(有光敎一)에 의한 라주 반남면의 조사, 아리미쯔, 사이또에 의한 고령고분조사 등이 진행되였다.

그런데 이 고분발굴 조사라는 것은 말이 조사발굴이지 기실은 도굴, 란굴의《모범》으로 될 정도로 강도적이였다.

본래《5개년계획》이란 빛갈좋은 개살구로서 1917~1918년경으로부터 남부조선 일대에서 진행된 조사 때 곽실에 굉장한 부장품이 있다는 사실이 밝혀지고 그 가운데서 고대일본과 조선관계를 증명하는 유물들이 많았다는 데로부터, 말하자면《임나일본부》를 증명할 유물이 포함되였다는 것으로 하여《현저히 내지(일본땅을 가리킴-인용자)학자의 흥미를 돋구어 반도의 고적조사가 거기에 하나의 중심목표를 두는 한 시기를 현출하는 데 이르렀》(《조선고대의 문화》다까기리(高桐)서원 1946년판 83페지)던 것이다.

이리하여 1917년 이후 야쯔이, 하마다, 하라다 등의 조사는 초시기 세웠던《5개년계획》을 집어던지고 중부이남의 조사에 집중되게 되였다. (우와 같은 책 10페지)

고분발굴의 중심방향을 중부이남지역에로 돌린 기본목적은 두말할 것 없이 남부조선에서 어떻게 하나《임나일본부》를 증명할 유적과 유물을 찾아내는 것이였다. 따라서 그들은 자연히《비분강개》하여《정열에 넘쳐》파헤칠 수밖에 없었던 것이다. 실례로 야쯔이는 1918년 겨울부터 1919년에 걸쳐 불과 몇 달 사이에 경상남도 창녕무덤떼에서만도 혼자서 100기 이상이나 파헤쳤다.(《조선고대의 문화》10페지)

고분 하나를 발굴하는 데 최소한 한 달이라는 시간을 들여야 한다는 상식에 비추어본다면 실로 경악을 금할 수 없는 일이다.

이 놀라운 수자를 두고 모르는 사람은 유물이 없어 그렇겠거니하고 두둔할 수 있을 것이다. 하지만 사실은 그렇지 않았다.

창녕 교동은 전 조선적으로도 굴지의 고분들이 집결되여 있는 옛 가야땅이다. 부장품 역시 수준이 높고 매장량 또한 풍부하였다. 일본인학자 자신이《창녕 교동의 주요한 무덤떼의 발굴은 마차 20대, 철도화차 2차량분을 채우고도 아직 남음이 있었다고 할 정도 방대한 유물의 출토를 보았다.》고 할 만큼 엄청난 량에 달하였다.

명색이 학자라고 하는 자들이 이런 짓을 해놓고도 발굴조사보고 하나 똑똑히 써놓은 것이 없으니 그 발굴조사가 무슨 목적으로 진행되였는가는 너무나도 자명하다. 더우기 그들이 감행한《발굴조사로부터 조장된 각지에 있어서의 도굴의 풍은 학술조사에 앞서 중요한 유적들을 차례대로 파괴하고 마》(우와 같은 책 87페지)는 엄중한 후과를 가져왔다.

그러나 대부분의 일본인학자들은 조선에서의 고고학발굴을 미화분식하였다.

오래동안 총독부 박물관 고적조사위원을 하였고 해방 후 일본고고학협회 회장을 한 바 있는 후지따(藤田亮策)66는 일제총독부의 치적을 다음과 같이 요란스레 선전하였다.

《특히 초대총독 데라우찌 마사다께 대장의 시정 중 총독부박물관의 개설과 고적유물조사 및 보존규칙의 발포, 아울러 조선 전토의 통일적인 고적〈조사〉사업의 개시는 획기적인 사업이고 〈문화건설〉의 필두로 들어야 할 것이다. 고적 및 유물보존규칙은 문화유적을 국가가 보존관리 할 데 관한 아국에 있어서의 최초의 법령이고 이에 의하여 도굴파괴를 막고 해외이출을 금지하고 전문학자로 하여금 학술적인 발굴조사를 진행케 하여 그 결과는 곧 력사참고로 하여 교과서의 자료로 하며 또한 미술공예의 연구를 돕고 조사보고서와 함께 고적도보라는 도록을 발간해 세계에 널리 소개하는 데 힘썼던 것이다.》(《조선고고학》 유잔각 1942년 5페지 《조선고고학의 발달》》

일본인학자들이 조선에서 감행한 문화유산 략탈파괴 행위를 아무리

---

66 후지타 료사쿠(藤田亮策:1892~1960)는 도쿄제대에서 구로이타(黒板勝美:1874~1946)의 지도로 국사(일본사)를 전공했다. 1922년 구로이타의 소개로 조선총독부 고적조사 위원, 학무국 박물관 주임과 조선사편수회 위원을 역임하면서 한국사 왜곡에 앞장섰다. 1932년 오다 쇼고(小田省吾)가 정년퇴임하고 이마니시 류가 사망한 후 그 뒤를 이어 경성제국대학 교수로서 조선사학의 제1강좌를 담당했고, 경성제대 법문학부 부장을 역임했다.

가리워보려고 해도 그것은 손바닥으로 해를 가리워보려는 어리석은 행위에 불과하다.

일제총독부에 의한 도굴, 란굴이 얼마나 우심하였는가는 조선식민지통치의 두목인 당시의 조선총독 우가끼 가즈시게(宇垣一成)로 하여금 《총독정치의 일 오점》이라고 한탄케 할 정도로 되고 말았다. (《조선고대의 문화》21페지)

물론 조선에서 총독정치의 오점이 일본인에 의한 고분략탈에 국한되지 않는다는 것은 자타가 인정하는 바이다.

일제 때 조선에서의 고분발굴에 직접 참가한 한 고고학자는 1945년 이후 당시를 회상하여 다음과 같이 실토하였다.

《1917년 이후 야쯔이(谷井濟一) 학자 일행이 발굴조사한 굉장한 유적의 보고가 모두 미발표》,《관계자의 한사람으로서 조사를 해서 이와 같은 실정에 놓이게 한 것이 유적파괴자로서의 세계학계로부터의 비난을 면치 못하고 학자로서의 책임은 말할 것도 없고 따라서 그것이 나라의 문화수준을 땅바닥에 떨어지게 하였다.》(《조선고대의 묘제》10페지)

도굴을 겸한 조사발굴은 비단 야쯔이에 한하지 않는다. 일제시기 경주와 평양 등 조선에서 30년간 유적발굴조사에 참가하고 패망직후까지 평양박물관 관장을 한 바 있는 고이즈미(小泉顯夫)는 《조선고대유적의 편력》(발굴조사 30년의 회상)이라는 책(록꼬출판 1986년)의 제3장의 1제목에서 《참담한 도굴고분》,《눈을 가리우는 참상》이라는 소제목을 달았다. 고이즈미로 하여금 그와 같은 소제목을 달게 한 도굴형편은 눈이 감길 정도가 아니라 치가 떨릴 정도였다.

야쯔이에 못지않게 도굴을 일삼은 자는 가루베(輕部玆恩)였다. 야쯔이가 가야고분을 망탕 란굴하였다면 이자는 백제고분을 닥치는 대로 도굴한 사이비학자였다. 혼자서 백제고분 100여 기를 들췄다는 그는 같은 일본인학자인 후지따 료사꾸에게서 강한 비난과 질책까지 받은 무뢰한이며 도적놈이었다. (우와 같은 책 200~206페지)

조선유적 파괴자로서의 일본인들의 죄행을 가야 선산(善山-경상북도)의 한 실례를 들어본다면 다음과 같다.

《본 고을에 유존하는 약 1천 기 또는 그 이상 수에 달하는 고분은 2~3년 전부터 이 지방에서 고분 내에 유존하는 고물을 완롱하는 폐풍이 일어났던 것과 장사치들의 매수하는 자가 있었음으로 인하여 모조리 무뢰한의 도굴하는 바가 되었다. 다만 락산동, 오목야, 송곡동, 도림면, 신림동 신촌 등 평지에 있는 것은 일찍부터 발굴 파괴되였던 것 같아 그 흔적이 낡았고 또 그밖에 봉토가 류실되여 자연히 파괴된 것은 더러는 있었을 것이나 그 대다수는 실로 최근 한두 해 동안에 파괴된 것이다. 군집된 고분이 도굴에 걸려 파잔황폐된 참상은 차마 볼 수 없다. 실로 잔인혹박을 극하여 정교상으로 보더라도 심히 두렵다고 할 것이다. 일이 이렇게 된 원인에 대하여 이제 말하지 않더라도 현대인의 죄악과 땅바닥에 떨어진 도의를 보려면 이 고분군집지를 볼 것이다.》(《대정6년도 〈1917〉고적보고서》 30 122페지)

그리고 상기 고적조사보고서에 대하여 일본학자들은 일제에 의한《금속기략탈 시대》라는 한 개 조선유물 략탈시기가 있었다는 것을 시인(是認)하고 있다. 그러면서도 지금에 와서 일본사람들 중에는 조선에서 파괴 략탈 같은 나쁜 일만 한 것이 아니라 좋은 일도 했다고 공언(公言)하는 한심한 사람들도 있으니 말해서 무엇하겠는가.

간악한 일본 어용사가들에 의하여 무참히 파괴되고 도적 맞힌 조선의 무수한 고분들과 력사유물들은 오늘도 후안무치한 력사파괴자, 날강도로서의 일본의 죄행을 만천하에 고발하고 있다.

이렇게 조선에서의 일본인에 의한 고분발굴은 큰 오점을 남기였다. 이러한 오점은 결국《임나일본부》의 존재를 증명하기 위한 정치적 목적을 추구한 데로부터 빚어진 후과였다.

그런데 야쯔이는 그토록 정열을 쏟아 붓고 정력적으로 발굴하여 가야 고분을 조사해놓고도 왜 한 편의 발굴조사 보고조차 쓰지 않고 떠나가 버렸는가.

그것은 창녕 교동 등지의 유적 유물들이 자칫 잘못하면 야마또정권의 《임나일본부》가 증명되는 것이 아니라 그와 반대로 일본렬도 내 조선소국(분국)의 존재가 증명되는《재미없는 것》으로 될 수 있었기 때문이다.

《임나일본부》의 존재를 론증할 수 있다는 희열에 넘쳐 발굴을 했건만 그에 보답할 만한 한 점의 성과도 올리지 못했으니 그가 기진맥진하여 허전하고 쓸쓸하게 바다를 건너가 버린 것도 알만 한 일이다. 라주 반남면의 하나의 전방후원무덤67을 놓고도 몇 해를 두고 조사하고 또 조사하여《왜

---

67 전방후원무덤(前方後圓墳)은 앞은 사각형이고 뒤는 원형인 무덤을 뜻한다. 이 무덤들은 일본에만 존재하는 것으로 알려져 있었으나 사실은 일제강점기 때인 1917년~1918년 야츠이 세이이치(谷井濟一)가 전남 나주 반남면의 전방후원분을 이미 발굴했다. 야츠이 는 발굴 후 "아마 왜인의 유적일 것이다."라면서 훗날〈나주 반남면에 있어서의 왜인의

인의 것》으로《증명》하려고 애쓴 그가 이 일대의 무수한 부장품만으로써도 영국에 있어서의 로마제국과 같은 관계를 립증하게 된 것이 두려워졌던 것이다.

그런데 아수하고 통탄할 일은 그때까지만 해도 온전하게 남았던 창녕 교동을 비롯한 경상도 일대의 방대한 고분들이 일본인들에 의하여 란도질을 당하고도 글쪼각 하나 남지 못한 것이다. 그뿐 아니라《조장된 도굴이 근년까지 완전히 보존되여 온 각지의 유적을 닥치는 대로 파괴하고 말았고 동래, 량산, 창녕, 고령 등지에서는 이제는 거의나 완전한 무덤무지를 남기지 않게 되여 출토의 유물은 흩어져 없어》(《조선고대의 묘제》87페지)지고 말았다고 하는 데 있다.

유적》이란 보고서를 내겠다고 발표했지만 내지 않았다. 뿐만 아니라 이 고분에서 금동관과 금동신발 등이 출토되었다고 말하고는 아무런 보호조치를 취하지 않아서 도굴을 조장했다. 해방 후 1983년경부터 한국 남부지방에서도 전방후원분이 본격적으로 발견되기 시작했다. 그런데《아사히신문(朝日新聞)》은 1990년 3월 26일자에서 〈전방후원분의 원류묘(源流墓)/북한에서 연이어 발견/축조 개시 일본보다 200~300년 앞서/적석(積石) 약 10기〉 등의 제목으로 북한 지역에서 이른 시기의 전방후원분이 발견되었다고 크게 보도했다. 압록강변 자강도 초산군 운평리에서 자성군 송암리 등지에서 10여 기의 전방후원분이 발견되었다는 보도였다(김달수,《일본 속의 한국문화 유적을 찾아서 2》). 그런데 남한의 여러 학자들 특히 김현구 같은 학자는 "나는 전방후원분 고분은 시기적으로 볼 때 일본에서 기원한다고 보는 것이 맞다고 생각한다."라고 일본에서 이미 대서특필한 보도를 모른 체하며 그 원류를 일본이라고 왜곡하고 있다. 김현구는 영산강 유역에 전방후원분을 만든 사람들을 "백제 중추의 왕통이 아니라 직접 왜와 교류관계가 있던 지방수장(《임나일본부는 허구인가》)"이라고 주장한다. 그가 말하는 지방수장이란 "전방후원형 고분이 발견되는 지역은 왜계 백제관료가 지방장관으로 배치된 지역 중에서 백제 조정이 직접 장악하고 있던 지역이나 (백제)중앙에서 군을 파견하여 상주시키던 지역이 아니라 (백제)조정으로부터 비교적 자유스러운 지역"이라는 것이다. 즉 백제가 아니라 야마토왜에서 직접 파견한 왜인이 영산강 유역을 지배하고 있었다는 주장인데, 그런 인물이 호즈미노오미 오시야마라는 것이다. 물론 그의 일방적 해석일뿐 영산강 유역을 백제가 아닌 왜에서 지배했다는 사료적 근거는 전무하다. 북한의 조희승이 이 책에서 말하는 것처럼 나주의 전방후원분은 이 지역 사람들이 일본 열도에 진출했다는 증거이기 때문에 일제강점기 발굴하고는 덮어버린 것이다. 이에 대해서는 필자 등은 이미 〈잃어버린 왕국, 나주 반남고분군의 주인공은 누구인가?〉라는 제목으로 같은 견해를 피력했다.(《우리 역사의 수수께끼 Ⅰ》, 1999))

이러한 형편은 우에 든 창녕, 동래 등지에 한하지 않는다. 구로이따가 조사했다는 락동강 상류의 선산지방에서도 앞서 본 바와 같이 똑같은 참극들이 재현되였다. (《조선고대의 묘제》87페지)

그렇다면 발굴의 결과 그들이 얻은 것은 무엇이였던가?《임나일본부》의 칡뿌리 만한 흔적이라도 찾을 수 있었는가?

대답은 간단하였다. 《임나일본부》라는 것은 전혀 존재하지 않았고 조선 땅에는 아무것도 없었던 것이다.

조선에 와서 조사에 떨쳐나섰던 고고학자, 력사가들은 당황하였다. 조사를 하느라 막대한 국록을 탕진해놓고도《임나일본부》의 근거를 찾지 못했으니 말이다.

당시 도꾜제국대학을 대표한다는 력사학자인 구로이따는 김해 일대를 자세히 조사한 다음《임나일본부가 처음에 대가라 즉 지금의 경상남도 김해지방에 있었던 것은 명백한데 그 자취는 이미 망하고 또 이것을 찾을 방도가 없는 것이 유감이다. 내가 실지 탐사한 결과로써는 혹은 김해 읍내로부터 마산 및 웅천으로 나오는 도중 대체로 10리(4km정도-인용자)쯤 떨어진 곳으로 짐작된다.》(갱정《국사의 연구》각설 상)라고 구차한 변명을 늘어놓을 수밖에 없었다.

한편 당시 교또대학을 대표하는 고고학자로서 후날에 교또대학 총장으로 된 하마다 고사꾸(세이료) 역시 발굴계획《5개년계획》이 끝난 시점에서 발표한 론문에서 임나(가야)방에《일본부》가 있었다고 하는 것은 선입견으로 생각하지 말아야 한다고까지 단정하였다. 말하자면 1921년의 가야지방에 대한 대대적인 조사가 일단락된 시점에서 당시 일본의 력사, 고고학계를 대표한다는 학자들은《고고학적 측면》의 발언으로서《임나일본부》를 증명할 만한 유적이나 유물은 그 어디에도 없었다고 규정한 것이다.

《고고학적 측면》이란 곧 물질 자료적 근거를 의미한다. 《임나일본부》를 증명할 물질자료가 없다는 것은 곧 조선에 《임나일본부》가 없었다는 것을 웅변으로 그리고 확고하게 선포하는 것이었다. 하지만 일본학자, 일본학계는 《임나일본부》에 깊은 미련을 가지고 거기에 계속 집착(執着)하였으며 일본이 조선에서 쫓겨 갈 때까지 《임나일본부》 찾기는 계속되었다.

여기에 웃지 못할 이야기가 있다. 그것은 쓰다와 이마니시의 《임나일본부》소재론쟁이다.

도꾜제국대학의 교수이며 만철조사실 성원인 쓰다는 도꾜에 앉아 《임나일본부》가 있었던 곳은 금관가야국의 김해라고 주장하고 이마니시는 그의 학설을 배제하기 위해 고령(대가야의 소재지)이라고 우기였다. 이마니시가 조선총독부 촉탁이였기 때문에 총독부는 이마니시의 편을 들었다. 그래서 총독부는 고령경찰서 주변의 큰길가에 큼직한 임나위치도를 높이 게시하였고 또한 고령읍 객사에 《임나일본부》라는 현판을 걸어 길가는 사람들에게 《여기가 임나일본부가 있었던 자리외다.》라고 광고하였다 한다. 그뿐 아니라 향교의 부지가 된 왕궁터 자리에 총독 미나미지로가 자필로 쓴 비석을 세웠다고 한다.

이와 같은 광대놀음이 계속되였으나 실지로 《임나일본부》가 있었다는 것이 과학적으로 증명된 적은 아직 한 번도, 꼬물만큼도 없다.68

---

68 일제의 임나강역 비정은 크게 세 단계로 진행되였다. 첫 번째는 쓰다 소키치가 임나일본부가 경남 김해 일대에 있었다고 비정한 것이고, 두 번째는 이마니시 류가 김해는

패망 후에도 고집하는 《임나설》

일제의 패망으로 일본인학자들은 조선에서 쫓겨 갔으나 《임나일본부》설은 의연 살아있었다.

일제의 해외침략의 산아인 《임나일본부》설은 그의 패망과 더불어 소멸되여야 했으나 패망 이후에도 이 사이비학설은 살아 구태의연하게 일본인민들의 정상사고를 좀 먹고 있다. 이렇게 된 데에는 군국주의의 온상이 그대로 남아있고 또 일제어용기관에 복무하던 학자들이 아무런 타격도 받지 않고 높은 봉록을 받으면서 연구를 계속할 수 있었기 때문이였다.[69]

1945년 이후의 《임나일본부》설에 대한 학술서적으로는 다음의 세 가지가 대표작이라고 할 수 있다.

《일본상대사의 한 연구》 이께우찌(池內宏) 1947년.

《임나홍망사》 스에마쯔(末松保和) 1949년.

《(일본서기) 조선관계기사 고증》 상 미시나(三品彰英) 1962년.

남가라고 임나일본부는 경북 고령에 있었다면서 경북까지 확대한 것이다. 세 번째는 스에마쓰 야스카즈(末松保和:1904~1992)가 일제 패전 전 《임나홍망사(任那興亡史)》(1949)에서 임나강역을 경상남북도뿐만 아니라 충청도와 전라도 지역까지 확대시킨 것이다. 현재 남한의 강단사학자들 상당수는 '임나=가야'라면서 스에마쓰의 설에 따라 임나 강역이 경상남북도와 충청, 전라도 일대까지 걸쳐서 있었던 것으로 주장하고 있다.

[69] 남한은 조선총독부 직속의 조선사편수회에 근무하던 이병도·신석호 등이 남한 역사학계를 장악하면서 조선총독부가 만든 '낙랑군=평양설'과 '임나=가야설'을 정설로 승격시켜 지금까지 유지하고 있다. 이들은 역사학계뿐만 아니라 언론계와 정치계·관료계까지 막강한 카르텔을 형성시켜서 '낙랑군=평양설'과 '임나=가야설'을 비판하는 학자들을 학계에서 외면하는 형식으로 학문권력을 유지하고 세습했다. 이 문제에 관한 한 남한사회는 1945년 8월 14일 밤에 머물러 있다고 해도 과언이 아니다.

이 가운데서 특히 스에마쯔의 《임나흥망사》는 고대조일관계연구에서 《고전적 의의》를 가지는 《명저(名著)》라고 평가되고 있다. 뿐만 아니라 이 책은 《패전 후에 있어서의 일본 사학의 대표작》으로서 《일본서기》에 대한 랭정한 분석에 기초한 온건한 판단이 수사(修辭)나 미사려구를 배제한 담담한 언어로 엮어져있다고 한다.(《가야에서 왜국에로》 다께서방 〈竹書房〉 1986년 292~327페지)

이렇게 일본사학계에 있어서 《임나흥망사》의 신뢰정도는 극히 높다. 따라서 《임나흥망사》는 일본학계에서 《임나사연구와 결정판》이며 《정설》의 대표작이라고 해온다.

그러면 과연 《임나흥망사》가 《임나일본부》설을 과학적으로 증명해낼 수 있었던가.

여기서 이상하게 여기게 되는 것은 일본사학계는 왜 패망 이후에도 계속 별로 타당성과 근거도 없는 《임나설》을 붙들고 늘어지는가 하는 것이다. 그 리유로 두 가지를 들 수 있을 것이다.

우선 패망 후 일본학자들이 《황국사관》을 뿌리 뽑는다고 말은 하면서도 실지로는 《황국사관》을 비롯한 일제사상 잔재, 이른바 《선배학자》들이 세워놓은 학설의 틀에서 벗어나지 못한 데 있다. 다음으로 《임나설》이 유지되여야 일본렬도 내에 있는 방대한 조선문화를 저들에게 유리하게 《합리적》으로 설명할 수 있다고 보기 때문이다.

일본사학계에서 《임나설》이 부정되면 일본고대사 체계 자체가 뒤집어진다. 그리고 고대일본의 최대유적이라고 하는 조선식 산성을 비롯한 일본렬도 내에 있는 조선계통 유적 유물을 무엇으로써도 설명할 수 없다. 그렇기 때문에 일본학자들은 오늘도 《임나설》을 고집하는 것이다. 말하자면 일본 땅에 있는 조선적 성격의 유적과 유물 그리고 《일본서기》와 《고사기》 등에 반영되어 있는 일본에 준 거대한 문화적 영향을 저들의 제국주의적 식민지지배의 견지에서 유리하게 설명하기 위해 《임나일본부》설을 고집하는 것이다. 70

---

70 위 글의 '일본학자'라는 말만 '남한학자'로 바꾸면 남한의 강단사학계를 설명하는 내용과 일치한다. 즉 《식민사관》을 뿌리 뽑는다고 하면서도 《선배학자들(일본인 식민사학자들과 이병도 등)》이 세워놓은 틀을 벗어나지 못하고 있다."고 보면 맞다. 또한 "남한사학계에서 《임나=가야설》이 부정되면 한국고대사 체계 자체가 뒤집어진다."고 생각하는 것도 같다. 《임나=가야설》을 토대로 《삼국사기》 불신론' 등을 추종해서 신라·고구려·백제사를 축소시켜 놓았는데, 이것이 모두 무너지는 것이다. 북한의 《조선전사》에 대응한다는 명목으로 남한은 국사편찬위원회에서 《한국사》(60권)를 간행했다. 그 7권이 《삼국의 정치와 사회 Ⅲ-신라·가야》인데, 남한의 가야사 전공자인 김태식은 이 책의 '임나 문제의 제학설'에서 일본인 식민사학자들의 임나사에 대해 이렇게 평가했다. 이는 김태식 개인의 평가일 뿐만 아니라 남한 강단사학계의 견해를 대표하는 것이다.
"쓰다 소키치(津田左右吉)는 《일본서기》에 대하여 당시로서는 획기적일 정도의 비판을 가하면서 합리적 설명을 추구한 사람으로서, 가야 전역에 대한 지명 비정을 했다."
"이마니시 류(今西龍)는 가야지방 전역에 대한 답사 및 고분·산성 등의 분포 조사에다가 문헌 고증적 연구를 더하여 지표 조사보고서를 내놓고, 거기서 행한 지명비정에 점차 수정을 가하였다. 그 결과 가야 지명은 대개 낙동강의 서쪽, 섬진강의 동쪽으로 한정되어, 대체적인 역사 연구의 기초 작업은 이루어졌다. 그의 일련의 연구는 지표답사와 문헌고증을 겸비하였다는 면에서 그 이전의 연구들에 비해 높이 평가할 점이 있지만, 그것이 당시 사관(史觀)의 한계성을 넘는 것은 물론 아니었다."
"그 후 스에마쓰 야스카즈(末松保和)는 기존의 지명 고증을 비롯한 문헌고증 성과에 의존하면서 한국·중국·일본 등의 관계사료를 시대순에 따라 종합함으로써 고대 한일간 대외관계사의 틀을 마련하였다. 그리하여 최초로 학문적 체계를 갖춘 이른바 「남한경영론(南韓經營論)」을 완성시켰으니, 그 설을 요약하면 다음과 같다(김태식, 《한국사 7, 삼국의 정치와 사회 Ⅲ-신라·가야》.)
그런데 스에마쓰 야스카즈보다 임나 강역을 크게 확대시킨 인물이 명성황후 시해에 가담한 정치 낭인 깡패 아유카이 후사노신(점패방지진:鮎貝房之進)인데, 김태식은 그에 대해 "아유카이 후사노신(鮎貝房之進)은 방대한 문헌고증을 통하여 임나의 지명 비정 범위를 경남·경북 및 충남·전남까지 확장시켜서, 임나는 경주지방 부근과 부여·공주 일대를 제외한 한반도 남부 전역을 가리키게 되었다. 그것은 《일본서기》에 왜의 한반도내 지배 영역이었다고 상정된 「임나」의 범위를 넓혀 잡기 위해 그가 문헌 비교 및 언어학적 추단을 거듭함으로써 얻어진 연구 결과였다고 여겨진다."라고 평가했다. 임나가 남한 전역을 지배했다고 사료적 근거 없이 우긴 일본 낭인 깡패의 논리를 대단한 학문적 성과인 것처럼 평가하고 있다. 이런 책들이 모두 대한민국 국민세금으로 기획되고 간행되는 것이 대한민국 역사학계의 실정이다.

그들은 말하기를《당대 문화의 중심이 지나 중원에 있었》(《조선고대의 묘제》139페지)기 때문에《반도가 지나 중원과 일본과의 중간에 위치하여 일종의 교량과 같은 역할을 수행하는 위치에 있》(우와 같은 책 140페지)었으니 조선이란 나라는 결국 문화전달자적 역할 밖에는 놀지 못하였다는 것이다. 또 조선을 통해 받은 중국문화 역시《임나경영》의 결과라는 따위의 론조가 강조되고 지금까지도 마치 그것이 기존사실인 것처럼 서술되어 왔다.

고대시기 일본에 준 조선문화의 영향을 무시하고 조선을 업신여기며 그것이 마치도《임나경영》의 결과인 것처럼 외곡하는 궤변의 대표적 실례를 일본고대사학계의《권위》있다는 문헌사가의《점잖은》문장을 통하여 보기로 하자.

《… 이상이 응신[應神]71조에 귀화하였다는 저명한 귀화계통 씨족의 전설이다. 그 하나하나에 대해서는 꼭 그렇다고만 말할 수 없지만 4세기 후반의 조선경영에 의하여 일본의 세력이 깊이 남조선에 미친 이후 귀화인의 역할이 점차 높아져 왜5왕시대의 1세기 간에 그 씨족의 수가 불어나 그의 조직화도 현저히 나아진 것도 사실일 것이다. 대륙문명이 조선을 매개로 하여 이 시기에 급격히 일본에 침투한 것은 야마또 조정에 한하지 않고 여러 지방의 호족층 일반을 통해서 볼 수 있는 것이었다. 중기고분 그 가운데서도 5세기 중엽 이후 대륙계통의 횡혈식 석실의 채용, 금은제와 대륙적인 복식품이나 마구

---

71 오진(應神)은《일본서기》상의 15대 천황(일왕)이다.《일본서기》는 연대를 1천여 년 이상 끌어올렸기 때문에 가상의 일왕들을 많이 배치했는데, 15대 오진부터는 실존했던 인물이라고 생각하는 학자들이 많다. 쓰다 소키치도 그런 학자 중의 한 명이었다.

의 부장, 야요이 초기의 계통을 밝는 하지끼에 교체되는 중국-남선계통의 수에끼(도질토기)의 출현 등 고고학적으로도 수많은 증거가 있다. 야마또 조정은 이와 같은 전국적인 현상에 앞서서 이들 귀화인 씨족의 조직화를 진척시킴에 따라 행정사무를 합리화하고 궁정공업의 발전을 도모하였던 것이다.》(《일본고대국가의 연구》 이노우에〈井上光貞〉저 이와나미서점 1966년판 578~579페지)

《왜5왕 시대의 정치적 안정과 번영이란 응신조 이후의 조선경영, 그 결과로써의 판도의 확대, 기술 및 생산의 발달 등에 의하여 유도된 것이였다.》(우와 같은 책 580페지)

여기에는 야마또정권이 조선을 지배하게 되자 그곳 조선주민들이 야마또 조정에 귀화해왔다는 내용이 담겨져 있다.

도대체 5세기 이전 일본에 조선이주민들이 귀화할 통일적 주권 국가가 존재하였다고 볼 론거가 있는가?

무릇 일본고대사를 론하는 도서들에서는 그것이 정치사이건 병제사이건 미술사이건 관계없이 꼭《임나설》을 장황하게 늘어놓는다. 그것은 고대일본을 론함에 있어서 조선과 조선문화를 떼여놓고 이야기할 수 없기 때문이다. 바로 일본의 고대사전문가들은 일본력사 발전에서 논 조선과 조선사람의 거대한 역할과 영향을 사실 전도하여 교묘한 수법으로 설명하고 있는 것이다.

《임나흥망사》는 1945년까지 반세기에 걸치는《임나설》의 여러 고증들을 자기 나름으로 합리적으로 해석한 데 불과했을 뿐 과학적 론증은 못하였다. 실례로《임나일본부》자체에 대한 아무러한 론증도 없다. 그럴 수밖에 없는 것이 고고학적으로 증명되지 못한《임나일본부》의 존재를 증명하자니 모래바다 우에 세워진 다락집 신세밖에는 될 수 없다. 하지만 비극은 일본사학계의 적지 않은 사람들이 오늘에 이르도록 이 허공 우에 세워진 학설, 저서를 기둥처럼 믿고 있다는 데 있다.

이에 대하여서는 일본학자의 다음과 같은 지적이 있다.

《… 임나일본부는 야마또 조정의 출장기관이라고 하는 상정은 문자에만 나온다. - 매우 놀란 것은 〈임나일본부〉의 연구는 스에마쯔(야스가즈)선생이 1945년 이전의 이와나미의 〈일본사강좌〉에 1항목 들어 서술했을 뿐 그 이외에는 론문다운 것은 아무것도 없다. - 문자만으로써 모두들 비정하지 않았겠는가. 혹은 〈일본서기〉를 읽었을 때의 감촉으로 저것은 출장기관이라는 식으로 결정한 것 같다. 거기에는 어떠한 심리상태가 작용하였는지 알 수 없다. 다만 론문이 없다는 것은 확실하다. 그러면서 결론만은 딱 정해져있다.》(《왜와 왜인전의 세계》마이니찌 신붕사 1975년판 247페지)

물론 일본사학계에는 고고학의 물질자료로써는 도저히《임나설》을 립증 못한다고 소극적이나마 의사표시를 하는 학자도 전혀 없는 것은 아니다.

계속하여《임나일본부》의 존재에 대하여 론한 흥미 있는 잡지기사를 소개하고저 한다.

○ 모리(森浩一 도시샤대학 교수-고고학)

《대륙(조선-인용자)과 일본과의 관계에 닮은 관계가 로마와 영국과의 사이에 있었다. 로마가 영국을 점령하였다. 일본보다 좀 오랜 시기이지만 그 기간은 약 400년간, 그사이 영국 전토에 굉장한 수의 (로마)유적이 남아있는 것이다. 로마와 영국과의 관계는 문헌이 없어도 고고학적 자료로부터 로마가 영국을 일정한 동안 점령해있었다는 것을 말할 수 있다. 그런데 가령 일본에 〈일본서기〉가 없었다고 가정하면 어떤가. 현재 통용되고 있는 일본고대사의 통설(고대일본의 남부조선지배설 즉 임나설-인용자)이 그냥그대로 말할 수 있는지 어떤지. 야마또가 5세기경 조선에 군사 출병하였다고 말할 수 있는지 어떤지. 장사군이 가서 좀 살았다 하는 것은 별도의 문제이다. 출병이라면 이것은 절망적이다. 유적 유물의 우에서는 거의 말할 수 없다. 그렇지만 그 반대를 생각하면 어떤가. 이것은 몇 만 점이나 있는 것이다. 때문에 고고학도 고대사도 선입관 없이 검토할 단계에 오지 않았는가고 생각하는 것이다.》72

---

72 한반도 남부에는 고대 야마토왜가 군사 출병했다고 볼 수 있는 근거는 전무한 반면 일본 열도에는 고대 백제, 가야계 등이 지배했다고 볼 수 있는 유물이 수만 점이나 있다고 토로하는 것이다. 그러나 남한의 강단사학자인 노태돈은 "4세기 말 이래로 왜의 세력 또는 왜인들이 가야지역에서 활동하였고, 때로는 단기적인 군사 활동을 한 경우도 있었다. 그러나 왜국의 한반도지역에 대한 영역지배는 없었다.(노태돈, 《한국 고대사》, 경세원)"라고 말했다. 그러나 이것이 모순이란 점은 쉽게 알 수 있다. 장기적이고 단기적이고 군사 활동을 할 수 있는 경우는 군사 점령지 외에는 없다. 굳이 '단기적'이라고 한정시킨 이유는 '장기적'일 경우 유적, 유물이 나타나야하는데 그런 흔적이 전혀 없기 때문이다. 그래서 남한 학자들은 총론으로는 "임나일본부는 없었다."고 부인하면서 각론으로 들어가면 외교기관, 교역기관이라는 등의 성격논쟁으로 변질시켜서 '가야=임나'라고 주장하면서 왜인이 가야에 와서 활동했다고 주장한다. '지배'라는 용어만 '활동'이란 용어로 대체한 것뿐이다.

○ 가나세끼(金關丈夫-인류학)

《로마와 달리 나무집에서 살아있으면 남지 않을 것이다. 로마의 성벽이나 수도처럼 말이요.》

○ 모리 교수

《그렇지만 너무나도 안 나왔다고 느껴진다. 전쟁으로 (조선으로) 갔다면 많은 사람이 죽기 때문에 무덤 등이 남는다고 생각한다. 성새를 쌓은 것도 있을 것이다.

우선 일본 국내에는 수혈식 집 자리도 많이 남아있는데 생각하면 조선반도에는 아무것도 없는 것이다.》(《싼데 마이니찌》(주간지) 1972년 4월 30일호《다까마쯔쯔까고분을 생각하다》[73] 및 씸뾰쥼 〈아스까 다까마쯔쯔까고분〉 학생사 1972년판 351페지)

이 모리 교수는 여러 곳에서 《임나설》을 부정하였는데 그는 《고고학적 증거로써는 4세기 후반기부터의 야마또정권의 출병이란 것은 긍정하기 힘들다.》(《고분과 고대문화99의 수수께끼》삼뾰북스 1976년판 62페지)는 립장에 섰다.

상기 고고학자의 발언에서도 알 수 있는 바와 같이 수십년간이나 국가

---

73 다카마츠즈카(高松塚)고분은 나라현(奈良縣) 다카이치군(高市郡) 아스카촌(明日香村) 히라타(平田)에서 발견된 횡혈식석실 계통 고분이다. 1972년 발굴했는데 금동장투식 금구(金銅裝透飾金具) 등의 여러 유믈과 고분 벽화가 발견되었다. 고구려계통이라는 해석과 백제계통이라는 해석이 엇갈리고 있다.

적(총독부적)이며 조직적, 체계적으로 감행된 대대적 발굴조사는 일본학자들로 하여금 유적 유물의 증거로써는 《임나일본부》란 존재하지 않는다는 것을 실감케 한 것이다. 《일본서기》만 없었더라면 《임나설》이란 있을 수도 없다는 것이다.

하지만 력대 일본학자들은 《일본서기》의 임나가라관계기록을 일본적 성격의 유적 유물이 하나도 없는 조선 땅에서 찾으려 할 뿐 몇 만 점의 조선 유적 유물이 그득히 쌓인 일본렬도에서 찾으려 하지 않는다. 여기에 그들의 비극이 있고 력사탐구의 맹점이 있다.

고대일본에는 사실상 영국에 남아있는 로마의 유적에 비기지 못할 정도로 많은 조선적인 물질적 유산들이 남아있다. 성벽연장거리 2~3km에 달하는 수십 개의 거대한 조선식 산성유적, 조선자에 의해 건축된 절간들과 도성유적들, 이리한 조선적 유적 유물의 분포존재는 고대문헌기록으로 안받침 되고 있다. 다만 그것을 일본학자들이 영국에 대한 로마의 지배처럼 말하지 않고 거꾸로 설명하는 것은 앞서 본 바와 같은 식민지지배설인 반동적 《임나설》의 조작에 기인하는 것이다.

사실이 이러함에도 불구하고 일본학자들은 구태의연하게 오늘도 《임나설》을 주장하는 것이다.

이상 1세기 간의 《임나일본부》설 추이의 개략을 간단히 더듬어보았다. 1세기가 넘는 일본고대사연구의 중심은 야마또를 중심으로 한 초기조일관계사였으며 특히는 야마또정권의 임나(가야)지방 지배에 관한 《임나일본부》설의 완성이였다.

나까(那珂通世), 간(菅政友), 구메(久米邦武), 요시다(吉田東伍), 히라고(平子鐸嶺), 기다(喜田貞吉), 오따(太田亮), 하시모또(橋本增吉), 쓰다

(津田左右吉), 이께우찌(池內宏), 이마니시(今西龍), 미시나(三品彰英), 스에마쯔(末松保和), 이시모다(石母田正), 에가미(江上波夫), 가도와끼 (門脇禎二), 미즈노(水野祐) 등 일본의 대다수 일본인학자들은 례외없이 야마또 조정이 4세기 중엽경 북규슈까지 지배하고 남부조선을 경영 지배 하였다는 이른바《정설》에 립각해서 글을 쓰고있는 것이다.[74]

《일본서기》를 철저히 비판함으로써 일본고대사의 완성을 시도하였다 는 쓰다 이께우찌 역시《임나설》을 일본고대사 체계에서 뗄 수 없는 존 재로 여긴 다음 이여의 문제들에 대하여 바란하였다.

지어 1945년 이후 일본사학계에 일대 파문을 일으켰다는《기마민족왕 조 정복설》의 주장자 에가미 나미오까지도《임나설》을 토대로 하여 자기 학설을 전개하였다. 즉 고구려계통(그의 말에 의하면 퉁구스족)의 기마 민족집단이 조선반도를 남하하여 일단 가야지방을 지배하고 그 다음 일

---

74 일본 학자들의 '임나=가야설'에 대해 국내 강단에서 비판한 학자는 고려대학교 최재석 교수뿐이었다고 해도 과언이 아니다. 최재석 교수는 30여 권의 학술저서와 300여 편의 학술논문을 통해 일본인 식민사학자들의 논리와 이를 추종하는 남한 강단사학자들 의 행태를 조목조목 비판했다. 남한 강단사학자들은 외면으로 일관했다. 이런 논문이나 저서 자체가 발표되지 않은 것으로 치부하고 일체 언급하지 않는 것으로 그를 투명인간 취급했다. 이것이 가능했던 것은 강단사학계를 완전히 장악한 막강한 카르텔 때문이었 다. 또한 국내의 다수 언론들도 이 카르텔에 속해 있었기 때문에 그의 견해는 대중으로부 터도 소외되었다. 최재석 교수는 자서전《역경의 행운》(만권당)에서 "이기동 교수가 읽었다는 쓰다 소키치, 이마니시 류의 저서를 포함하여 20명 가까운 일본 고대사학자들 의 논저를 읽어보면 한결같이《삼국사기》초기 기록은 조작되었으며 고대 한국은 일본의 식민지였다는 역사 왜곡이었다. 그런데 이기동 교수는 이러한 일본사학자들의 역사 왜곡을 '근대사학' '문헌고증학'이라고 높게 평가하고 있는데 그 근거를 제시해주기 바란다. … 그리고 서울대 국사학과의 고대사학자 노태돈 교수에게도 한마디 하겠다. … 우선 나의 저서를 읽어준 데 대하여는 감사를 표한다. 그러나 학계의 원로 운운하면서 '직접적' 비판을 피하겠다니, 그럴 필요 없다. 나를 정식으로, 직접적으로 비판해 주기 바란다."라고 말했다. 이기동은 박근혜 정권 때 국사편찬위원장으로 국정교과서 추진에 앞장섰는데, 지금 강단사학계에서 그에 대한 비판은 사라졌다. 이 역시 좌우를 포괄하는 식민사학 카르텔의 힘을 말해주는 것이다. 최재석 교수의 일본인 식민사학자 비판에 대한 최근의 저서는《삼국사기 불신론 비판》(만권당, 2016)이다.

본렬도에 진출하여
야마또 정권을 세
웠으며 또 야마또
정권은 임나(가야)
지방을 동족의 나
라로 생각한 데로
부터 다시 임나를
타고앉아 그곳을
경영하였다고 한
다. 또한 에가미는
자기 학설을 현대
판《동조동근론》이
라고까지 공언한
바 있다.

하치만 신과 그를 모신 신사에 관한 이야기, 1389년 작. <일본서기>의 내용을 그린 것으로 신공황후가 신라왕을 무릎꿇리는 장면이라 한다. ㈜ 일본서기에 나오는 신공(진구)왕후의 삼한 정벌설을 묘사한 그림. 요시토시의 1880년 작품. ⓒ 위키백과

이렇게 일본학자
들이 지난날의 반동적《임나설》로부터 탈피하지 못한 주요한 원인은 전
적으로 제국주의일본이 조작한 국가적 침략교육의 영향에 기인한다. 에
가미 역시 일제시기 도꾜제국대학을 졸업하고 이께우찌의 제자로 있으면
서 그에게서 큰 영향을 받았던 것이다.

또한 량심적 학자로 정평(定評)이 있는 교또대학의 우에다(上田正昭)
교수까지도《귀화인》이라는 저서(중공신서)를 발표한 시점까지(1965
년)도《임나설》을 인정하고 있었던 것이다. 교과서재판으로 유명한 도꾜
교육대학 교수 이에나가(家永三郎)조차도《임나설》을 인정하고 문제시

하지 않았다.

이처럼《임나설》은 학자들 속에 그리고 그릇된 국가검정제도하의 력사교과서로 교육된 일본인민들 속에 뿌리박힌 학설이며 이른바《국민적 상식》이였다. 새 세대 학자들은 선학(先學)의《뜻》을 어길 힘이 없어 결국《임나일본부》설은 악순환을 거듭하고 있었다.[75] 이런 조건에서 일본 학자들에게는《임나설》을 타파할 그 어떠한 기대도 걸 수 없었다. 그것은 오직 해방 후 조선민주주의인민공화국의 력사학계에서만이 이룩할 수 있는 력사적 과제였다.

---

[75] 조희승이 말하는 일본 사학계의 상황은 남한 강단사학계의 상황과 흡사하다 못해 일란성 쌍둥이로 여겨진다. 일제가 쫓겨 간 지 70여 년이 넘는 긴 세월 동안 조선총독부가 만든 '낙랑군=평양설'과 '임나=가야설'을 하나의 정설로 유지하고 있는 남한 강단사학계는 세계 사학사상 일대 미스터리라고 하지 않을 수 없다. 게다가 최근에는 생물학적 나이는 젊은 역사학자들이 조선총독부 역사관 수호의 첨병으로 나섰다. 《역사비평》 2016년 봄과 여름호의 〈한국 고대사와 사이비 역사학 비판①, ②〉이란 연속 기획을 보면 그 실태를 잘 알 수 있다. 이 기획에 관해 《조선일보》는 물론 《한겨레》·《경향신문》· 《한국일보》까지 이들을 크게 칭찬하고 나섰다. 그래서 이주한은 "일제 식민사학에 대해서는 보수와 진보의 구분이 없는 한국의 주류 역사학계와 언론의 민낯이 고스란히 드러났다."《매국의 역사학자, 그들만의 세상》(만권당, 2017)라고 비판했다. 식민사관과 언론카르텔에 대해 비판한 이주한의 또 다른 저서는 《이주한의 한국사혁명》(말, 2017)이다.

3. 《임나일본부》설 재검토의 시작

해방 후 우리 력사학계, 력사학자들 앞에는 인민들의 민족자주의식을 좀먹던 기형적이며 사대주의적인 온갖 비과학적 력사관 특히는 반세기에 걸쳐 뿌려놓은 일제어용사가들의 각종 《학설》들을 짓부시고 주체사관에 튼튼히 립각하여 새로운 조선사를 체계화할 요구와 임무가 나섰다. 한마디로 말하여 일제어용사가들이 조작해놓은 조선력사 발전의 후진성, 정체성, 타률성을 극복할 사명이 해방 후의 력사학자들 앞에 부과된 것이다.

바로 우리나라[북한]에서 《임나일본부》설을 깨뜨리기 위한 연구 사업은 조선고대사 체계를 재정리, 재확립하는 과정의 일환으로 진행되었다.[76]

---

76 원저에는 두 쪽에 걸쳐 북한의 역대 지도자들이 역사에 대해서 교시한 내용을 수록했다. 남한 국민들에게 생경한 용어를 제외하고 주요 내용만 발췌해 압존법(독자를 가장 높이는 어법)으로 게재하면 다음과 같다.
김일성은 1945년 11월 3일 교육부문 일군들과 나눈 담화 《종합대학을 창설할 데 대하여》에서 과거 일본제국주의자들은 조선사람들을 식민지노예로 만들려는 목적 밑에 《내선일체》요, 《동조동근》이요 하면서 우리나라의 유구한 력사와 찬란한 민족문화를 외곡하고 유린하였으며 우리의 말과 글, 조선사람의 이름과 성까지 빼앗으려고 했는데, 그 결과 우리의 청소년들은 많은 경우에 민족적 긍지와 자부심을 가지지 못하고 살아왔다고 말하면서 그들의 머리속에서 일제 사상잔재를 청산하고 민족적 긍지와 자부심을 높여주어야 한다고 말했다.
김일성은 1978년 10월 19일 력사학자들을 직접 만나 초기조일관계사에 대하여 언급하면서 일본사람들이 고대시기 남조선 땅에 《임나》라는 자기들의 식민지가 있었다고 쓴 것은 조선에 대한 침략사상을 자라나는 청소년들에게 불어넣기 위한 것이라면서 실제 력사적 사실은 옛날에 조선사람들이 일본렬도에 진출하여 소국을 형성하였으며 통일국가가 형성된 다음에도 그 안에서 큰 세력을 가지고 있었다고 말했다.

일제의 《임나일본부》설에 바탕을 둔 조선민족말살정책을 반대배격하는 투쟁은 이미 위대한 ○○○ 주석께서 이끄신 항일무장투쟁 시기부터 진행되였다.

백두산위인들의 현명한 령도밑에 《임나일본부》설에 대한 재검토가 일정한 단계에 오른 다음 공화국 력사학계는 《삼한삼국의 일본렬도 내의 분국에 대하여》(《력사과학》 1963년 1호)라는 론문을 발표하였다. [77]

이 론문은 이제까지 일본학계에서 이른바 《정설》로 되고 있었다는 4세

김정일은 일제가 일본의 국사에 조선력사를 용해시켜 버렸으며, 우리나라 력사를 외곡날조하기 위해 온갖 수단을 다 썼다고 강조하면서 기회가 있을 때마다 《동조동근》, 《내선일체》의 근본바탕, 근본핵을 이루는 《임나일본부》설을 전면적으로 비판했다. 1960년 10월 11일 김일성종합대학 학생들과 나눈 담화 《가야문제를 주체적 립장에서 옳게 인식하여야 한다》에서 옛날에 우리나라가 일본보다 훨씬 먼저 발전하였다는 것은 이미 널리 알려진 사실이라면서 백제의 왕인은 일본사람들에게 천자문을 가르쳐주었고 고구려의 혜자는 성덕태자의 스승으로 활동했다고 말했다. 이런 사실들은 일본 력사책들에 많이 남아있지만 일본사람들이 삼국시기에 우리나라에 건너와 살면서 활동한 사실은 우리나라 력사기록에 별로 남은 것이 없다면서 이로 미루어볼 때 삼국시기에 일본이 가야지방을 오래동안 식민지로 가지고 있었다는 것은 리치에 맞지 않는다고 결론내렸다. 김정일은 만일 실제로 가야지방이 일본의 식민지였다면 이 지방에 일본사람들이 많이 건너와 살았을 것이고 그들이 남긴 유적 유물들도 많았겠지만 그런 것은 아직 발굴된 것이 없다면서, 삼국시기에 일본이 가야지방을 식민지로 만들었다는 주장은 일제어용사가들이 저들의 조선침략책동을 합리화하기 위하여 꾸며낸 궤변이라고 말했다.
김정일은 1963년 9월 20일 력사적인 담화 《우리 나라 력사를 외곡하는 것은 절대로 허용할 수 없다》에서 다시금 《미마나미야께》설이란 일본의 야마또왕국이 세 나라 시기에 가야지방을 강점한 다음 저들의 통치기관을 설치하고 수백년간 조선의 남부지방을 지배하였다는 망설이라면서 력사적 사실은 이와 정반대였으며 우리 선조들은 일찍부터 일본렬도에 적극 진출하여 일본의 정치, 경제, 문화발전에 큰 영향을 주었다고 말했다.

[77] 이것이 유명한 분국설인데 경성제대 출신의 월북 역사학자 김석형이 북한 역사학계를 대표해서 쓴 것으로서 일본 역사학계에 지각변동의 큰 충격을 주었다. 1972년 일제의 광개토대왕릉비 조작설을 제기해 큰 논쟁을 불러 일으켰던 이진희 교수는 1964년 일본의 《역사평론(歷史評論)》 5·6·7월호에 〈(三韓三國の日本列島內の分國について(삼한 삼국의 일본열도 내의 분국에 대하여)〉란 제목으로 게재되었다. 이진희는 "'분국설'이란 삼한시대부터 삼국시대(고구려, 백제, 신라)에 걸쳐 일본 각지에 한반도에서 건너간 사람들의 식민지가 존재했다는 충격적인 학설이었다.(이진희, 《해협-한 재일사학자의 반평생》, 삼인, 2003)"라고 평가했다.

기 후반경부터 두 세기에 걸쳐 야마또정권이《임나일본부》를 두고 남부조선을 지배한 사실이란 력사적으로 없었고 그와 반대로 조선사람들이 서부일본이나 기내지방 각지에 진출하여 개척자적 역할을 놀았다는 것, 또 4세기의 기내 야마또정권은 야마또지방의 호족련합적 세력에 불과하고 조선에 출병할 만한 경제력과 군사력을 못 가졌다는 것을 밝혔다. 론문은 이를 론증하기 위하여 광개토왕릉비, 백제칠지도의 명문 등을 들어 상세히 고증하였다.

북한 사학자 김석형(위)과 그가 쓴 《초기조일관계연구》 일본어판. 김석형의 '분국설'은 일본 학계에 엄청난 충격을 주었다.

그 후《후나야마고분부터 출토한 칼의 명문에 대하여》(《력사과학》 1966년 2호) 등이 발표되었으며 여러 건의 론문과 자료를 종합하여 도서《초기조일관계연구》(사회과학원출판사 1966년)가 출판되었다.

이와 때를 같이하여 1963년 가을 사회과학원 력사연구소와 고고학연구소의 연구집단이 중국 동북지방 공동발굴 및 조사연구를 진행하였으며 그 한 고리로서 광개토왕릉비에 대한 현지탐사가 실현되었다. 이 조사에서 비문과 비문의 형상에 대한 치밀한 검토가 두 주일에 걸쳐 진행되었으며 그에 기초하여 실측도와 탁본이 작성되었다. 처음 되는 릉비의 본격적 재검토의 연구성과는 각기《광개토왕릉비》(사회과학원출판사 1966년), 《초기조일관계연구》 등에 수록되었다.

'고대 길비(吉備) 연구에 충격'이라 보도한 일본의 키비 지역 신문.

중국 동북지방에 대한 공동발굴의 직접적 계기, 1957년도 릉비문 위조설에 대한 비판토론회, 릉비조사시의 일화, 비문 신묘년(391년) 기사의 해독문제 등 조선 력사학계 내에서 벌어진 흥미진진한 리면 사화는 매우 많다.

공화국학계가 초기조일관계사와 관련하여 진행한 학술연구와 그 성과의 발표는 일본학계에 커다란 충격을 주었다. 공화국학계가 제기한 주장은 초기조일관계사에 대해 종래 일본학계에서 설명되여 온 것과 완전히 다를 뿐 아니라 일본고대사체계의 근본적 시정을 요구하는 문제제기였다.

이에 대하여 조선사연구회 전 회장인 하따다(旗田巍)는《조선민주주의인민공화국에 있어서의 초기조일관계사의 연구》라는 글을 썼다. 그는 여기서《우리들로서는 일본고대사에 대하여 또는 조선고대사에 대하여 근본적인 정정을 가할 의견이 나온 기회에 그 의견을 잘 검토하고 동시에 우리들이 가지고 있는 일본학계의 전통적 견해에 대하여 그 옳고 그른 것을 재검토할 필요가 있다고 생각된다.》(《력사학연구》 1964년 284호)고 하였다.

공화국 력사학계가 던진 문제제기는 고요한 호수가에 던진 돌멩이와 같이 점차 원을 그리며 확대되였다.[78]

이러한 속에서 조선사연구회 제2차대회(1964년 11월)가 《일조관계사의 사(史)적 재검토》라는 표제 밑에 진행되었다. 대회는 조선사부문 외에 고고학, 동양사, 일본사의 연구자들로 붐비여 립추의 여지조차 없을 정도였다고 한다. 우리 공화국학계의 학설을 정면으로 반대한 무라야마(村山正雄)라는 학자의 토론이 있었고 그밖에 결코 론문을 무시할 수 없다는 식의 토론도 있었다. 나머지 학자들은 침묵으로 대하였으며 묵살하려고 들었다. 그러나 일본학계에서 우리 학계의 문제제기를 무시묵살할 수 없게 되었다.

그러면 우리[북한] 학계의 문제제기가 일본인학자들에게 그토록 큰 충격을 준 것은 무엇 때문인가. 그것은 우리 학계의 주장에 진리성이 있다는데 그 근본요인이 있었다.

《황실사관》을 타파한다고 하면서도 그 《황실사관》의 기성틀 속에서 헤매이는 일본사학계의 낡은 곡조 속에서 일본의 고대사체계를 뒤집어엎을 주장이 나오지 못하는 것은 당연한 것이었다.

1947년 에가미(江上波夫)의 《기마민족왕조 정복설》이 나왔을 때도 이에 호응해 나선 것은 사학계가 아니라 언론계였다. 물론 에가미설에는 고고학적으로 수긍하기 힘든 개소도 적지 않지만 어쨌든 《황실사관》을 타

---

78 김석형이 제기한 분국설에 대해 남한 역사학계가 지지했다면 임나일본부설, 즉 '임나=가야설'은 지금쯤 남한은 물론 일본 사학계에서도 폐기되었을 것이다. 그러나 남한의 강단사학자들은 일본 학자들과 늘 입장이 같다. 인제대 교수 이영식은 "분국론은 별도로 하더라도 《일본서기》에 보이는 임나일본부의 문제는 한반도 남부의 가야지역에서 일어났던 역사적 사실임에 틀림없다.(《우리 시대의 한국고대사》 주류성, 2016)"라고 주장하고 있고, 김현구는 "김석형의 '삼한 삼국의 일본열도 내 분국론'은 관련 자료를 일방적으로 한국 측에 유리하게 자의적으로 해석하고 있다고 볼 수 있다.(김현구, 《임나일본부설은 허구인가》 창비, 2010)"라고 비판하고 있다. 분국설에 대해 남한 강단사학계의 입장은 일본 극우파 학자들과 대체로 일치한다고 보면 정확하다.

파하는 데 일정한 긍정성을 가졌던 것만은 틀림없다.

이처럼 일본사학계의 보수성은 력대로 형성된 낡은 틀이며 또 현재까지 건재하는 선학(先學)이라는 거두, 중진학자들이 다 일제시기 국가비용으로 양육된 학자들이였던 것이다. 그만큼 일본사학계의 보수성은 뿌리가 깊은 것이다.

그들은 공화국학계의 정당한 주장을 무시묵살하려고 들었으며《민족적 감정에서 나온 것》,《민족적 견지에 따른 문제제기》,《전후(1945년 이후-인용자) 일본학계의 성과를 모르고 하는 문제제기》,《사료인용에서 억지가 많다.》는 등의 시비를 걸었다.79 그러면서 마치도 우리 학계가 내놓은 론문들이 사료인용에서 문제가 있는 것처럼 처리하려고 들었으며 우리 학계의 문제제기가 과학적 근거들을 무시하고 단순히 식민지시대의《민족적 감정》에서 출발한 것처럼 묘사하며 거기에 몰밀어버리려고 했던 것이다.

그러면 공화국 력사학계가 주장한 분국론(일본렬도에 고구려, 백제, 신라, 가야에서 건너간 조선이주민들이 세운 소국들이 존재하였다는 주장)이 민족적 감정의 산물인가 하는 것이다.

일본학자들이 말하는《민족적 감정》,《민족적 견지》란《지난 시기 조선을 일본이 강점해있었고 조선력사를 많이 외곡해왔기 때문에 해방된 조선의 학자들이 그에 대한 반발감정으로 사료적 근거 없이 분국론을 제기하고 주장》한다는 뜻이 담겨져 있다.

---

79 이는 남한 강단사학계가 조선총독부 역사관을 비판하는 학자들에게 사용하는 용어와 똑 같다. 특히 근래 들어 민족주의에 대한 비판의 목소리가 높아진 것이나 '학계의 연구성과를 모르고 하는 문제제기' 등은 남한 강단사학계가 조선총독부 역사관, 식민사관을 옹호하기 위한 논리로 즐겨 쓰는 수법들이다.

일본교과서 속 임나. 가야와 전라남도 지역을 포괄하고 있다. © kbs 〈역사저널 그날〉(2015. 4. 19)

론문이 발표된 지 반세기에 이르는 오늘까지도 일본 학계의 이러한 론조는 가셔지지 못하고 있다.

설상가상으로 일본에 추종하는 남조선의 일부 친일학자들이 이 부문 관계사를 깊이 있게 연구하지도 않으면서 우리 학계의 정당한 학설을 《과학을 민족적 감정으로 대하지 말아야 한다.》느니 뭐니 하면서 신문지상을 통하여 헐뜯었다.

조선에 《누가 할 소리를 누가 하는지 모르겠다.》는 말이 있다. 이것은 응당 해야 할 당사자가 할 말을 왕청같은 딴 사람이 하는 경우를 두고 하는 말이다. 민족적 감정 운운에 대하여 말한다면 그것은 우리 학자들이 물어야 할 말이다.

일본학자들이 실토하고 있는 바와 같이 맨 처음 대다수 일본학자들은 이를 감정적으로 대하였음을 부인 못한다. 다시 말하여 일본학자들은

《임나일본부가 조선에 있었던 것은 국민적 상식》이며 조선이《고대일본을 타고 앉았다는 것은 꿈속에도 상상할 수 없는 일》이라고 단정하였던 것이다.

일본학자들이 분국론을 감정적으로 대한 근저에는 지난 시기 일제가 조선을 40여년간이나 식민지로 삼고 제왕노릇을 하면서 조선을 깔보고 업신여겨오던 관습적인 조선경시사상이 크게 작용하였다. 다시 말하여 일본이 조선 문화의 영향에 의하여 문명개화가 이룩되었다는 사실을 망각부정하고 현대에 조선이 일본의 식민지가 되었기 때문에 응당 과거도 그랬을 것이라는 조선멸시사상과 관점이 크게 작용하였다고 말할 수 있다.

3장

《임나일본부》설의 파탄

《임나일본부》설이 성립되자면 광개토왕릉비문에 나오는 왜가 기내 야마또정권의 군사력이라는 것이 밝혀져야 한다. 왜냐하면《임나설》의 기본 바탕, 기본 론거에는 광개토왕릉비문에 나오는 왜가 기내 야마또정권의 군사력이라는 대전제가 깔려있기 때문이다. 그 론거가 허물어지는 경우《임나설》도 붕괴되고 마는 것이다. 그것은 거꾸로 말해서 이와 같은 대전제가 성립되자면 다음과 같은 몇 가지 문제들이 밝혀져야 한다는 것을 보여준다.

그것은 첫째로 4세기 말에는 기내 야마또정권이 서부일본을 통일해있어야 한다.

둘째로, 백제칠지도가 백제의 공납품이라는 것이 증명되여야 한다.

셋째로, 에다 후나야마고분 출토 칼을 야마또정권이 하사하였다는 것이 증명되여야 한다.

넷째로, 광개토왕릉비문에 나오는 왜가 야마또정권의 왜라는 것이 증명되여야 한다.

넷째 문제는 직접적으로《임나설》의 대전제와 련결되여 있다. 다른 이여의 문제점들도 유기적으로 련관되여있다는 것은 두말할 것 없다.

주지하는 바와 같이 1945년 8. 15 이후 일본사학계에서는 그 전날처럼《임나설》을 립증하는 데서《일본서기》의《신공황후의 삼한정벌》따위의 론거는 들고 다니지 않게 되였다. 그 대신 그들은 여러 가지 이른바《설득력 있는》금석문자료 및 고고학적 자료 등을 들고 나왔다.[80] 금석문으로

---

[80] 남한 강단 사학자들도 마찬가지로 '임나=가야설'을 전파하면서 고고학 자료 및 문헌자료들을 들고 나온다. 남한 강단사학계는 칠지도 같이 민족적 감정을 직접 드러내는 자료는 제시하지 않는다. 남한 강단사학자들이 '임나=가야'를 옹호하기 위해 찾아낸 자료는 대략 다섯 가지 정도다. ①〈광개토대왕릉비〉의 '임나가라종발성(任那加羅從拔城)' 기

는 광개토왕릉비, 백제칠지도, 에다 후나야마고분 출토 칼이며 그밖에 유적자료로서 전방후원분을 들었다.

하지만 이와 같은 금석문들과 고고학적 자료들은 야마또정권의 조선 진출을 보여주는 것이 아니라 도리여 일본에로의 조선이주민 진출의 력사를 말해주는 유력한 자료적 근거로 되는 것이었다.

사다. 이는 2면 하단에 있는데, 앞뒤로 다른 글자들은 대부분 지워졌는데, 이 글자와 '왜(倭)' '안라(安羅)'처럼 일본에 유리한 글자들만 선명하게 남아 있어서 일본군 참모본부가 지웠다는 의혹이 있다. ②중국의 《한원(翰苑)》 신라조에, "《제서(齊書)》에서 말하기를, '가라와 임나는 옛날 신라에 의해 멸망했다.(加羅·任那昔爲新羅所滅)'"고 말했다는 부분이다. 이는 가라와 임나를 각각 다른 나라로 보고 서술하고 있기 때문에 '임나=가야설'의 근거는 되지 못한다. ③《통전(通典)》〈동이 신라국〉조에 "그(신라의) 선조는 백제에 부속되어 있었다. 후에 백제가 고구려를 정벌할 때 사람들이 군역을 감당하지 못해서 서로 이끌고 귀순해서 비로소 강성해졌다. 그래서 가라·임나의 여러 나라들을 습격해서 멸망시켰다.(其先附屬於百濟, 後因百濟征高麗, 人不堪戎役, 相率歸之, 遂致强盛, 因襲加羅任那諸國, 滅之)"는 구절이다. 신라의 선조가 백제에 부속되어 있었다는 이야기나 백제인들이 고구려 정벌을 피해서 신라에 귀순해서 강성해졌다는 이야기들은 《삼국사기》의 삼국과는 다른 이야기들이기 때문에 '임나=가야'의 논리가 될 수 없다. ④〈진경대사 탑비〉의 "대사의 휘는 심희이고 속성은 신김씨인데, 그 선조는 임나의 왕족이다. 초발의 성지가 항상 인병에게 괴로움을 당하여 우리나라(신라)에 투항했다. 원조는 흥무대왕이다."라는 구절이다. 이웃나라의 괴롭힘을 당해서 신라로 귀순했다는 이야기는 신라와 가야 사이의 이야기가 아니다. 가야는 신라의 공격을 당하다가 신라에 항복하거나 망했지 이웃나라의 공격을 받다가 신라에 귀순한 것은 아니기 때문이다. ③과 ④는 일본 열도 내에 있었던 분국들 사이의 관계로 보는 것이 더 적당하다. ⑤《삼국사기》〈강수열전〉에 "신(강수)은 본래 임나가량사람입니다."라는 기사이다. 이것이 《삼국사기》 전체에서 '임나'라는 용어가 나오는 딱 한 번의 사례. 일본과 남한 식민사학자들의 논리대로 야마토왜가 가야를 정벌해서 임나를 설치해 200여년 간 지배했으면 《삼국사기》〈백제본기〉·〈신라본기〉에 '임나'라는 용어가 무수히 나와야 하지만 일체 나오지 않는다. 조선 후기 안정복은 강수가 중원경(충주)사람이란 이유로 임나를 충주로 비정했다. 안정복 때는 임나를 충주로 봐도 큰 문제가 없었다. 일제의 침략논리로 악용되기는 쉽지 않기 때문이다. 또한 강수가 조상이 '임나 가량'이라고 말한 것이 어느 때의 일을 말하는 것인지도 알 수 없다. 남한 강단사학자들이 온갖 사료를 뒤져서 '임나=가야'라는 논리의 근거로 삼은 것이 모두 이 정도다. 단 하나도 '임나=가야'를 입증할 수 있는 사료가 아니지만 남한 강단사학계는 "요컨대 대가야를 중심으로 파악되는 5~6세기의 후기 가야연맹을, 왜에서는 무슨 이유에선가 임나라는 명칭으로 불렀다.(김태식,《미완의 문명 7백년 가야사》)"라고 견강부회하고 있다.

1. 야마또정권의 서부일본 통합시기

　야마또정권의 서부통합시기가 언제인가 하는 것은 일본력사 발전의 기점을 밝히는 중요한 고리인 동시에《임나설》의 성립여부를 규정하는 관건적 문제의 하나로 제기된다. 그런데 일본사학계는 과학적 론거를 들어 야마또정권의 서부일본통합시기를 론의하는 것이 아니라 근거와 단계를 뛰여넘은 이른바《결론》(《임나일본부》가 조선에 있었다는 결론)을 전제로 하여 야마또정권의《통합시기》를 규정한다.

　일제시기 일본학자들은《임나설》의 맹목적 주장으로부터 야마또정권에 의한 서부일본 통합시기를 놀랍게도 2세기로 보았다. 물론 당시《임나일본부》설치의 시기와 서부일본 통합시기를 결부시켜보는 것과 같은 과학적 방법으로 초기조일관계사를 연구한다는 태도는 전혀 찾아볼 수 없었다. 거기에는《일본서기》에 대한 무조건적《신뢰》가 있었을 뿐이다.

　조선총독부 조선사편찬위원인 이나바(稻葉岩吉)는 일본령토 확장이라는《사실》을 강조하면서 다음과 같이 말하였다.

　　《… 일본의 령토발전에 대한 고찰 … 에서 종래 일본의 국력이 반도(조선-인용자)에 가해져서 그 남쪽에 확실한 령토를 유지함에 이른 시작은 임나부의 창건이 아니면 안 된다. 그런데 그 임나의 수부(首府)의 최초의 위치는 가라(加羅)이기 때문에 앞서 말한 구야한국이 그것이였다고 한다. 이러한 것들은 정론(定論)이다. 그렇다면 이들 임나부의 창건은 언제경인가 하면 두말할 것

없이 숭신천황(B.C. 97년~B.C. 30년) 시기로서 우리들의 추정 년대로부터 보면 후한의 령제시기(168년)에 해당된다고 믿어지고 있다.》(《조선민족사》26페지 조선사학회 1923년)

우에서 본 바와 같이 일제어용사가들은 조선력사와 고대일본을 론함에 있어서 남부조선에 대한 지배를 불가결의 사실로 박아놓았다. 여기에는 야마또정권의 서부일본 통합 운운이란 전혀 존재하지 않는다. 오직 《완전무결한 결론》만이 있었을 뿐이다.

주지하는 바와 같이 야마또정권이 남부조선에 출병하여 식민지지배기관인 《일본부》를 두고 한동안 유지하자면 서부일본을 완전히 지배 통제하는 상태에 놓여있어야 한다. 그래야 임의의 시간에 출병할 수 있는 것이다. 그러나 1945년 이전의 일본사학계는 그것을 생각할 리성이 결여되어 있었다. 여기에서 해방 전 조선력사를 다룬 일본학자들의 어용적 성격이 표출되는 것이다.

1945년 이후에도 사정은 달라지지 않았다. 일본력사가들은 일본이 달라졌다고 말들은 하지만 사학계는 크게 달라지지 않았다. 서부일본통합시기를 과학적 견지에서 보아야 한다고 한 것이 진일보라고 할 수 있어도 서부일본통합시기를 《일본부》설치시기와 직결시키려는 태도는 구태의연하다.

《대체적으로 보아 응신릉고분을 중핵으로 하는 후루이찌(古市)무덤떼, 인덕릉고분을 중핵으로 하는 모즈무덤떼의 2대 고분떼가 오사까 평야에 출현한 것은 호태왕비에 보이는 4세기 말~5세기 초두의 왜군의 대규모 조선침략이라는 동아시아 력사상의 중대사건과 관련된다는 것은 움직일 수 없는 것이라고 생각된다. 야마또 분지로부터 오사까 평야에로의 왕릉의 이동, 고분축조기술의 개혁과 왕릉규모의 거대화, 마구, 금동제장신구의 출현, 신예의 무기무장의 대량적 부장 등 어느 것이나 이것을 안받침하고 있다.

이렇게 놓고 보면 웅신릉, 인덕릉에 대표되는 대고분이 출현하는 시기는 역시 5세기 전반기경이 된다. 결과적으로 (이 설이) 움직일 수 없는 것으로 생각된다.》(쎔뽀 《고분시대의 고고학》아마가스〈甘粕建〉의 발언 학생사 1971년)

상기 학자가 명백히 말한 것처럼 그들은 가와찌(오사까) 일대에 있는 거대고분과 마구류의 출현을《임나일본부》설치 결과로 설명하였다. 즉 남부조선을 기내 야마또정권이 식민지 지배하였기 때문에 해외에 뻗친 그 힘으로 강대한 고분을 만들 수 있었으며 기마전을 모르던 일본이 기마전을 익힌 고구려 군사와 접전하였으니 5세기 초중엽경에 마구류 등이 나온다는 것이다.

그런데 1945년 이후 고고학적 자료를 가지고《임나일본부》설을 론한다는 이 학자(甘粕建)를 비롯한 고고학자들의 근본적 착오는 가와찌에 있는 2대 고분(이른바 웅신, 인덕릉) 및 그 주변의 고분들에 대한 고고학적 조사를 하지 않으면서도《4세기 말 조선에 왜가 출병하였기 때문에》가와찌의 고분이 커졌다고 하는 실로 놀랍고도 괴이한 론리를 내휘두르는데 있다.

광개토왕릉비문에는 이때의 왜가 기내에 있는 왜라고 그 어디에도 써 있지 않은 것이다. 북규슈의 왜일 수도 있다. 그리고 또 후에 보는 바와

일본학자들은 과학적 근거 없이 오사카의 인덕릉을 4세기 말~5세기 초의 것으로 보고 있으며, 야마토정권이 서부일본을 통합한 근거로 제시한다. 그러나 이 릉이 인덕릉이란 증거는 없다. 메이지 시대 때 인덕릉이라고 지정했을 뿐이다.

같이 가와찌에 있는 대고분은 4세기 말~5세기 초의 것이 아니다. 무슨 근거로 가와찌의 인덕, 응신릉을 4세기 말~5세기 초의 것으로 보는가 하는 것이다.

이 고분들에 대한 똑똑한 과학적(고고학적)조사를 한 결론인가. 아니다. 그것은 순전히 릉비문에 나타난 왜가 야마또정권의 왜일 것이라는 《결론》과 굳어진 기성관념에 포로된 대답에 불과하다.

실로 가소롭기 짝이 없다. 소시적부터 주입된 《황실사관》은 물건(유적유물) 자체를 놓고 분석평가하며 력사를 론한다는 고고학자들로 하여금 눈뜬 소경으로 만들었다. 이려한 론리가 허황하기 짝이 없다는 것은 우리들 조선사람의 눈뿐 아니라 같은 일본사람들의 눈에도 이상하였을진대 그 이상 말해서 무엇하겠는가.

일본인류학의 대가인 이시다(石田 英一郎)는 다음과 같이 말하였다.

《력사학의 비전문가인 우리가 보아도 납득되지 않은 것은 고고학상의 전기 고분문화를 4세기에 두는 정설을 따르는 한 기마도, 우수한 병기도 아직 나타내지 않은 이 세기(4세기)의 후반 기내 야마또를 기지로 한 보병의 대군이 도대체 어떻게 남조선을 석권하고 멀리 고구려의 지경에까지 범할 수 있었겠는가 하는 의문이었다. 고구려는 물론 당시의 3국이 이미 … 기병의 제도를 받아들였던 가능성은 매우 높다. 이와 반면에 적어도 4세기의 기내 야마또에 이러한 대작전을 전개할 수 있는 강대한 국가와 그 경제적-사회적-군사적인 조직이 존재한 증거는 어디에 있는 것인가.》(《력사감각이라는 것-신공기의 해석을 위하여-》〈일본고전문학대계〉 이와나미서점 제2기 월보 1967년판 2~3페지)81

계속하여 그는 이렇게 생각하는 것이 특정한 사료에 포로되여 특정한 해석에 매달려 그것이 기존사실화된 《고전적》이라고 인식하고 있는 력

---

81 일본에는 6세기 중엽까지 제철 기술이 없었다. 그러나 남한의 김현구 같은 학자들은 제철기술이 없는 야마또왜가 군사강국이었다는 희한한 논리를 편다. 무기 제작에 필요한 철정(鐵鋌) 등을 백제에서 갖다 바쳤기 때문에 굳이 철 생산능력이 없어도 된다는 논리다. 심지어 백제 왕실은 철을 지속적으로 야마또왜에 바치겠다는 보증 수표로 왕자들을 인질로 보냈다고 주장한다. 김현구는 "(백제왕자)전지를 인질로 보낸 것은 이파이가 얻어간 철 등의 선진문물을 차질 없이 지속적으로 보낸다는 약속의 담보가 아니었는가 생각된다.(《임나일본부설은 허구인가》 167쪽)"라고 말했다. 겉으로는 식민사학을 비판하는 척해서 독자들을 혼동시킨 후 곳곳에 이런 논리를 교묘하게 배치해서 백제를 야마또왜의 식민지로 만드는 것이 이들의 서술 방식이다.

사학자들의 론리의 모순을 아는 것이 아닌가라고 하였다.

다이센, 곤다야마고분의 축조시기

재삼 언급하지만 4세기 말부터 약 200년간 기내 야마또정권이 남부조
선을 식민지 지배하였다는 중요한 근거는 이미 4세기 말에는 기내 야마또
정권이 서부일본을 통합해있으며 그러한 통일국가창건의 권력적 시위
가 바로 이른바 응신, 인덕릉이라는 것이다. 그런데 여기에는 많은 모순들
이 내포되고 있다.

우선 다이센(大山), 곤다(譽田)고분 자체를 인덕[仁德], 응신[應神]이
라고 이름붙인 것 자체가 잘못이다.[82] 왜냐하면 이들의 이름을 단 것은 과
학적으로 고증되어 명명(命名)된 것이 아니라 명치 이후《팔굉일우》의 침
략사상에서 나온 것이기 때문이다. 에도(江戶)시기에는 인덕 따위의 말
이 없었다. 따라서 옛날에는 피장자가 불명한 까닭에 지명을 따서 다이센,
곤다야마고분이라고 불렀던 것이다.[83]

---

[82] 다이센고분(大山古墳)은 오사카부(大阪府) 사카이시(堺市) 사카이구(堺區)에 있는데
길이는 525m, 후원부의 높이는 39.8m로 일본 최대의 전방후원분이다. 궁내청에서는
5세기에 축조된 인덕천황릉이라고 지정했지만 고고학자이자 동지사대 명예교수였던
모리 고이치(森浩一:1928~2013)는 1969년 "실제로 인덕천황이라는 인물이 묻혀 있는
지는 모르겠다. 학자들이 인덕천황릉이라고 부르지만 그것은 사실을 오해한 것이다."라
고 말한 것처럼 근거는 없다.

[83] 일본의 대부분의 고분들은 피장자가 누구인지 알 수 없는 무덤들이었다. 그래서 메이지(明
治) 이전에는 대부분 지역명으로 불려졌다. 그러나 메이지 때 능묘의 피장자들을 특정하
기 시작했다. 지금도 궁내청에서는《능묘참고지(陵墓參考地)》라는 이름으로 이들 지역
을 관리하고 있다. 어떤 특정 고분에 대한 조사 끝에 ○○릉으로 명명한 것이 아니라
분묘 명단을 보고 적당하게 찍어서 '○○릉'으로 명명한 것이다. 그래서 '○○릉'으로
써 있다고 해서 실제 그 인물이 매장된 것은 아니다. 일본에서는 이런 고분 발굴 허가를
내주지 않는다. 고분 발굴은 궁내청 소속인데, 발굴할 경우 대부분 가야나 백제계

년대 또한 4세기 말이나 5세기 초의 축조가 아니다. 다이센고분의 세 겹째 해자에서 나온 원통 하니와는 대부분 《5세기 말부터 6세기 초두의 것》(《거대고분의 세기》 이와나미 서점 이와나미 신서 1981년 166~167 페지)이라고 하며, 다이센고분의 동쪽 혹(쯔꾸리다시)에서 큰 독(도질 토기의 독 쪼각)이 나왔는데 이것 역시 5세기 후반부터 6세기 초의 것이 다. 말하자면 이 대고분들은 전기무덤이 아니라 중기무덤 또는 후기무덤 인 것이다. 다이센고분에서 우연히 거울과 검, 투구갑옷 등이 나왔는데 이것들은 다 같이 5세기 말경의 조선제 물건들이다. 거울은 백제 무녕왕 릉에서 드러난 거울과 똑같으며 단룡고리자루(單龍環頭)칼도 무녕왕릉 의 칼(검)과 같다. 이 유물들을 전시한 미국 보스톤미술관에는 명백히 《전(傳) 인덕릉 출토 5세기》라고 되어있다는 것이다. (《거대고분의 세 기》)

다이센, 곤다야마고분의 축조가 5세기 말~6세기 초라는 것은 주변에 있는 아리야마고분, 마루야마고분, 야쮸(野中)고분 등에서 드러난 유물 들(질그릇, 무기, 마구류 등)을 보아도 잘 알 수 있다.

또한 고고학적 견지(고분 분포상태)에서 볼 때 결코 기내 야마또정권의 정치, 군사력이 서부일본에로 파급되였다고 볼 수 없게 한다. 이에 대해서 는 일본학자들 자신이 《오늘 남아있는 이 시기의 고분의 분포상태를 보면 기내로부터 마치도 파문처럼 각지에 점차적으로 옮겨갔다고 하는 적극적 이고 결정적 근거는 없다. 다시 말하여 기내를 중심으로 한 오랜 것으로부 터 보다 새로운 것에로의 점차적인 이행을 인정하는 충분한 자료는 없는

유물이 쏟아지기 때문이다.

일본 전방후원분 중 4번째로 큰 오카야마 키비(吉備)지방의 츠쿠리야마(造山)고분. © 이덕일

것이다.》(《일본고분의 연구》 사이또 따다시(齋藤忠) 저 요시가와홍문관 1962년 140페지)라고 말하는 것이다.

아다싶이 기비(吉備)지방에는 일본에서 길이로 볼 때 4번째와 9번째에 속하는 두 쯔꾸리야마(造山[조산], 作山[작산] 5세기 전반기 축조)고분이 있다.[84] 설사 가와찌에 있는 다이센, 곤다야마고분을 5세기 초의 것으로 본다 해도 조선에로의 길목에 해당하는 기비지방에 두 쯔꾸리야마와 같은 큰 고분으로 대변되는 대권력이 할거해있으면 어떻게 마음대로 조선에 출병할 수 있었겠는가.

---

84 츠쿠리야마고분(造山古墳)은 오카야마(岡山)현 오카야마시 북구(北區) 신장하(新庄下)에 있는 전방후원분인데, 국가사적으로 지정되어 있다. 길이 350m, 후원부의 높이 29m로 오카야마현에서 가장 크고 일본 전체에서도 4위에 해당하며, 분구(墳丘)에 출입할 수 있는 고분으로는 전국 최대 규모다. 오카야마에는 이 외에도 여러 고분과 조선식(백제식) 산성들이 있는데, 북한에서는 오카야마 지역에 있던 옛 기비국(吉備國)을 일본 열도에 있던 가야계 분국 임나라고 보고 있다.

《일본서기》(웅략기[雄略紀], 경행기[景行紀])에는 기비정권이 야마또 정권과 대립되는 강력한 세력으로 등장해있다는 기사도 있는데 스쳐 지나갈 수 없다. 일부 고고학자들은 기비의 큰 고분들에 있는 전방부의 혹을 기내적으로 단정하면서 《5세기의 기비는 기내 야마또의 영향하에 움직였다.》라고 말하지만 그런 과학적 근거가 없다. 왜냐하면 시기적으로 이른 기비의 큰 고분을 두고 시기적으로 늦은 가와찌의 다이센, 곤다야마, 리쮸(리중)릉의 영향을 받았다는 것은 허튼 나발이기 때문이다.

다이센, 곤다야마고분은 야마또지방에 있는 것이 아니라 가와찌에 있다. 일본학자들은 이 두 거대고분을 두루뭉실하게 기내 야마또에 소재한 듯 말하지만 야마또와 가와찌는 엄연히 갈라져있다.[85]

《속일본기》를 보더라도 야마또(大和)지방은 8세기까지도 《大倭國[대왜국], 大養德國[대양덕국]》이였고 가와찌는 후에 이즈미, 가와찌, 셋쯔로 나뉘여지지만 7세기까지도 가와찌(河內)였다. 8세기 이후에는 야마또와 가와찌 사이에는 엄격한 구분이 있었다. 가와찌와 야마또 사이에는 이꼬마 산지가 가로놓여 있고 다이센, 곤다야마고분은 가와찌에 소재할 뿐 아니라 야마또보다 바다에 더 가깝다. 이런 데로부터 이 대고분들은 기내 야마또정권과 무관계하는 《가와찌왕조》의 것이라는 론리를 세우는 일본학자들도 나타난 것이다.

다이센, 곤다야마고분을 남긴 세력이 5세기 말~6세기 초 이후 야마또

---

85 고대 야마토(大和)는 현재 나라분지(奈良盆地)의 동남쪽을 야마토(大和)라고 부른 데서 비롯되었다. 고대 야마토는 지역적으로 나라분지 동남쪽을 의미했다. 반면 가와치(河內)는 지금의 오사카부 동부를 뜻하고, 나라시대 때는 바닷가쪽의 이즈미(和泉) 등을 포함하고 있었다. 가와치에는 나라가 수도였던 야마토왜와는 다른 정치세력이 있었다는 뜻이다.

와 관계를 맺을 수 있으나 광개토왕릉비에 나오는 시기 즉 4세기 말의 단계에서는 이 고분들이 이 세상에 존재하지 않았다.

기마풍습의 전래시기

일본학자들은 가와찌의 다이센, 곤다야마고분 주변에서 출토된 마구류를 광개토왕릉비문에 나오는 왜와 결부시켰다. 그리고 동시에 가와찌 평야의 개간개척 및 그와 동반된 선진 영농기구의 보급을 설명하였다.

이 론리는 극히 유치하다. 왜냐하면 보병이 기병과 싸워 이겼다는 것은 비유해 말해서 아이와 어른이 싸워 아이가 이겼다는 것이나 마찬가지이기 때문이다. 아이가 어른과 싸워 이겨 어른이 가졌던 힘과 싸움법을 배웠다는 것과 같은 론리는 통하지 않는다. 아무리 지혜롭다 해도 아이는 어디까지나 아이인 것이다.

고고학적으로 볼 때 일본렬도에서 기병용마구류가 처음 출현한 것은 5세기 초이다. 하지만 그것은 유감스럽게도 야마또가 아니라 조선과 가장 가까운 북규슈의 이또지마(糸島)반도 일대이며 가와찌 평야에 상륙하는 것은 그로부터 반세기가 넘은 5세기 중엽경이다.

야마또지방에 마구류가 보급된 것은 5세기 중엽경으로부터 6세기 초엽경이다. 말하자면 일반적으로 일본(가와찌)에서의 마구류의 보급은 중기고분의 중엽 대체로 5세기 중말엽이다. 그것은 광개토왕릉비문에 나오는《왜의 활동》과는 무관계하다. 만일 가와찌를 비롯한 기내지방에 있던 왜가 광개토왕릉비문에 반영된 왜라면 마땅히 4세기 말이나 5세기 초에 기내지방 여러 곳에 마구류가 나왔어야 할 것이 아닌가. 그러나 현실은 5

세기 중말엽에 와서 비로소 기내지방에 마구류가 보급되는 것이다.

아무리 일본학자들이 기내지방에서 드러나는 마구류의 시기를 끌어올리고《조선적》인 것으로 묘사함으로써 광개토왕릉비문에 나오는 왜로,《임나일본부》설의 결과로 조작해보려고 해도 그것은 허사이며 론리에 비약이 있음은 부정 못한다.

고금동서의 력사를 돌이켜볼 때 보병이 기병을 타승한 실례는 매우 드물다. 북유럽의 일부 지역에서 강한 대궁(大弓)이 기병의 방패를 뚫은 적은 있다. 그러나 그것은 특수한 경우에 한한다. 이와 반면에 사회경제적 수준단계가 낮고 뒤떨어졌던 몽골이 유라시아대륙을 석권할 수 있었던 것도 말에 의한 민첩한 기동력과 강궁의 결과였다.

이러한 옛일을 상고해볼 때 사회경제단계도 조선보다 낮고 무기무장에 있어서도 렬악한 야마또정권의 군사력이 대륙의 전란을 함께 겪으며 성장발전한 조선의 무장력을 격파하고 남부조선을 200년간이나 식민지 통치하였다는 것은 말도 통하지 않고 리치에도 어긋나며 론리에도 닿지 않으며 상식에도 맞지 않은 것이다.

4~5세기 일본렬도의 사회경제적 단계

4~5세기의 일본렬도의 형편을 알 수 있는 자료로서 중국의 심약(沈約)이 찬한《송서》(동이전 왜국)가 있다.

이에 의하면 425년(원가[元嘉] 2년), 451년(원가 28년), 478년(순제 승명[順帝昇明] 2년) 등 여러 차례에 걸쳐 왜왕이 송나라에 사신과 함께 편지를 보냈다.

그 편지에는《사지절도독 왜 백제 신라 임나 진한 모한 륙국제군사 안동대장군 왜국왕》(425년의 편지)86이라고 자칭하였다. 또 478년의 편지에는 자기의 조상이 직접 갑옷을 두르고 산천을 발섭하면서 동에 55국, 서쪽에 66국, 북에 95국을 평정하였다고 썼다.87 이 말들에는 과장이 있을 수 있으나 5세기에 일본렬도는 수십 개의 소국들로 갈라져있었다는 것을 이로써 알 수 있을 것이다.

물론 일본학자들 가운데는《송서》에 반영된 나라들을 조선에 갖다 붙여《임나설》을 푸는 학자도 있으나 그것은 통하지 않는다. 망한 지 오랜 진한과 모한(마한)소국을 조선에 존재한 나라로 보는 이러한 론리는 사상(砂上)공론에 지나지 않는다.《송서》왜5왕의 상표문은 일본렬도의 소국 분렬 형편을 비교적 정확하게 반영한 것이라고 말할 수 있다.

당나라 위징 등이 쓴《수서》(왜국전)에 의하면 608년(대업4년) 문림랑 배청이 일본에 갔을 때 백제를 거쳐 일지(이끼)국에 이르고 또 죽시(쯔꾸시)국에 이르렀으며 또 동쪽으로 진[秦]왕국에 갔다고 한 다음 쯔꾸시국 동쪽은 모두 왜(야마또)에 부용되여있다고 하였다.88 부용(附庸)은 곧 통

---

86 "(유송) 태조 원가 2년(425) (왜왕) 찬이 또 사마조달을 파견해 표문과 방물을 바쳤다. 찬이 죽고 동생 진이 섰는데, 사신을 보내 공물을 바쳤는데, 자칭 사지절도독 왜·백제·신라·임나·진한·모한 육국제군사를 칭했다.(太祖元嘉二年, 讚又遣司馬曹達奉表獻方物. 讚死, 弟珍立, 遣使貢獻. 自稱使持節, 都督倭百濟新羅任那秦韓慕韓六國諸軍事, 安東大將軍, 倭國王)《송서》〈동이열전 왜국〉)"

87 "순제 승명 2년(478) (왜왕 무)가 표문을 올려서 '신의 봉국은 구석지고 먼 곳에 있어서 밖의 번이 되었습니다. 옛 조상 때부터 몸소 갑옷을 입고 산을 넘고 물을 건너며 편히 쉬지 못했습니다. 동쪽으로 모인(毛人) 55국을 정벌하고, 서쪽으로 중이(衆夷) 66국을 복속시켰으며, 바다 건너 북으로 95국을 평정했는데, 왕도가 융성하고 태평하며, 땅을 경기에서 멀리까지 넓혔고, 해마다 세공을 어긴 적이 없었습니다.(順帝昇明二年, 遣使上表曰, '封國偏遠, 作藩于外, 自昔祖禰, 躬擐甲冑, 跋涉山川, 不遑寧處. 東征毛人五十五國, 西服衆夷六十六國, 渡平海北九十五國, 王道融泰, 廓土遐畿, 累葉朝宗, 不愆于歲 …')《송서》〈동이열전 왜국〉)"

계체(게이타이) 천황(재위 539~571)의 동상. 《일본서기》
〈계체기 21년조〉에 근거해도 6세기 전반기에는 야마토정
권이 서부일본을 통합하지 못했다. ⓒ 위키백과

제하에 들었다는 뜻이다.

배청은 쯔꾸시(오늘의 태
재부를 중심으로 한 지역)
동쪽이 야마또(기내)국의
통제하에 들어있다고 함으
로써 그 서쪽은 통제 밖에
있다는 것을 시사하였다.
또 야마또의 통제하에 있다
는 지역도 진왕국에서 보는
것처럼 아직 왕국으로서의
체모를 갖춘 반독립적 존재
로 있었던 것이다. 7세기 초
의 형편이 이러할진대 하물
며 4세기나 5세기 초의 서부
일본의 형편은 더 말할 필요조차 없다.

《일본서기》(계체기 21년조)에 의하더라도 쯔꾸시의 구니노미야쯔꼬
(國造), 이와이(磐井)가 북부규슈의 전 령역에 걸쳐 야마또정권에 반기를

---

88 "황제가 문림랑 배청을 왜국에 보냈는데, 백제를 건너 죽도에 이르렀으며 남쪽으로
담라국(   )을 바라보고 도사마국을 지났고, 큰 바다를 건넜다. 또 동쪽 일지국에
이르고, 또 죽사국에 이르렀고, 또 동쪽으로 진(秦)왕국에 이르렀는데, 그 사람들은
화하(華夏:중국)와 같아서 이주(夷洲)가 되었는데, 분명히 밝히기가 어렵다. 또 10여
국을 지나서 해안에 도달했는데, 죽사국부터 동쪽까지는 모두 왜에 부용한다.(上遣文林
郎裴清使於倭國. 度百濟, 行至竹島, 南望   , 經都斯麻國, 迴在大海中. 又東至
一支國, 又至竹斯國, 又東至秦王國, 其人同於華夏, 以爲夷洲, 疑不能明也. 又經十
餘國, 達於海岸. 自竹斯國以東, 皆附庸於倭)《수서》〈동이 왜국〉)" 같은 내용이 《북사
(北史)》〈사이(四夷) 왜〉에도 나온다.

들고 나섰다. 구니노미야쯔꼬란 지방호족, 지방세력가이다. 이와이는 근 2년간에 걸쳐 야마또의 수만 대군과 결사전을 벌렸다.

때는 바로 527년 다시 말하여 6세기 전반기에도 규슈에는 기내 야마또정권의 통제하에 들어가지 않은 세력이 온전하게 남아있었던 것이다. 이와이의《반란》을 계기로 쯔꾸시 동쪽지역은 야마또정권의 통제하에 들어갔으나 앞에서 본 바와 같이 그래도 진왕국처럼 반독립적 상태가 유지되였던 것이다.

이처럼 야마또정권에 의한 서부일본통합은 빨리 보아도 이와이의 반란이 있었던 6세기 중엽 이후였으며 그 이전 시기는 4~10개국 정도의 소국 할거상태에 있었다고 말할 수가 있을 것이다.

2. 광개토왕릉비문에 나오는 《왜》

릉비가 안고 있는 문제점들

광개토왕릉비는 고구려 24대왕인 광개토왕(374~412년, 재위기간 39
1~412년)의 공적을 후세에 전하기 위하여 그의 아들 장수왕이 세운 공적
비이다. 릉비는 현재 중국 길림성 집안 우리나라 압록강 만포대안에 1,60
0여 년 동안이나 그 자리에 그냥 그대로 서있다.

광개토왕의 이름은 담덕이며 정식 시호는 《국강상광개토경평안호태
왕》이다. 시호가 보여주는 것처럼 고구려의 령토를 넓힌 대왕으로서 고
구려국토확장에 큰 공로를 세운 사람이다.

릉비는 응회암으로 만들어졌고 4각형 기둥모양을 이루었다. 6.34m 높
이의 비석 4면에 총계 1,800자에 가까운 문자가 새겨져있다.

비문은 3단으로 되어 있다. 제1단에는 시조왕 추모(고주몽)의 출생과
고구려건국에 이르는 전설이 기록되고 아들 유리(류리)왕과 대주류왕에
로의 왕위계승의 내용이 적혀있다. 그 다음 광개토왕의 경력과 업적이 칭
송되어 있다. 제2단은 영락5년(395년)부터 영락20년(410년)에 이르는
광개토왕의 무훈을 편년적으로 서술하고 있다. 마지막 제3단은 수묘인인
연호의 수를 출신지별로 렬거하고 광개토왕의 훈시를 인용하여 왕이 수
묘인제도를 확립하였음을 명기하고 있다.

력대 일본학자들이 남의 나라 력사에 나오는 왕의 공적비에 그토록 큰
관심을 가지는 것은 바로 비문 제2단 광개토왕의 대외진출 활약장면에 피

뜩피뜩 나타나군 하는 왜 관계 기사 때문이다.

릉비문 2단에는 광개토왕이 고구려군을 거느리고 남하하여 백제를 치고 영락6년(396년)에는 또 수군을 령솔하여 출진해 백제의 58개 성을 함락시킨 기사가 나온다. 또한 영락10년(400년)에는 신라를 구원하고 임나가라를 공격하여 남해안 일대까지 진출하였고, 영락14년(404년)에는 왜가 대방지방(오늘의 황해도 일대)에 들어왔기

광개토대왕릉비(《조선의 명소와 유적》, 일본, 1903).

때문에 이를 무찔렀다는 등의 내용이 적혀있다.

일본학자들은 릉비에 나오는 왜를 기내 야마또정권으로 묘사하면서 《4세기 말 대방계선까지 진출하여 남하하는 강대한 고구려군과 격전을 벌릴 정도로 (왜가) 셌기 때문에 그때 당시 야마또정권이 임나(가야)를 지배해있었다고 보아 무리가 없다고 단정해왔다. 광개토왕릉비문에 왜기사가 나온다고 하여 그것이 곧 기내 야마또정권의 왜이라거나 왜가 김해지방을 지배했다는 근거로는 될 수 없다. 또한 일본학자들은 릉비에 나오는 왜관계기사의 주어를 아전인수격으로 몽땅 왜로 보면서 고찰 서술해왔다.

일본학자들의 해석대로 한다면 력사를 잘 모르는 사람이 얼핏 보기에

광개토왕릉비를 왜인이 세운 것이 아니겠는가 하는 착각을 일으킬 지경이다.

공화국[북한] 학계는 일본학자들이 광개토왕릉비문에 나타난 왜를 기내 야마또정권으로, 비문개소에 따라 주어를 왜로 보려는 견해를 반박하여 ① 광개토왕릉비문의 기본내용은 고구려 왕의 공적비이며 ② 이러한 성격에 맞게 신묘년조 문장의 주격은 고구려이며 광개토왕이라는 것을 재확인하였다. (《초기조일관계 연구》《광개토왕릉비》)

일본학자들은 우리 공화국 력사학계가 던진 문제제기, 새로운 비문독해법을 《새롭고 참신하다.》고 하면서도 끝내는 《… 그러나 주어를 왜가 아니라 고구려로 보는 것은 리해가 안 된다.》(또마 藤間生大 《왜의 5왕》 이와나미 서점 이와나미 신서)89고 하는 것이었다.

머리 속에 꽉 배긴 《황실사관》의 관점, 립장에서 벗어나지 못한 일본학자들은 광개토왕릉비문에 나타난 왜는 반드시 기내 야마또여야 했으며 신묘년조 해석은 주어가 고구려가 아니라 꼭 왜가 되여야 했던 것이다. 여기에 일본사학자들의 사관(史觀)에서의 빈곤이 있다.

그런데 일본학계치고는 《이단적》 론문이 나왔다.

1971년 당시 나라녀자대학(奈良女子大學) 조교수이며 근대사 전공인 나까쯔까(中塚明)라는 학자가 이와나미 서점에서 간행하는 《사상》(561호)에 《근대일본사학사에 있어서의 조선 문제-특히 광개토왕릉비를

---

89 토마 세이타(藤間生大:1913~2018)는 일본의 역사학자이자 고고학자이다. 고대 일본사부터 동아시아까지 두루 섭렵했는데, 한때 일본공산당에 소속되어 이노우에 기요시(井上清) 등과 황국사관을 비판했다. 《왜의 5왕(倭の五王)》(1968) 등의 많은 저서를 출간했는데, 이런 학자들까지 광개토대왕비문 해석에서는 황국사관을 벗어나지 못했다는 비판이다.

둘러싸고-》라는 론문을 발표하였다.

론문의 취지, 요점은 다음과 같다.

릉비문의 쌍구본을 맨 처음 일본에 가져온(간) 것이 일본의 군사 정탐이고 이것을 최초에 연구한 것이 참모본부이고 그 연구 성과가 그 후의 학자들에 의한 연구의 기초로 되고 있으나 이러한 연구에는 문제가 있다. 누가 어디서 연구를 해서도 연구결과에는 변함이 없다고 말할 수 있겠는가, 다시 말하여 어떠한 립장에서 어떤 목적에 따라 어떻게 연구하는가에 따라 서로 다른 결과가 나오지 않겠는가 하는 날카로운 문제를 제기한 것이다.[90]

나까쯔까의 문제제기는 근대사가의 립장에서 광개토왕릉비문이 누구에 의하여 어떻게 일본에 오게 되였는가를 예리하게 까밝힘으로써 일본 사학계가 지나온 검은 력사와 구태의연한 오늘의 현 실태를 낱낱이 고발하였다. 나까쯔까 론문은 일본학계에 큰 자극이 되여 여러 학자들에 의하여 일본에 처음 비문(쌍구본)을 가져온 것이 륙군참모본부 첩보장교(중위)였으며 그는 은밀히 조선, 중국 일대에 잠입하여 일본이 대륙침략에 진출할 좋은 구실을 마련할 자료들을 수집할《중대한》임무를 맡았던 자였다는 것이 새롭게 알려졌다.

일본은 19세기 말부터《교육칙어》에 의한 검정교과서가 통용되였다.

---

90 광개토대왕릉비는 당초 요(遼)나 금(金)나라 황제비로 알려져 있었다. 일본군 참모본부의 간첩이었던 사쿠오(酒句景信)가 고구려 광개토대왕의 비문인 것을 알고 탁본을 떠서 일본으로 가져갔는데 이것이 1883년의 쌍구가묵본이었다. 일본군 참모본부는 비밀리에 해독작업을 진행한 후 1888년에 요코이 다다나오(橫井忠直)에게 아세아협회 기관지《회여록(會餘錄)》제5집에 〈고구려고비고(高句麗古碑考)〉를 게재해 공개하게 했다. 처음 탁본을 뜬 것이 일본군 간첩이며 일본군 참모본부에서 비밀리에 작업을 끝낸 후 공개했기 때문에 처음부터 조작설이 있을 수밖에 없다.

력사교과서들에서는 의례히 위조된 비문의 확대사진(신묘년 왜 관계기사 부분)이 게재되였다. 그리하여 현재까지 장장 100여 년에 걸쳐《야마또정권의 군사출동》,《조선지배》가 설교되여왔다. 그러나 이미 앞에서 본 바와 같이 광개토왕릉비문이란 처음부터 침략적인 일본군부의 참모부 첩보과에 의하여 날조된 것이였다.

헛날린 화살이 옳은 과녁을 맞힐 리 만무하다. 4세기 말~5세기 초 기내 야마또정권에 의한 조선에서의 군사활동과 지배라는 침략 론리는 통하지 않게 되였고 뒤흔들리게 되였다. 이제는 일본의 식자있다는 사람치고 광개토왕릉비문을 가지고《임나일본부》설을 공언(公言)하는 사람은 드물게 되였다.

《고구려호태왕의 비문은 종래〈왜=야마또조정〉이 4세기 말부터 5세기 초에 걸쳐〈조선출병〉을 이룩한 기록이라고 해석하는 설이 지배적이였지만 최근 그 연구사(史)가 얼마나 편견에 찬 것이였는가가 지적되였다. 왜가 신묘년(391년)에〈바다를 건넜다〉는 것을 가지고 곧 야마또조정이 백제나 가라, 신라를 신하로 하였다고는 단정할 수 없는 것이다. 판독하기 힘든 탈락부분을 자의대로 해석하는 것은 위험한 일이기도 하지만 무엇보다 비문의 이른바 〈왜〉를 가지고〈야마또조정〉으로 대치하는 해석에는 문제가 있다. 4세기 후반부터 5세기의 초엽에 걸쳐 왜와 백제 등의 조선제국(諸國)과의 교섭이 있었던 것은 틀림없었다고 치더라도 그 내용이〈고사기〉,〈일본서기〉가 서술하는 것처럼〈신라정토(新羅征討)〉였다고 단정할 수 없는 것이다.》(《일본의 녀제》강담사 현대신서 1981년 87페지)91

이제까지 보아온 바와 같이 광개토왕릉비문에는 왜가 남부조선 일대에서 활동하였다는 것이 반영되여있을 뿐 어디에 있던 왜였다는 것은 모르게 되여 있다. 더구나 야마또의 왜정권이였다는 것은 일언반구도 없다. 한마디로 말해서 광개토왕릉의 비문은 기내 야마또정권의 조선 진출을 증명하지 못하고 있는 것이다.

그러면 광개토왕릉비에 나오는 왜는 어디에 있는 어떠한 왜였는가 하는 문제가 새삼스럽게 제기된다.

릉비에 나오는 왜의 정체

필자는 광개토왕릉비에 나오는 왜가 《삼국사기》 박제상 렬전에 나오는 왜로 보면서 첫째로, 가야, 신라와 가장 가까운 거리에 있는 왜라는 것

---

91 앞서 설명한 것처럼 일본군 참모본부는 신묘년(391년) 기사를 "왜가 바다를 건너와서 백제와 신라 등을 깨고 신민으로 삼았다.(倭以辛卯年來渡海破百殘□□□羅以爲臣民)"라고 해석하고 이를 4세기 후반 신공(神功)왕후가 한반도 남부를 정벌했다는 《일본서기(日本書記)》의 기록을 뒷받침한다고 주장했다. 그래서 이른바 '임나일본부설(任那日本府說)'이 정설이 되었다. 그러나 민족주의사학자 정인보는 1930년대 말 〈광개토경평안호태왕릉비문석략(廣開土境平安好太王陵碑文釋略)〉를 저술해 '도해파(渡海破)'의 주어를 왜가 아니라 고구려로 보아 "왜가 신묘년에 왔으므로, (고구려)가 바다를 건너 왜를 깨뜨리고 백제와 □□ 신라를 신민으로 삼았다"고 해석했다. 고구려인이 세운 비문의 주체는 고구려라는 것이었다. 1972년에는 재일 사학자 이진희 교수가 일본군 참모본부의 이른바 '석회도부작전설(石灰塗付作戰說)'을 주장해 큰 파장이 일었다. 일본군 참모본부가 만주 침략을 정당화하기 위해 고대사를 조작했다는 것이었다.(이진희, 《광개토대왕비의 연구》, 일조각, 1982) 북한의 김석형 등도 정인보의 해석처럼 주어를 고구려로 보고 해석하고 있다. 문제는 릉비의 2면 하단과 3면 상단이 집중적으로 지워졌는데, 일본 극우파들에게 유리한 글자들인 '임나가라·왜(倭)·안라(安羅)' 같은 글자는 선명하게 남아 있다는 점이다. 2면 상단과 3면 상단이 비바람에 함께 풍화되든지 2면 하단과 3면 하단이 풍화되었다면 이해가 가지만 2면 하단과 3면 상단의 많은 글자가 보이지 않는 가운데 일본에게 유리한 글자만 남아 있다면 안 보이는 글자가 더 중요할 것이다. 일본군 참모본부의 간첩 사쿠오 중위나 일본군 참모본부가 비문의 일부를 손대서 한국침략을 정당화하는 계기로 사용했다고 보는 것이 더 합리적일 것이다.

다시 말하여 작은 배로 바다를 건너 쉽게 조선 땅에 가닿을 수 있는 위치에 있는 나라라는 것, 둘째로, 전일본적으로 기마전투무기가 가장 일찍기 출현하는 지역이였다는 것 즉 기마전투무기와 선진영농기술, 선진묘제(수혈계횡혈식석실무덤)의 첫 상륙지로 되는 지역이라는 것을 포착하고 그곳이 어디냐 하는 검토를 진행하였다.

그 결과 기내 야마또정권은 그와 같은 조건이 전혀 갖추어져있지 않다는 것과 이러한 제 조건을 갖추고 있는 지역이 바로 북규슈의 이또지마(糸島)반도였다는 결론에 도달하였다.[92]

널리 알려진 바와 같이 광개토왕릉비문에서 보는 왜는 고구려와 싸우고 신라 땅을 침범하는 왜였다. 말하자면 고구려와 신라에 대해서는 적대적으로 나선 존재였다. 이것은 왜의 성격이 백제-가야적이라는 것을 시사해준다.

이또지마반도에는 가야계통의 소국이 존재하였다. 조선식 산성과 지명, 전방후원분 등 우두머리급 고분의 집중, 조선적 유물의 대량적 출토 등이 그것을 보여준다. 우리는 광개토왕릉비문에 나오는 왜는 이또지마반도 일대에 형성 발전한 왜 소국이였다고 보는 것이다. 이에 대하여 독자들의 리해를 얻을 만큼의 정도로 소개하려고 한다.

일본렬도적으로 지리적으로나 거리적으로 조선과 가장 가까운 곳이 규슈[九州]섬이다. 규슈섬치고 또 제일 가까운 데가 이또지마반도이다.

---

92 이토시마반도(糸島半島)는 앞서 설명한 것처럼 후쿠오카(福岡)현 북서부에 있는 대한해협에 돌출한 반도이다. 이 일대에는 고대 이토국(伊都国)이 있었다고 해석되고 있는데, 《만엽집(萬葉集)》에도 나온다. 수많은 고대 유적들이 있고, 다수의 유물이 출토되었는데, 일본에서는 이 지역의 소네유적군(曽根遺跡群) 등을 국가 사적으로 지정했다. 북한에서는 이 고대 유적들을 가야계 유적으로 보고 있다.

지금은 행정적으로 이또지마(糸島)군(고을)이라고 하지만 본래는 이또고을과 시마고을로 갈라져있었다. 이또지마반도의 북쪽이 시마고을이고 남쪽이 이또군이다. 이또지마반도 북쪽인 시마군은 예로부터 가야(可也)라고 불러오던 곳이다.

10세기에 편찬된《화명초》(화명류취초의 략칭)에는《시마고을 가야마을(加夜郷, 韓良郷)》이라고 밝혀져 있다. 이또지마반도 최북단인 기따자끼촌 일대는 고대시기부터 가라도마리(韓泊)라고 불리워 온 곳으로서 조선에서 규슈섬으로 건너가는 직통길이었다.

《가라도마리》란《가라 즉 조선사람들이 머무르는 곳》으로서 8세기에 편찬된 고대노래집인《만엽집》에도《韓亭》(가라도마리)로 올라 있는 오랜 지명이다. 오늘날의 이또지마군 마에바루정(前原町) 일대에도 가야(가라)와 관계되는 가야계통 지명이 적지 않게 분포되어 있다.

《화명초》에 있는 게에향(鷄永郷), 가야산(可也山 표고 365m) 등이 그러한 대표적 지명들이다. 가야산이 있는 일대가 게에향 다시 말하여 가야향이라고 불리운 곳인데 가야산을 중심으로 오늘날까지도 가야촌(可也村)과 게야촌(芥屋村)이 있다.

또한 앞에서 본 마에바루정 일대에는 가야(가라)의 이름을 딴 가라(加羅)마을과 가후라(加布羅) 해안 등이 있다. 가후라는 곧 가라(加羅)이다. 《화명초》에는 가라향(韓良郷)으로 되어 있으나《태재부관세음자재장》이라는 북규슈 태재부(다자이후)의 사찰관계 자료에는 가야(加夜)향으로 표기되여 있다.

규슈섬의 최북단인 이또지마 일대에 가야소국이 있었다. 이또지마반도 일대에는 가야산을 중심으로 한 일대에 수십 기의 우두머리급 가야계

통 무덤들이 존재한다. 특히 로오지(老司)고분(3호 무덤)과 수끼사끼고
분 등은 5세기 초의 전형적인 가야고분이다. 여기서 드러난 마구류와 농
공구들은 당시(5세기 초)로서는 전 일본렬도적으로 최첨단기술 장비들
이였다.

이러한 선진농공구류들과 마구류들, 수혈계 횡구 또는 수혈계 횡혈구
조의 무덤형식은 가야에 그 계보가 이어지고 4세기 말~5세기 초 조선반도
남부와 직접적으로 련관된 유적 유물들이였다. 그것은 광개토왕릉비문
에 나오는 왜의 정체를 밝혀주는 유력한 자료들이였다.

북규슈 이또지마반도의 가야계통 소국은 토착원주민들을 넓게 포섭한
소국이였다. 소국의 권력을 차지한 것은 가야사람들이였고 지도층을 구
성한 사람들도 가야사람들이였으나 세월이 흐름에 따라 가야사람들과 원
주민 사이에 생긴 혼혈아도 많아졌을 것이고 또 병사들 가운데는 키가 작
은 토착왜인들이 많았다. 따라서 조선 땅에 와서 고국인 가야와 그리고 가
야와 련합한 백제를 위하여 싸운 이또지마 가야사람들 속에는 키가 작은
왜인들도 많았다. 이러한 데로부터 고구려사람들은 그들을 보고 왜, 왜인
으로 불렀다.

바다건너 규슈섬은 갈대밭 무성한 황야이고 미개척지의 야만의 땅이
였다. 고구려사람들은 그러한 야만의 땅에 사는 사람들을 가야사람이고
무엇이고 가릴 새 없이 왜땅에서 사는 왜인으로 불렀던 것이다.

이또지마반도에서 주목되는 또 하나의 사실은 여기에 라이산(雷山)이
라는 조선식 산성이 있는 것이다. 93 그보다 작은 조선식 산성은 가야산에

___

93 라이산산성(雷山山城)은 후쿠오카현 이토시마시 라이산(雷山:뢰산)에 있는 산성이다.
　 일본에서는 라이산코우고이시(雷山神籠石)이라고 부른다. 신롱석(神籠石:코우고이

후쿠오카 다가와군(田川郡) 히코산(英彦山)에 있는 조선식 산성인 신롱석산성. 일본에서는 고대 한국인들이 쌓았다는 기록이 없는 조선식 산성은 모두 신롱석산성이라고 부른다. ⓒ 이덕일

도 있었음직하지만 아직 보고된 것이 없다.

　다만 라이산성은 근대시기부터 알려져왔다. 이또지마반도 전체를 옹위하듯 부감하는〔맞대어 보는〕위치에 틀고 앉은 라이산성은 오래동안 《고가이시(神籠石)》또는 쯔쯔끼(筒城)로 불리워왔다. 세부리산지의 라이산(표고 955m)의 가운데허리(400m)쯤에 위치한 산성에서는 멀리에 있는 이끼섬과 쯔시마섬을 건너다 바라볼 수 있다.

　쯔쯔끼란 두둑(둔덕)이라는 조선말이며 《끼》역시 성(城)이라는 고대

시)이란 큐슈나 세토내해 등지에 분포하고 있는 조선식 산성(백제식 산성)인데, 《일본서기》나 《속일본기》등에 기록이 남아 있지 않은 산성을 뜻한다. 물론 조선식 산성인데 일본 열도를 조선식 산성이 뒤덮고 있다는 사실을 인정하기 싫은 일본인들이 고심 끝에 만든 용어이다.

후쿠오카 오노성은 조선식 산성이다. ⓒ 이덕일

조선말이다.

일본에서는 본시 방어적 성새란 없었다. 따라서 조선사람이 만든 성새라는 뜻인 《끼》를 성에 그냥 갖다 붙이며 사용하였다. 다시 말하여 쯔쯔끼란 둔덕진 성새라는 조선말에서 유래되었다. 라이산의 경우 쯔쯔끼는 견고한 수문돌담을 가리켜 부를 때가 많았다.

흥미 있는 것은 이 산성을 오랜 조선말인 쯔쯔끼라고 불리워 온 것과 함께 산성 안에 있는 고소신사(層祖神祠)를 옛적에는 가라궁(加羅宮)이라고 불러왔다는 사실이다.

이또지마 가야소국이 광개토왕릉비문에 나오는 왜였다는 것을 고증한 내용은 1990년에 나온 도서《일본에서 조선소국의 형성과 발전》(138~168페지)[조희승 지음] 등에 자세하게 소개되었다.

조선식 산성인 후쿠오카 오노성(대야성). 신(라)당연합군이 일본 열도를 침략할 것에 대비해 백제인들이 쌓은 성이다. ⓒ 이덕일

　2004년 가을과 2005년 가을 필자는 국제학술토론회차로 련속 규슈섬을 방문하였었다. 1991년도에 사가현의 요시노가리 유적을 아사히신붕사의 직승기를 타고 부감한 적이 있지만 2004년과 2005년처럼 북규슈 최북단 일대의 유적을 직접 답사 확인한 것은 처음이었다.

　2004년에 후꾸오까시에 간 것은 유네스코친선대사이며 일본 고구려회 최고고문, 도꾜예술대학 학장인 히라야마 이꾸오씨(고인)가 주최한 고구려벽화고분유적 세계문화유산등록 기념토론회에 참가하기 위해서였다. 쩨마[테마]는 20여 년 전에《고구려문화전》을 개최할 때의 쩨마와 똑같은《고구려와 고대일본문화》였다.

　니시닛뿡신붕사(西日本新聞) 홀을 꽉 채운 450명의 청중들의 참가하에

큐슈 태재부(다자이후) 평성경 유적. 백제 수도가 함락되자 야마토왜는 이곳에 전시수도를 설치해 선박을 건조하고 군사를 길러 백강전투에 보냈다. ⓒ 이덕일

학술회의는 성과적으로 진행되였다. 회의에 앞서 2005년에 개막하게 될 규슈국립박물관을 참관하였다. 박물관 지척에 다자이후(태재부[太宰府]) 유적과 그 배경에 오오노성(大野城)이 있었다.[94] 오오노성에도 조선식 산성이 있다. 산성을 보고 직접 느낀 소감은 《이렇게 작은가》하는 것이였다.

---

94 다자이후(大宰府)는 후쿠오카현 다자이후시에 있는 고대 궁궐 유적이다. 사이메이(齊明) 6년(660) 백제 수도가 함락되자 야마토왜는 다자이후를 전시 수도로 삼아서 군선을 건조하고 군사를 길렀다. 텐지(天智) 2년(663)에 야마토왜군은 백제 부흥군과 합세해 신라·당연합군과 백촌강(白村江) 해전을 치렀지만 패배했다. 이로써 백제는 완전히 멸망했는데 일본 열도로 건너간 백제인들은 신당연합군의 공격에 대비해 대마도와 이키섬, 큐슈, 나라 등지에 산성을 쌓았는데, 이것이 조선식(백제식) 산성이다. 다자이후 북부에 오노성(大野城)을 쌓고, 남쪽에 기조성(基肆城)을 쌓았고, 물을 저장하는 제방인 미즈노끼(水城)를 쌓아 다자이후를 삼면에서 방어하려고 했다. 나라가 망한 백제인들이 일본 열도에 건너가서 백제식 산성을 쌓을 수 있었다는 것은 야마토왜가 백제 강역이였음을 말해준다.

평시에 고구려의 대성산성과 정방산성, 황룡산성, 신원 장수산성 등 거대산성들을 자주 보아서였을 것이다.

2005년에는 아시아사학회 년차 회의 겸 국제학술토론회에 참가하기 위해 또다시 후꾸오까를 방문하였다. 회의는 개막된 규슈국립박물관 회의실에서 하였다. 여가에 백제 망명객 장수들이 쌓았다는 미즈노끼(水城 ─제방─방어뚝)를 보았다. 이것은 7세기 중엽 백제사람들이 공들여 축성하여 그런지 산성의 심초와 골격형성에 돌들을 사용하였고 그 우에 흙을 씌워 자못 규모 웅장하고 견고해보였다.

아울러 토론회사회를 맡아본 규슈대학 명예교수인 니시다니 따다시가 관장을 한다는 이도국(伊都國)박물관을 참관하였다. 그때 박물관 지척에 있는 가야산도 보았다. 가야산을 이또지마 일대의 부사산(후지산)이라고 한다는데 역시 매우 작다는 생각이 들었다. 이도국박물관으로 오고가는 과정에 로오지고분을 비롯한 이름난 고분들 다시 말하여 이른바 수장(首長)급 무덤들을 대충 보았는데 느끼는 바가 많았다. 그 속에서 가장 두드러진 것은 이또지마반도의 괄목할 수장급 무덤의 태반이 조선을 면한 바다가에 위치해있다는 사실이다.

이것은 무엇을 보여주는가. 그것은 말 그대로《일의대수(一依帶水)》로서 가야와 이또지마반도가 하나의 문화권에 속해 있었다는 것을 말해주는 것 외 아무것도 아니다.

이도국 력사박물관은 마에바루정(前原町)에 위치해 있다. 박물관의 서남쪽에 가야산이 있고 가까운 곳에《해가 향하다.》는 뜻인 히나따 고개(向日峠)라는 고개명이 있다. 자연히 머리 속에 떠오르는 것이《고사기》에 나오는 니니기노미꼬또가 일본렬도에 도착하여 하였다는 말이다. 즉

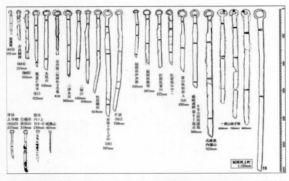

여러 환두대도와 후쿠오카 우와마찌 무꾸바루(上町向原) 유적지의 환두대도(가장 오른쪽).

《이 땅은 가라구니(韓國-조선땅)에 향해있어 … 이 땅은 참으로 길한 땅이여라.》라는 말이다.

니니기노미꼬또 집단은 가라구니(조선-가야나라)를 동경하고 숭상하는 감정에 휩싸여있었다. 그들이 왜 땅인 규슈 땅에 상륙하자마자 한 말이 그대로《고사기》에 반영된 것이다. 니니기노미꼬또의 이른바《천손강림》모습이 금관가야국의 시조 김수로왕의《천손강림》모습과 매우 흡사하다는 것은 이미 오래전부터 지적되여 오는 이야기이다. (《초기조일관계연구》1966년 102~107페지) 95

니니기노미꼬또는 아마데라수오오미가미(천조대신)의 손자벌에 해당하는 인물이다. 그러나 니니기노미꼬또란 어느 한 개인을 념두에 둔 것이 아니라 가야 이주민집단을 대표한다는 것은 널리 알려진 사실(《가야사》2001년 과학백과사전출판사 171페지)이다. 해가 향하다는 지명은 쯔시마섬과 이또지마반도, 히무까(휴가 미야자끼현) 등 규슈섬 여러 곳에 있다. 그 지명들은 가야 이주민집단의 진출로정을 밝혀주는 지명이기도 하다. (《가야사》189페지)

---

95 이 책은 분국론의 주창자인 김석형이 썼다.

이또지마반도가 가야 이주민집단의 진출지임을 보여주는 자료는 많지만 공화국학자대표단이 찾은 이도국 력사박물관의 새로운 전시품들에서도 그것을 엿볼 수 있었다. 우와마찌 무꾸바루(上町向原)유적에서 드러난 길이 120cm나 되는 긴 환두대도(고리자루큰칼)는 일본출토상 전일본적으로 4번째로 긴 고대칼이라고 하며 수나우오즈까(砂魚塚)고분의 횡혈식 석실에서 드러난 굽은 구슬과 관옥(대롱구슬) 등 히수이와 벽옥, 수정으로 만들어진 목걸이는 조선 특히 가야고분에서 흔히 보는 유물들이다. 말하자면 조선-가야제유물이 일목료연하다.

이또지마반도 일대에 보이는 지명과 관련하여 한마디 더 보탠다면 북규슈 일대의 지명들 가운데서 《무슨 무슨 바루》라고 하는 것이 있다. 이도국 력사박물관이 위치한 가야산 주변의 지명이 후꾸오까현 마에바루시(前原市)이다. 보통 일본 발음대로 읽으면 《마에하라》라고 읽어야 정상이다. 그러나 이곳 지명은 모두 원(原)을 《하라》로 읽지 않고 다 《바루》라고 읽는다. 규슈섬 그것도 북규슈 일대에만 그것이 현저하고 특히 이또지마반도 일대만이 더한층 두드러진다.

원(原)을 《하라》로 읽지 않고 《바루》로 읽는 것은 조선말의 영향, 아니 조선말 그 자체이기 때문이다. 《바루》는 조선말인 벌판이라는 뜻인 《벌》이다. 《바루》란 벌이라는 조선말이 얼마간 변화된 것이다. 일본에서 군즉 고을을 《고오리》라고 하는 것과 같다.

오오노성(大野城)과 가야산은 초시기의 백제나 가야의 이주민집단의 방어적 요새가 구축된 산으로 볼 수 있다. 그러한 산성들은 한 개 산의 중허리를 휘감은 산정식 산성이 기본이였고 계곡을 둘러싸거나 몇 개의 산을 포괄하는 포곡식(抱谷式-고로봉식)산성이 아니라 초시기의 조선의 삼국시기의 산성이다. 아무튼 발굴보고서를 비롯한 산성 관련 자료들에 대한 견문을 현지에서 직접 확인할 수 있었던 것은 커다란 성과라고 할 수 있다.

이또지마 가야소국의 군사력이 4세기 말~5세기 초 고구려-신라를 한 편으로 하고 백제-가야, 왜를 한편으로 한 조선반도의 풍운의 력사에 말려들어갔고 광개토왕릉비문에 나오는 왜가 고국 가야편에서 고구려, 신라와 싸운 왜였다고 보는 것은 공화국 력사학계의 새롭고 참신한 제기로서 이제는 정설로 되였다. 일본학계에도 그것은 론문 소재가 되였다.

3. 백제칠지도

《임나일본부》설에서 야마또정권이 남부조선을 4세기 후반경부터 식민지통치하였다는 《론거》의 하나가 다름 아닌 현재 나라현 이소노가미 (石上)신궁에 소장되여 있는 백제칠지도의 명문에 있다.

일본학자들은 《백제왕이 왜왕을 위하여 제작한 것이며 복속의 증거로 공납》한 것으로 해석한다. 하지만 명문 자체는 그렇게 읽을 수 없다.

칼 몸의 좌우에 세 가닥씩의 가지가 뻗치고 칼 몸의 앞뒤에 금상감으로 61자가 새겨진 이 칠지도 (七支刀 전체 길이 74.9cm, 그중 칼 몸길이 약 65cm)의 명문을 처음 해독한 것은 간 (菅政友)이였다. 간은 1873년에 이소노가미신궁의 궁사 (宮司)가 되고 1877년에는 태정관 수사국에 들어간 학자이다. 간은 칠지도 칼 몸의 녹을 쓸고 명문을 읽은 다음 학계에 소개하였다. 그런 다음 곧 《임나고》 (1893년)를 발표하였다.

간은 《일본서기》 신공황후 52년 9월의 기사 《구테이 등을 백제국에 보냈다. … 구테이 등이 찌구마 나가히꼬를 따라서 왔다. 곧 칠지도 (七支刀) 하나, 칠자경 1면 및 보물을 바쳤다.》와 결부시켜 백제로부터의 공납품으로 규정하였다. 그는 칠지도에 상감된 년호를 서진 (西晋)의 태시 (泰始) 4년 (268년)으로 하였다. 그러면서 태시 4년은 신공황후섭정 68년 무자에 해당한다고 설명하였다. 다시 말하여 그는 칼 제작년대는 268년인데 백제왕이 《복속의 증거》로 왜왕에게 바친 해는 신공황후섭정 52년 즉 임신년이고 서기기년으로 252년이며 이해에 칼을 헌상하였다고 하였다. 말하

칠지도는 일본 학계의 주장과 달리 상국인 백제에서 제후국인 야마토왜에 하사한 칼이다.

자면 간은 백제 칠지도를 《일본서기》 신공황후기사에 억지로 꿰여맞추려다가 자가당착, 자체모순에 빠진 것이다.

물론 금석문인 칠지도를 《일본서기》 신공황후기사에 맹목적으로 결부시킨 것은 간이 처음이 아니였다. 《국사안》의 집필로 유명한 호시노(星野恒)의 론문《칠지도고(七技刀考)》(1892년)가 바로 그것이다. 그의 이 론문은 이소노가미신궁의 칠지도를 직접 보고 쓴 것이 아니라《일본서기》신공황후의 기사를 위주로 글을 썼다. 그것은 칠지도의 지(支)를 나무가지 지(技)로 쓴 데서도 잘 알 수 있다. 간은 호시노에게서 방법론적 영향을 받았다고 할 수 있다. 간의《임나고》는 바로 호시노의《칠지도고》가 나온 이듬해에 나왔다.

간은《임나고》에서《일본서기》의 기술에 따라 야마또정권에 대한 백제, 가야의《복속》을 집요할 정도로까지 론술하였다. 그《임나고》를 씀에 있어서 광개토왕릉비문에 나오는《왜의 활동》에《계발, 고무》되였다는 것은 물론이다.

그는《야마또국 이소노가미 신궁보고소장칠지도》라는 글에서 칠지도

168

의 글 자체가《고구려의 호태왕의 비문에 잘 닮았다.》고 주목되는 말을 하였으며 1891년 하반기에는《사학회 잡지》에《고구려호태왕 비명고》라는 글을 련재하였다. 간의 일련의 글을 통하여 그가 조선침략사상인《임나일본부》설을 끄집어내기 위해 무등 애를 썼다는 것을 알 수 있을 것이다.(《고대의 일본과 조선》학생사 1975년 13~25페지 및《왜국의 세계》강담사 등)

허나 앞에서 본 바와 같이 그의 론리는 앞뒤가 맞지 않는 것이였다. 강권으로 내려먹이던 군사 파쑈체제하에서는 이와 같은 사이비학설이 묵인될 수 있었겠으나 1945년 이후에는 통할 수 없었다. 해방 후 이것을 시정하려고 든 것이 후꾸야마(福山敏男)였다.

해방 후 일본학자들은 어떻게 하나 백제 칠지도를 붙들고 늘어지면서《임나설》에 맞게 해석하기 위해 고심참담하였다. 그래서 찾은 것이 간지를 끌어내리는 장난이였다.《일본서기》신공52년(임신년)을 두 순[循](120년) 끌어내리면 372년이 된다. 또한 후꾸야마는 칠지도의 년호가《태시(泰始)》가 아니라 동진(東晋)의《太和[태화]》로 보면서 泰和[태화] 4년은 곧 369년(기사년)이라고 하였다. 말하자면《太》와《泰》는 뜻이 서로 통하니 동진의 년호가 틀림없다는 것이다.[96]

그리고 태화 4년은 369년인데 간지를 조절하여《일본서기》신공기 49

---

[96]《일본서기》에 나오는 특정 연도를 60년, 120년 혹은 240년씩 끌어올려서 해석하는 방식을 주갑제(周甲制)라고 한다.《일본서기》는 처음부터 마음먹고 연도부터 조작한 역사서이기 때문에 역사서의 기본인 연도 자체가 맞지 않는다. 그래서 한 주갑(周甲) 60년씩 끌어올려서 실제 연대를 맞추는 방식을 사용하는데, 메이지시대 이전에는 그 기준서가《삼국사기》·《삼국유사》등 한국의 역사서였다. 그러나 이마니시 류(今西龍)가《삼국사기》를 조작이라면서《일본서기》를 믿어야 한다고 주장한 이후 일본의 역사학자들은 물론 식민사관을 추종하는 남한의 강단사학자들까지《삼국사기》불신론을 정설로 떠받들고 있다.

년에 맞추고 이해에 왜군의 가야지방《평정》과 관련하여 3년 뒤(즉 신공5
2년~372년)에 백제왕이 감사의 뜻으로 왜왕에게《헌상》하였다는 것이
다. 369년, 371년에 백제가 남하하는 고구려군을 격파하였다는《삼국사
기》(백제본기 근초고왕 24년, 26년)의 기사[97]와 관련시켜 신흥 백제가 강
대국 고구려를 깨뜨리게 된 것이 왜의 조선출병원조가 있었기 때문이라
고 둘러맞춘 것이다. 이는 삼단론법도 모르는 소리이면서도 아주 그럴듯
한 설명이다.

하지만 클태(泰)를 생략해서 콩태(太)로 쓰일 경우는 간혹 있으나 반대
로 획수가 적은《大》,《太》자를 획수가 많고 또 쓰기도 어려우며 새기기는
더더욱 어려운《泰》자로 쓰는 경우는 거의 없다는 것만 보아도 설득력이
없는 것이다. 또한 칠지도의 상감문은 공상품이거나《헌납》식 문투가 아
니라 하행문(下行文) 즉 하사품이라는 것이 명명백백한데 어떻게 백제왕
이 왜왕에 대한《신속》의 표시로 바친 것이라고 할 수 있겠는가.

이러한 백제칠지도의《력사적 지위》규정은 칠지도 명문 자체에서 나
왔다기보다 이미 스에마쯔(末松保和)에 의하여 구성된 조일관계의 도마
우에 그냥그대로 올린 데 불과하다.

아래에 량심적 학자의 글을 인용하면서 칠지도 명문을 보기로 한다.

교또대학 교양부 교수 우에다(上田正昭)는 먼저《선학(先學)의 업적을
무비판적으로 흘러 보내온 자기 자신의 연구자세의 반성에 잇닿아있다.

---

97 《삼국사기》〈백제 근초고왕 24년(369)〉조는 고구려 고국원왕이 보기(步騎) 2만 군사로
   백제를 공격하자 근초고왕이 습격해 5천여 명의 머리를 베었으며, 황색 깃발을 사용해
   사열했다고 기록하고 있다. 같은 왕 26년(371)조는 근초고왕이 태자(근구수)와 함께
   고구려 평양성을 공격해서 고국원왕을 전사시켰다고 전하고 있다. 황제의 빛깔인 황색
   깃발을 사용해 군사를 사열하고 고구려 고국원왕을 전사시킨 근초고왕이 야마토왜에
   칠지도를 헌상했다는 논리는 역사학은 물론 소설로도 쓰기 힘든 이야기일 것이다.

그 길은 결코 용이하지 않지만 피하여 지나갈 수 없는 자기들의 과제로서
존재한다.》(《고대의 일본과 조선》학생사 1975년 14페지)고 한 다음 백
제칠지도에 대하여《임나일본부》설의 유력한 근거로 되어 온 이 칼의 명
문을 어떻게 읽어야 자연스러우며 명문 자체의 리치에 맞는가 하는 것을
서술하였다.

> 《이소노가미신궁의 칠지도 명문은 해득하기 어려운 것으로서 여러 고심의 해
> 독이 계속되어 왔지만 명문을 솔직하게 읽으면 백제왕이 왜왕에게 헌상한 칼
> 이라고 하는 증거는 없고 백제왕이 〈후왕〉인 〈왜왕〉에게 준 것으로 보아야 할
> 명문》(우와 같은 책 14페지)98

《칼 몸의 앞뒤에는 금상감으로 60여 자가 새겨져 있다. 해득 곤난한 개소가
있으나 칼 몸 명문의 앞에는 〈宜供供侯王〉이며 그 뒤에 〈爲倭王旨造傳示後
世〉라고 되어있는 것은 이제까지의 해득에 의해서도 확인되어 왔고 세 번 칠
지도를 실견(實見)한 자기도 그 점은 의심할 수 없다고 생각하고 있다. 명문
의 앞 〈侯王〉과 뒤의 〈倭王〉은 문맥에 있어서 대응하고 있다. 〈侯王〉인 〈倭
王〉을 위하여 만들고 〈후세에 전하여 보이라〉고 명문은 말하고 있는 것이다.
더우기 〈爲倭王旨〉에 대해서는 〈왜왕을 旨로 해서〉로 읽는 설과 〈왜왕 旨를
위하여〉로 읽는 설이 있지만 후자의 설이 무리 없이 읽는 방법일 것이다. 이

---

98 교토(京都)대학의 우에다 마사아키(上田正昭:1927~2016) 교수는 고대 일본으로 건너
간 한인들을 부르던 귀화인이라는 용어를 도래인(渡來人)이라는 중립적 용어로 바꾼
학자이기도 하다. 그는 1975년 "칠지도는 백제왕이 후왕(侯王)인 왜왕에게 하사한
칼이다. 이 칼에 새겨진 명문은 윗사람이 아랫사람에게 내린 하행문(下行文) 형식의
글이다.《고대사의 초점(古代史의 焦點)"라고 말했다. 황제국인 백제 임금이 제후국인
왜왕에게 하사한 칼이라는 뜻이다.

미 지적되어 있는 것처럼 이 명문은 웃 지위의 사람이 아래 지위에 있는 사람에게 내는 이른바 하행문서의 형식을 취하고 있고 왜왕을 웃 지위에 둔 사람으로 한 문언(文言)은 명문에 없다. 명문에 대하여 말한다면 종래의 학설처럼 백제왕이 왜왕에게 헌상한 칼 같은 것으로는 해석할 수 없는 것이다.》(우와 같은 책 4페지)

우에다 교수의 솔직하고 진지한 학문적 태도와 견해는 여러 곳(《일본의 녀제》강담사 1981년 86~89페지 등)에서 피력되였으며 금석문 자체를 놓고 선입견 없이 해독 해석하는 학풍은 공감을 불러일으켰다. 그리하여 이제는 종전 견해를 한사코 완고하게 고집하는 일부 학자를 내놓고는 칠지도 명문을 종전처럼 후왕인 백제가 왜왕을 위하여 섬겨 바쳤다고는 감히 내놓고 말하지 못하게 되였다.

공화국학계에서 이 칠지도 명문을 더 세밀히 검토 연구한 결과 새로운 사실들이 알려지게 되였다. 그 새로운 사실이란 칠지도 명문에 보이는 태화 년호는 백제의 고유한 년호이며 그 4년은 408년에 해당하며 칠지도는 백제왕이 그 후왕에게 내려보내 주었다는 것이다. 사족(蛇足)으로 보탠다면 백제 칠지도는 5세기 초에 가와찌에 형성된 백제계통 왜 소국왕에게 백제왕이 하사한 것이며 6세기 초엽 가와찌의 백제-가야세력이 나라분지에 동천할 때 칠지도도 옮겨갔을 것으로 보인다.

이러나저러나 간에 이제는 이소노가미 신궁소장의 백제 칠지도를 가지고 《임나일본부》설을 증명한다는 것 자체가 허망한 일이라는 것이 널리 알려지게 되였다.

4. 에다 후나야마고분[99]

4세기 말~5세기 초에 야마또정권이 조선에 군대를 출병하자면 서부일본이 그의 통제하에 들어가 있어야 한다. 5세기 초 규슈지방 호족들이 야마또정권에 복속해 있었다는《유력한 증거》가 구마모또현 다마나군 에다 후나야마고분이다.

1873년 이 고분에서 구리거울 6면, 금으로 된 귀걸이, 금동제관, 쇠칼(20자루) 등이 나왔다. 사람들의 이목을 집중시킨 것은 은상감으로 66자의 명문이 새겨진 칼의 출토였다. (현재 도꾜국립박물관 소장) 금동신발, 금귀걸이, 금동관 등은 누구나가 다 말하는 것처럼 완전한 조선(백제)제이다.

그런데 문제는 일본학자들이 이 칼의 명문을 자의대로 해석하면서《임나설》을 립증할 자료로 써먹어왔다는 데 있다. 후나야마고분 출토 칼 명문이 어떻게《임나설》에 리용되어 왔는가를 돌이켜볼 필요가 있다.

맨 처음 이 칼의 명문은 다음과 같이 판독되어 발표되었다.

○○○王 ○ 奉○○○○○○○○○○○月 中用○○全○四尺延刀○○○○○○三
十上○○刀作此刀者○者○子○○○○○○丁○○所統○刀○○○○○書者張

---

99 에다 후나야마고분(江田船山古墳)은 구마모토(熊本)현 다마나군(玉名郡) 나고미정(和水町)에 있는 전방후원분으로 분구 길이는 62m이다. 1873년 발견된 이후 여러 출토품이 나왔는데, 그 중 75자의 글자가 새겨진 은 상감의 대도가 출토되었다. '은상감명대도(銀象嵌銘大刀)'라 불리는 이 칼은 일본의 국보로서 도쿄 국립박물관에 소장되어 있다. 후나야마고분에서 출토된 금동관 등은 전남 나주 반남면에서 출토된 것과 형태가 유사하다. 신발과 거울은 백제 무령왕릉 출토 유물과 흡사하다.

安世(《고고학잡지》2~5〈에다촌의 고분〉)

다음은 우메하라(梅原末治), 다까하시(高橋建自), 고또(後藤守一) 등
이 해석한 글(명문)이다.

○○太王世奉○○晋人名○工入月中用大鐵金幷四刀延刀入十練○十○三寸
上好利此刀者長壽子孫○○得○恩也丁朱其所統作刀者各伊太口書者張安也
(《다마나군 에다촌 후나야마고분 조사보고》〈구마모또현 사적명승천연기념
물 조사보고〉1, 1922년 5월)

여기서 우메하라 등은 첫 글자를 鹵[로]로 보았으며 명문에 있는 장안
이란 이름으로 보아 후나야마고분 출토의 칼의 제작지를 조선으로 하는
것이 타당하다고 하였다.

이처럼 초시기 일본학자들은 칼의 명문해석을 칼 자체의 명문을 가지
고 했던 것이다. 그러
던 것이 일제의 대륙
침략확대와 더불어
명문해석은《임나설》
과 결부되어 더욱 악
랄해졌다.

그러한《시대적 요
구》로부터 출발하여
《임나설》완성을 위

에다 후나야마고분 출토 은상감대도. 에다 후나야마고분의 출토 유
물은 익산에서 출토된 백제 유물과 흡사해서 백제의 후국이나 담로
였을 것으로 추측할 수 있다.

조희승은 에다 후나야마고분 등에 대한 과학적 고찰에서 5세기의 조일관계는 나라의 야마토왜가 아니라 큐슈의 조선계통 소국들을 중심으로 움직였을 것이라고 본다. 사진은 에다 후나야마고분. ⓒ 이덕일

한 보다 강력하고 유력한 과학적 근거가 더더욱 절실히 요구되였다. 이리하여 1930년대에 들어와서 이 칼의 명문도 이지러지게 해석되였다.

治天下 ○○○齒大王世, 奉○典(?)○人名无○큼, 八月中用大 釜幷四尺 刀, 八十練六十 三寸上好○刀, 服此刀者 長壽子孫注 得其恩也 不釜失其所統 作刀者名 伊太加(?) 書者(?)張安也(《에다발굴큰칼 및 수다하찌마신사거울의 제작년대에 대하여-일본최고의 금석문-》《고고학 잡지》 24-1 1934년 1월)

후꾸야마(福山敏男)라는 학자는 그 후(1954년과 1968년)에 2개의 명문 해석문을 발표하였으나 기본취지는 상계와 다를 바 없고《奉○典口人》의 개소 등에서 약간의 추리를 가한 데 불과하다. 이밖에도 가야모또 모리또,

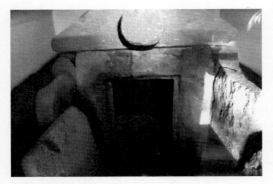
에다 후나야마고분 석관. ⓒ 이덕일

이노우에(井上光貞) 등의 유명짜한 학자들이 명문해석을 시도하였으나 후꾸야마설과 별반 차이나는 것이 없다.

일본학자들은 여기서 기본적으로 견해일치를 보았다. 요컨대 맨 웃 부분의 뚜렷하지 않은 글자를《治天下 ○○○歯大王世》로 보자는 것이었다.

그러면 일본학자들은 왜 이렇게 보려고 하였는가. 그것은 이렇게 칼 명문 첫 부분에 있는 왕 이름을 일본식이름으로 부름으로써《임나일본부》설을 보다 합리적으로 꾸며 맞추려는 것이었다. 즉《일본서기》에 나오는 천황─반정천황의 이름을 억지로 집어넣어 이 칼은 기내 야마또정권의《다지히노미즈하와께 대왕(多遲比瑞歯別大王)》(일명 반정천황─재위기간 406~410년)에 의하여 후나야마고분의 피장자에게 하사되였다고 설명하는 것이다. 이렇게 되여 후꾸야마설은 일본학계에서《정설》이 되다싶이하였다.

《정설》은 5세기 초에 중서부규슈를 복속시키는 강대한 권력이 기내 야마또에 대두하여 후나야마고분에서 보는 호화찬란한 장신구들을 하사하였다는 것, 그것은 이른바《조선을 200년 동안 식민지》한 결과 로획한 수탈품이거나 랍치해온 조선인 장공인들을 부려서 만든 세공품이였다고 하는 것이다.

시도는 아주 멋진 것이고 그럴듯하지만 그들에게《천하를 다스리는 다지히노미즈하와께 대왕》이라고 보는 똑똑한 론거가 있는 것은 아니다.

다만《齒[치]》비슷한 글자가 있기 때문에 돌려 맞춘 것이며 또 5세기의《천황》중에서 어느 한《천황》을 골라야 하기 때문에 반정(反正)을 택한 데 불과하다. 지어 그들은 반정을《송서》에 나오는 왜 5왕[100] 중의 진(珍)이 미즈하와께의 서(瑞)와 글자획수가 비슷하다고 하면서《진》으로까지 만들고 말았다. 그러나 결코 명문중의《八十練》의 어구나《无○르》,《伊大加》등이 일본식이기 때문에 일본에서 만들어졌다고 할 수 없는 것이며 더우기 하사한 주체가《일본서기》에 나오는《천황》으로 될 수 없는 것이다.

억지로 꾸민 데 틈이 많다고 약점투성이의 이 설은 처음부터 반박당할 요소들을 내포하고 있었다.

우선 명문 자체의 어구나 인명에 일본식이 많다고 하는 것 자체가 잘못이다.《无○르》,《伊太加》등은 조선식 리두이름이며 문체 또한 조선식이다. 이것은《삼국사기》렬전을 일람해도 대뜸 알 수 있다.

다음으로 기내 야마또와《천황》이 하사하였다면 나머지 부장품들도 몽땅 일본제를 주어야지 조선제 일식을 갖추어《하사》하다니 너무나도

---

100 왜 5왕이란 중국의《송서(宋書)》에 기록된 왜의 '찬·진·제·흥·무(讚珍濟興武)'를 뜻한다. 남조 송(宋: 420~479)에 조공했다는 왜왕들인데, 시기도 413년부터 502년까지로 확실하기 때문에 이들이《일본서기》에 나온다면《일본서기》의 신빙성을 입증하는 증거가 될 수 있다. 그러나 왜 5왕은《일본서기》에 나오지 않기 때문에《송서》에 나오는 왜5왕이《일본서기》의 어느 임금인가를 둘러싸고 수많은 주장이 백출하고 있다.《일본서기》편찬자들이 중국 사서를 보았음에도 정작 왜 5왕을 누락한 이유는 특정 목적을 위해 조작해서 쓴 것이기 때문이다. 그래서《일본서기》는 100명이 연구하면 학설이 100개 나온다는 말이 있다.

조선사대가 심하지 않은가.

후나야마고분의 칼 명문을 들 때 다음과 같은 의견을 가지게 된다. 그것은 일본학자들이 지나치게 편협하게 금석문을 대한다는 사실이다.

앞서 본 백제 칠지도는 명문 자체에 충실하지 않고 이미 마련된《임나설》의 틀에 꿰여맞추려고 하였다면 후나야마고분 출토 칼 명문은 명문 자체에 너무 매달리고 있다. (그나마도 충실하지 못하고 있다.)

후나야마고분에서는 칠지도와 달리 숱한 부장품들과 함께 명문 있는 쇠칼이 나왔다. 그렇다면 고립적으로 대대로 이소노가미 신궁에 전해 내려온 칠지도와는 달리 후나야마고분인 경우 고분의 내부구조형식, 출토 유물들인 거울, 금귀걸이, 금동관, 금동신발 등을 일괄해서 고찰 연구해야지 출토유물은 다 무시하고 칼 하나만을 놓고 쓰다달다 할 수 없는 것이다. 그리고 칼 명문 자체도 우리 학자들이 읽는 것이 더 순리에 맞는 것이지 억지로《彡〔개사슴록〕》를《虫〔벌레훼〕》로 읽으려고 하거나《別〔나눌별〕》자가 없는 것을 집어넣어 없는 대왕을 조작할 필요는 없는 것이다.

이렇게 종합적 견지에서 사물(에다 후나야마고분 출토유물을 넘두에 둔 것임)을 고찰하여야 한다고 주장하는 사람은 물론 필자 혼자가 아니다. 일본학자들 속에도 있는 줄 안다. 다만 그런 사람이 많지 못한 것이 유감일 따름이다.

1972년 다까마쯔쯔까고분 발견시의 조사 주임이였던 고 수에나가(末永雅雄)는 해방 전에 후꾸야마설이 나오자 다음과 같이 반박한 바 있다.

《그 부장유물 중 직접 대륙문화를 가져왔다고 미루어볼 수 있는 자료도 적지 않기 때문에 이 큰칼에 대하여 종래부터 말해오는 조선제작설도 곧 부정할 수 없다. 〈금비초〉의 칼 몸에 명문을 새긴 칠성검을 백제부터 보내왔다는 것을 기록한 것과 같은 문헌을 참조해보면 이 큰칼의 일본 제작이라는 견해는 에다후나야마고분 자체의 년대관부터 미루어보아도 혹은 강조할 수 없는 조건이 앞으로 나타나지 않을가 하는 걱정이 사라지지 않는다. 특히 칼자루에 가까운 (곳에) 말의 문양(을) … 상감으로 장식하는 작은 구멍의 존재 등에 대해서도 아직 고려의 여지가 있는 것으로 생각된다.》《일본상대의 무기》홍문당 서방 (弘文堂書房) 1943년)

후나야마고분 출토의 관모와 비슷한 금동관이 옛 백제 땅인 라주 반남면에서 나왔으며 거울과 금귀걸이, 금동신발 등은 백제 무녕왕릉 출토의 것과 같다. 특히 거울은 무녕왕릉의 것과 너무나도 신통히 같다.

앞서도 보았지만 본래 후나야마고분의 칼 명문은 모대왕의 개소에 《齒》자가 들어가 있을 가능성이 큰 것을 보면(《세계고고학대계》평범사 판 3에 의하면《齒》로 본다.) 개로왕으로 볼 수가 있을 것이다. 후나야마고분에서 드러난 거울은 백제 무녕왕릉의 것과 같다. 말하자면 무녕왕릉의 것과 같은 것이 후나야마고분에서 나왔는바 금동신발 역시 량자는 아주 비슷하다. 무녕왕릉에서 나온 거울은 그 류사품이 이밖에도 가와찌 다이센고분(인덕릉), 이까루가 후지노끼고분 석관 등에서도 나왔다.

무녕왕은 6세기 초 사람이며 개로왕은 5세기 중엽의 사람이다. 그사이의 시간적 공간은 대략 반세기이다. 개로왕 때 활동한 왕궁직속 장공인 집단이 무녕왕 재위기간까지 존재하였다고 보면 개로왕 때의 것과 같은 거울을 무녕왕 때에 가서도 만들 수 있다는 사실이다. 그것은 얼마든지 가능

후지노키고분에서 출토된 말안장(위)과 금동제 신발. 무령왕릉 출토 유물과 흡사하다.

하다.

그렇게 보면 후나야마고분의 피장자는 백제 개로왕에 대한 신속의 표시로 머리꼭대기로부터 발끝까지 조선제장신구로 《무장》하고 뜻있는 은상감의 큰 칼을 가슴에 안고 잠들었음을 추측케 한다.

력사적 사실은 야마또정권이 서부규슈에 있는 호족에게 칼을 하사한 것이 아니라 백제가 서부규슈와 가와찌 야마또의 피장자들에게 거울과 칼들을 하사해 주었다는 것을 보여주고 있다.

에다 후나야마고분에 대한 고고학적 고찰(유물들에 대한 비교연구 등)은 5세기의 조일관계가 기내 야마또를 중심으로 움직인 것이 아니라 고구려나 백제를 축으로 움직여왔다는 것을 보여준다. 동시에 그것은 야마또의 이른바 반정《천황》이 신하인 모대왕에게(자기에게) 복속했다는 표시로 칼을 하사하였다는 이른바 《전통적 학설》이 뒤집어지고 말았다는 것을 선포한 것이나 다름이 없었다.

5. 전방후원, 전방후방분

일본에는 고분이 10만 개나 있다고 한다. 대부분이 원분이나 방분이지만 류별나게 큰 것도 있으며 형태가 특이한 것도 있다. 형태가 특이한 것이 전방후원, 전방후방분이다.

전방후원분(前方後円墳)이란 앞이 모나고 뒤가 둥글게 생긴 분묘를 말하는 것이고 전방후방분(前方後方墳)이란 앞도 모나고 뒤도 모나게 생긴 분묘를 말한다. 바로 일본학자들은 이 전방후원, 전방후방분을 일본고유의 것으로 단정하고 떠들어왔다. 심지어 그들은 그것을 절대화하던 나머지 조선에 있는 것까지도 무조건 일본 것이며 야마또정권의 군사적 진출의 《증거》라고 하였다.

실례로 일제시기 라주 반남면에서 주위에 도랑을 친 전방후원분 1기가 조사발굴된 적이 있었다. 발굴자는 앞서 창녕 교동 무덤떼를 닥치는 대로 란굴하여 《명성》을 떨친 야쯔이(谷井濟一)이다. 그는 방대한 량의 가야 무덤을 파헤치고도 《임나일본부》설을 립증할 만한 아무런 흔적도 못 찾자 한 쪼각의 글도 쓰지 않고 달아난 사람이다. 그러다가 반남면의 전방후원분을 보자 큰 감흥을 일으켜 발굴보고서를 작성 간행하였다.

그리고 제꺽 《왜인의 것》으로 규정짓고 말았다.

후에 또 같은 무덤을 총독부 촉탁 아리미쯔(有光敎一)가 재삼 발굴하게 된 것도 선행자와 같은 동기에서였다. 이 한 가지 사실을 놓고 봐도 일본 인학자들이 전방후원분에 대하여 얼마나 큰 애착을 느끼고 있는가

백제 무녕왕릉의 유물과 비슷한 유사품이 다수 출토된 쿠마모토현의 에다 후나야마고분. ⓒ이덕일

하는 것을 알 수 있다.

7세기 이전의 모든 문물이 그러한 것처럼 일본의 문화는 다 조선에서
건너간 것이다. 그것은 높은 곳의 물이 낮은 곳에로 흘러가기 마련인 것
처럼 높은 문명을 지니고 있던 조선에서 보다 낮은 일본에로 문화가 흘러
갔다.

전방후원, 전방후방 역시 결코 례외로 될 수 없다. 조선의 전방후원분
을 일본의 것으로 제멋대로 규정한 때는 영영 지나갔다. 하물며 조선에
있는 전방후원분이 야마또정권의《군사적 진출의 증거》로는 절대로 될
수 없다.

최근시기 조선반도의 북과 남에서 여러 기의 전방후원, 전방후방분이
확인되였다. 여기서는 이에 대한 어떤 연구과정이 있었는가 하는 것만을

적기로 한다.

전방후원, 전방후방분이란 원래가 조선의 고유한 묘제이다. 왜 그렇게 말할 수 있는가 하면 삼국시기 조선무덤의 외형에서 기본이 원형과 방형이기 때문이다.[101] 여기에 네모난 제단을 단 것이 전방후원, 전방후방분인 것이다. 다시 말하여 전방이란 네모난 제단을 말하는 것인데 기본무덤무지(분구)에 장방형의 제단을 붙인 것이 바로 그것이다. 거기에 그 어떤 신비한 것도 없다.

조선의 무덤에는 예로부터 크건 작건 다 제단이 붙어있다. 후세에 오면서 간소화되고 작아졌다. 물론 그렇다고 해서 모든 무덤이 다 같이 전방후원, 전방후방분인 것은 아니다. 우두머리급의 비교적 큰 무덤들 앞에만 네모난 제단이 붙는 것이다.

일본에 건너간 이주민집단의 우두머리들은 자기 권력의 정치적 시위로 큰 종교행사를 거행하기 위해 제단을 크게 만들어 원주민들에게 위압감을 주었던 것이다. 원형이나 방형의 무덤무지보다 네모난 제단(전방)이 더 낮으며 평탄하다는 것은 그 사정을 잘 전해준다.

최근 시기 여러 기의 전방후원분이 남부조선 일대에서 확인되였다. 2000년 10월 당시 전라남도 영산강 일대에서 여러 기의 전방후원분이 드러났다. 《확인》된 전방후원분만 해도 10여 기나 된다. 그중에는 영산강류역의 전방후원분이 서부규슈의 전방후원분에 큰 영향을 준 것으로 보이는 것도 있다. 또한 광주시 광산구 명화동의 전방후원분은 주호(周壕)라고 하는 무덤주위에 도랑을 파놓고 원통 하니와[102]라고 하는 원형질그릇을

---

101 삼국시기뿐만 아니라 서기전 4500~서기전 3000년경의 홍산문화에서도 원형과 방형의 제단이 확인되였다. 보통 원형은 하늘, 방형은 땅을 상징한다.

오까마야 출토 원통형 하니와. © 이덕일

묻은 것도 드러났다. 이것은 일본의 이 부류 전방후원분의 조상으로 될 수 있는 무덤이다. 이에 대하여 필자는 이미《백제사연구》(과학백과사전출판사 2002년 329~338페지)에서 언급하였다.

전방후원분 문제와 관련하여서는 재미나는 이야기가 있다.

처음 남조선의 어느 학자가 송학동고분이 전방후원분일 것이라고 하면서 자기가 소속된 대학의 신문에 발표하였다. 이것을 모리 도시샤대학 교수가 일본에 소개하였다. 그러자 일본 국내에서 찬부(贊否)가 비등하였다. 특히 게이오(慶應)대학에서 죠몽시기를 가르치는 에자까(江坂輝彌)가《고고학져널》이란 고고학 잡지에《모리 교수는 현지에서 고분을 탐사한 것이 아니라 KBS의 직승기를 타고 하늘 우에서 얼핏 보고 그 소감으로 전방후원분이라고 서뿔리 발표하고 말았다.》고 그《경솔성》을 지탄함으로써 이 문제는 더 복잡해졌다.

에자까의 지탄을 받은 모리 교수는 고고학자이고 중학교 때부터 고분

---

102 하니와(埴輪)는 '진흙 동그라미'라는 뜻으로 일본의 고분에서 주로 출토되는데, 한국에서도 출토된다. 초기의 하니와는 무덤의 경계를 표시하기 위해서 사용한 원통형 토기였는데, 4세기 초부터 원통 위에 무사·하녀·무용수 같은 사람이나 새·동물, 그리고 배·집 모양으로 빚은 토용(土俑)들도 사용했다.

을 전공한다는 실력 있는 학자이다. 대량의 철정출토로 유명한 야마또(大和)6호분도 바로 그가 일제패망 직후 미군주둔기지에 들어가 조사를 함으로써 세상에 빛을 보게 되었다. 그는《내가 언제 직승기를 타고 송학동고분을 보았느냐.》,《나는 직접 밟아서 전방후원분임을 확인했다.》고 맹렬하게 반박해 나섰다. 심지어 모리 교수는 신문지상들에 송학동고분을 확인하게 된 경위 등을 밝히는 한편 어느 것이 옳고 그른가를 판결해보자고 공개토론회를 개회할 것을 게이오대학에 정식문건으로까지 제출함에 이르렀다. 결국 에자까는 립장이 난처하여 얼굴을 돌리고 말았다.

남부조선에서 전방후원분이 새롭게 확인된 것은 아주 좋은 일이고 환영할 만한 것으로 된다.

하지만 그 연원을 밝힘에 있어서 송학동고분을 조사한 사람은 근본적인 오류를 범하였다. 그것은 이러한 전방후원분이 조선의 고유한 것이며 발전된 고구려적 영향에 의하여 이룩된 것으로 보지 않고 왕청같이 연원을 중국에 두고 그 영향하에 이룩된 것처럼 말한 데서 찾아볼 수 있다.

다른 한편 대다수 남조선학자들은 송학동고분을 전방후원분으로 보는 조사자를 달갑게 여기지 않고 부정하는 립장에 섰다. 그렇게 한 데는 또 그럴만한 까닭이 있었다. 그것은 옛 가야땅인 고성에 전방후원분의 존재가 확인되면 일본학자들이 말하는《임나일본부》설을 립증하는 증거자료로 리용될 수 있다는 위구심[危懼心]에서였다. 모리 교수 또한《임나일본부》설은 부정하되 일본에서 일본사람들이 장사거래쯤으로 조선에 건너가 살면서 남긴 것이 아닌가 하는 립장에 섰다.

하지만 전방후원, 전방후방분은 엄연히 조선 것이며 조선에서 기원되고 발전한 무덤형태이다. 조선 것이 일본에 건너가 류행된 것이 일본의 전방후원, 전방후방분이다.

계속해서 고구려의 전방후방분의 발견경위에 대하여 보기로 하자.

필자가 초기조일관계사에 대한 연구를 하기 시작하였을 때 그저 지나가지 못하는 문제들이 몇 개 있었다. 전방후원, 전방후방분 역시 그러한 문제거리였다는 것은 두말할 것 없다.

앞서 남부조선에서 전방후원분이 나왔다고 하였을 때도 필자는 그를 주시하였다. 하지만 그들이 그 원류를 중국문화에서 찾는 등 주대 없이 노는 데 실망하고 말았다.[103] 그것은 필자가 남부조선의 전방후원분도 고구려에 그 연원을 두고 있다는 것을 알고 있었기 때문이었다.

그러던 중 문화보존연구소의《조선 유적유물 도감》편찬집단이 이것을 확인하였다.

《조선유적유물도감》의 학술 집단이 진행한 자강도 일대에 대한 발굴 성과는 그대로《조선 고고연구》(1989년 4호)와《조선유적유물도감》(제4권)에 수록되었다.

자강도 일대의 고구려 전방후방분은 시기적으로 아주 이른 시기의 것이다. 그것은 고구려건국초기 또는 그와 가까운 시기의 것이며 남조선에서 조사된 전방후원분들에 선행하는 것이다. 고구려 전방후방분의 존재는 조선의 전방후원, 전방후방분의 연원이 어디에 있었는가를 밝혀주는 좋은 자료로 된다. 그리고 일본의 전방후방분 역시 고구려에 연원이 있다는 것을 보여준다. 구태여 더 말한다면 일본의 방분과 전방후방분 그리고

---

103 한국이 문화의 창조자가 아니라 중국 문화의 전달자에 불과하다고 보는 중계자론은 일제 식민사관의 중요한 이론이다. 남한 강단사학자들 대부분이 이런 견지에서 한국 문화의 독창성보다는 중국 문화가 유입되어 발전한 것으로 본다. 일본은 고대 한국이 중국 문화를 전달한 중계자인 것으로 사실을 왜곡하고 있다.

사우[四隅] 돌출모양 방분[方墳]은 바다건너 고구려와 린접한 동해안에 면한 지역들에만 독특하게 존재한다.

이상《임나설》을 근거짓는 몇 가지 자료를 들어 그의 연구형편 등에 대하여 보았다. 이미 본 바와 같이 이로써 일본학자들이 백년래 연구해왔다는《임나설》이 얼마나 편향에 찬 독선적 연구였던가 하는 것을 알 수 있다고 본다.《임나설》에 대한 우리 학계의 강한 비판에 의하여 일본고대사학계는 밑뿌리부터 뒤흔들리기 시작하였다.

즉《일부의 력사가들은 이것을 기회로 고대조일관계사를 근본적으로 재검토할 필요가 있다는 것을 깨달았다. 〈임나일본부〉나 〈귀화인〉이라는 것의 실체, 칠지도나 에다 후나야마고분 출토의 큰칼명문, 광개토왕릉 비문의 해석 등 일조고대관계사의 기초적 사실에 대해서의 재검토가 진행되였다. 검토는 계속 진행 중이지만 이제는 종래의 일본학설이 종전 그대로의 형태로서는 통용하지 않게 된 것만은 명백하다. 고대일본의 조선지배라고 하는 전통적 력사상(像)은 크게 동요하고 있다.》(《신 조선사입문》룡계서사(龍溪書舍) 1981년 8페지)

《임나일본부》설이 디디고 서있는 중요자료들은《임나설》을 증명하는 자료가 아니라 그와 반대로 조선이주민들이 일본 땅으로 적극 진출한 힘있는 발자취를 반영한 귀중한 반증자료들이였다. 그러므로 이 자료들에 기초하는 한《임나일본부》설은 허공에 뜬 사이비학설이며《임나일본부》는 옛 임나가라지방에 그 어떤 고고학적 유적 유물도 없는 허구이다.

4장

《임나일본부》는 기비지방에

1. 조일학술토론회

1986년 4월 19일과 20일, 그해 7월 24일 평양의 인민대학습당과 인민문화궁전에서는 조일 두 나라 력사학자들의 학술토론회가 열리였다. 인민대학습당에서 진행된 학술토론회에서는《최근 초기조일관계사연구에서 거둔 몇 가지 성과》라는 제목으로 우리 공화국 측의 기본발언이 있었다.

발언자는 먼저《삼국사기》신라본기에 나오는 신라를 침범한 왜는 북규슈에 있는 왜소국이며 그것은 곧 백제계통의 소국이였다는 데 대하여 이야기하였다. 이어《일본서기》에서 야마또정권이 수차에 걸쳐《정벌》했다고 하는 신라를 조선반도에서 찾을 것이 아니라 일본의 기비지방에서 찾아야 한다고 하면서 야마또정권이 미야께를 두었다고 하는 미마나는 역시 서부일본 기비지방에서 찾아야 한다는 결론으로 끝맺었다.

《초기조일관계사》(상)연구에 참가하였던 필자도 토론회에서 발언하였다.

필자는 서부일본의 기비지방에 가야(임나), 신라소국이 있었다는 것을 두 쯔꾸리야마(造山, 作山)고분과 조선식 산성인 기노죠 및《일본서기》기록을 들어 설명하였다.104 덧붙여 광개토왕릉비에 나오는 왜의 위치에

---

104 남한 일부 강단사학자들은 임나일본부설을 직접 지지하기는 어려우니 외교기관설, 교역기관설 등의 성격논쟁으로 비켜가면서 여전히 '임나=가야'라고 주장하고 있다. 북한 학계는 오카야마(岡山:강산)현 키비(吉備:길비) 지역을 임나라고 보고 있다. 오카야마현과 히로시마현 동부를 과거에는 키비라고 불렀는데, 오카야마현에만 전방후원분(前方後圓墳)을 비롯해서 약 1만2천여 기에 이르는 고대고분이 축조되어 있다. 그중 길이가 약360m에 달하는 츠쿠리야마고분(造山古墳)은 일본 내 4위 크기의

대하여 많은 자료들을 인용하면서 론증하였다.

그러면 그때 우리의 주장에 대한 일본학자들의 반향은 어떠하였는가. 우리의 주장은 초기조일관계사에 대한 우리 학계의 근 20년 동안의 침묵을 깨뜨린 첫 서막이였다고 할 수 있었기 때문에 일본학자들의 반향을 주시하였다.

아래에 당시의 반향을 실은 신문기사를 보면 다음과 같다.

《김일성종합대학, 인민대학습당 등도 방문하였으나 특별히 인민대학습당에 있어서의 일조고대학의 토론회는 의의 깊은 것으로 되었다. …

… 흥미 깊었던 것은 김석형 고문과 조희승 연구사의 임나, 신라문제를 둘러싼 가설(假說)이였다. 〈일본서기〉가 그리는 임나, 신라를 기비로 추정하는 그 론설이 전개되였지만 즉시로 김, 조 학설에 찬동할 수는 없다. 그 론거로 삼는 리유에 대하여 의문점을 제기했으나 젊은 연구사가 최근의 일본의 고대사관계의 론저들을 숙독음미(熟讀吟味)하고 있는 정황에 깊은 감명을 받았다. 토의의 후반 특히 일본어로 발언할 요구에 의한 조씨(曺氏)의 열변에는 박력이 있었다.》(《아사히신붕》(석간) 1986년 5월 10일 등)

끝으로 결속발언이 있었다.

전방후원분이다. 또한 해발 397m의 귀성산(鬼城山)에 쌓은 백제식 산성인 키노성(鬼の城)이 존재하는데 북한에서는 이는 백제 멸망 후인 7세기 후반이 아니라 5세기에 쌓았다고 보고 있다. 남한의 민족사학자들 중 다수(문정창·최재석·이병선·윤내현·황순종)는 임나가 대마도에 있었다고 보고 있고, 일부는 큐슈(김문배·김인배)에 있었다고 보고 있다. 남한 강단사학자들이 일본인들과 함께 임나를 가야라고 본다면, 남한 민족사학자들과 북한 사학자들은 그 위치는 일치하지 않지만 일본 열도 내에 있었다는 분국론에서는 일치하고 있다.

발언자는《광개토왕릉비에 대하여》라는 제목으로 토론하였는데 그의 골자를 보면 우선 우리가 이미 진행한 광개토왕릉비에 대한 조사발굴이 정확하며 종래에 발표한 내용에서 변함이 없다는 것을 다시 한 번 확언한다고 하면서 그 리유에 대하여 설명하였다.

이로써 우리 측의 기본보고와 보충보고 및 발언은 끝났다. 이어 일본학술문화대표단의 발언이 있었다.

여러 학자들의 발언에 이어 세이죠대학 사에끼 교수가《일본에 있어서의 광개토왕릉비 문제에 대한 연구정형》이라는 제목을 가지고 발언하였다.

그는 광개토왕릉비의 탁본이 일본에 오게 된 경위에 대해서와 비문의 문장구성에서《도해파(渡海破)》의 주어문제, 비문에 나오는 왜에 대한 일본학자들의 견해에 대하여 설명하였다. 이어 나가시마조사과장이 오사까에서 조선유적이 드러난 데 대하여 설명하였다.

끝으로 부단장인 교또대학 우에다 교수가《광개토왕릉비의 신화와 왜에 대하여》라는 제목을 가지고 발언하였다.

그는 발언에서 릉비에 나오는 고구려건국 신화는《고사기》,《일본서기》등 일본의 력사문헌들에 나오는 일련의 일본건국신화들과 류사성이 있다는 것을 례를 들어 지적하면서 초기조일관계사연구에서는 이 류사성에 대하여 응당한 주목을 돌려야 할 것이라고 말하였다. 또한 릉비에 나오는 왜, 왜인, 왜적에 대하여 릉비문의 왜관계기사만 가지고《임나일본부》의 존재를 방증할 수 없다고 하면서 릉비에 나오는 왜의 성격에 대한 일본학자들의 네 가지 견해를 소개하였다.

그는 릉비에 나오는 왜가 락동강 하류 류역인 오늘의 경상남도 동남해안과 쓰시마를 포함한 북규슈의 정치 세력이였다고 주장한다고 하면서 릉비에 나오는 왜인의 병력을 통일국가의 병력으로 볼 수 없다는 데 대하여 강조하였다.

일본 측 학자들의 보고는 기본적으로 매개 대학, 학파 또는 개인의 주장, 견해를 발표하는 격이였다.

그해 7월 24일 인민문화궁전에서 진행된 토론회는 전번 인민대학습당 토론회 때처럼 연구발표형식으로 하지 않고 주로 질의응답형식으로 진행되었다.

맨 처음 교또대학 우에다 교수가 지난 7월 12일《조선의 자주적 평화통일지지 전국대회》에서 기조강연을 한 사실과 교또 시내의 고대조선유적을 안내하는 과정을 통하여 오랜 고대유적에 조선과 일본의 문화교류가 깃들어있고 력사와 고고학을 통하여 조선과 일본과의 문화교류를 통감하였다는 데 대하여 이야기하였다. 이어 그는 시마네현 고진다니(荒神谷) 유적에서 조선제 소형동탁이 나왔다고 하면서 일본 동탁의 연원이 조선에 있지 않겠는가 하는 의견을 제기하면서 이에 대하여 조선학자들은 어떻게 생각하는가라고 질문하였다.

우리 측 답변자들은 우리나라에서의 소형동탁의 출토정형을 자료적으로 소개하면서 대형화된 일본 동탁은 조선에 그 연원이 있다는 론리로 이야기하였다.

다음으로 일본 측에서 최근 조선고고학의 발굴형편과 성과에 대하여 이야기해달라는 요구가 제기되었다. 우리 측 보고자는 주로 황해남도 신원군 장수산 일대에서 새로 발굴된 대규모 고구려도성유적에 대하여 개괄하였다.

그날 토론회에서 이목을 끈 것은 필자와 사까모또와의 론쟁이였다.

사까모또 교수는 《송서》에 나오는 왜의 5왕(五王)에 대하여 자기의 견해를 발표하였다. 그는 기본적으로 《송서》에 나오는 왜5왕은 남부조선의 여러 나라들을 지배한 기내 야마또정권의 왜왕이였다고 하는 종전 일본학계의 주장을 되풀이하였다. 그의 론리는 모한(慕韓), 진한(秦韓) 등 고대 진국의 소국들이 5세기 때에도 조선에 실지로 존재하였다는 것이였다. 말하자면 왜왕(야마또정권의 왜왕)이 임나가라, 신라 등 조선까지 지배한 왕으로 자처하였다는 것이다. 사까모또는 이것을 강하게 주장하였다. 그는 왜왕이 조선까지 지배하고 싶다는 주관적 욕망에서 출발하여 이와 같은 상표문을 보낸 것이라고 하였다.

필자는 이것을 그냥그대로 허용해서는 안 된다는 립장에서 질문과 반박토론을 진행하였다.

필자는 사까모또 교수가 기내 야마또정권의 왜왕이 조선까지 지배하고 싶다는 주관적 욕망으로 송나라에 그러한 상표문을 올렸다고 하는데 력사는 보다 구체적이며 사실적이다. 그러한 주관적 욕망으로 이른바 대외적 성격을 띠는 국서에 아무렇게나 망탕 함부로 조선을 지배하였다는 식으로 쓰는 것이 아니다. 기실 《송서》의 국서에 반영된 내용은 일본렬도 내에 있던 조선계통 소국을 망라한 왜 왕국인 것이다라고 반박하였다. 사까모또 교수도 가만있지 않았다. 그는 문헌에는 밝혀져 있지 않지만 당시 (5세기) 남부조선에 진한, 마한 등 진국시기의 소국들이 있었을 것이라고 하였다.

필자는 그 자리에서 남부조선에 진국시대의 소국이 존속하였다는 기록과 고고학적 사실이 있는가, 있다면 물질적 근거를 제시해보라고 들이 대였다. 그리자 그는 우물주물하며 말을 못하였다.

이때의 론쟁은 자못 격렬하였는데 우에다 단장은《고구려 문화의 내실, 북조선에서의 연구토론에 참가하여》라는 제목으로 토론의 전반내용을 일반 개괄한 다음《〈왜〉와 왜의 5왕에 대해서는 호상 의견이 대립되였다.》고 함축 서술하였다. (《마이니찌신붕》1986년 8월 25일부)

토론회에서는 광개토왕릉비에 나오는 왜에 대해서도 론의가 있었다.

이로써 1986년 4월과 7월에 진행된 조일학자들 간의 토론회는 끝났다. 평양토론회는 서로의 리해점을 접근시키고 두 나라 력사학자들 사이의 련계를 긴밀히 하며 호상협조를 강화하는 데 기여하였으며 공화국북반부에서 초기조일관계사연구가 확고히 전진해나가고 있다는 것을 일본학자들에게 보여준 계기가 되였다는 점에서 일정한 의의가 있었다.

토론회를 마치면서 우에다 교수는 5월과 10월 달에 도꾜와 교또에서《고구려문화전》국제토론회가 있으므로 학술대표단을 보내달라는 것을 정식 제기했으며 그 요청은 공화국 사회과학원의 이름으로 수락되였다.

두 차례의 평양토론회에 이어 1986년 10월 6일 일본 교또회관 회의실에서는《고구려와 일본고대문화》라는 제목으로 된 국제토론회가 있었다.

맨 처음 공화국학술대표단의 소개와 인사가 있은 다음 일본 측 좌장(座長)인 교또대학의 우에다 교수가《고구려와 고대일본문화》라는 제목으로 기조강연을 하였다.

그는 먼저 작년 9월부터 일본 각지에서 개최되고 있는《고구려문화전》을 계기로 조선민주주의인민공화국 학자들과의 교류가 깊어짐에 따라 고구려와 고대일본의 관계가 보다 선명하게 되였다고 말하였다. 그러나 백

광개토대왕릉비 탁본.(국립중앙박물관)

제, 신라 등 조선반도남부에 비하여 고구려와 고대일본의 규명은 아직까지도 불충분하다고 지적하고 두 나라의 력사와 문화의 비교연구에 있어서 공통성, 류사성뿐 아니라 차이점, 상위성에 대한 고찰의 필요성을 풀었다. 그리고 광개토왕릉비문에 보이는 추모왕의 건국신화, 조선반도와의 련관 속에서 도교의 일본에로의 류전(流傳) 등에 대한 견해를 말하였다.

계속하여 그는 이소노가미신궁의 칠지도의 명문해석에 대하여 언급하였다. 우에다 교수는 명문은 백제왕이 왜왕에 대한 복속의 증거로 칠지도를 헌상하였다고 볼 수 있는 문언(文言)이 없다는 것을 지적하면서 외곡된 고대일본관계사의 시정은 고구려와 고대일본문화의 연구를 깊이 하는 데서도 아주 긴요하다고 끝을 맺었다.

다음으로 우리 대표단 단장이 기조강연을 하였다.

기조강연내용은 ① 이히모리다까기 유적과 동탁[銅鐸]105을 통해본 초

---

105 동탁(銅鐸)은 종 모양의 청동 제기 또는 말종방울(馬鐸)로서 우리나라에서는 고조선시대에 출현해서 삼국시대 전기에 본격적으로 확산되었다. 요녕성 여대시 루상(樓上) 무덤에서 출토된 동탁은 고조선의 것이고 그 외에 북한지역에서는 함북 나진 초도(草島), 함북 북청 토성리(土城里) 등지에서 출토되었고, 함남 금야읍(金野邑)에서는 거푸집도 발견되었다. 삼국시대에는 대전, 부여, 경주, 대구, 대동강 유역 등지에서 발견되는데 일본 열도에서도 서기전 2세기부터 서기 2세기경까지 효고(兵庫)현, 시마

기조일관계 ② 고구려의 불교문화와 일본의
아스까 시대의 불교문화에 대하여 ③ 후지노
끼고분106의 마구류에 대하여 ④ 문헌사적
으로 본 초기조일관계사의 문제점 등으로 요
약할 수 있다.

시가현에서 출토된 동탁.(국립도
쿄박물관)

일본학자들의 발표가 있은 다음 우리 학자
들의 론문 발표가 있었다. 앞에서 본 것처럼
필자의 론문 발표는 《〈일본서기〉에 보이는
〈임나일본부〉의 위치에 대하여》였다. 필자
의 발표 론문은 총련 《조선신보》와 《조선화
보》 등에 게재되고 일문판으로도 번역 게재
되었다.

발표 론문을 위주로 기비 가야국의 위치와 《임나일본부》의 정체를 밝
혀보기로 한다.

네(島根)현, 토쿠시마(德島)현, 시가(滋賀)현, 와카야마(和歌山)현 등에서 다수 출토
되었다.

106 후지노키고분(藤ノ木古墳)은 나라(奈良)현 이코마군(生駒郡) 이카루가초(斑鳩町)에
   있는 횡혈식 원형분으로 길이는 약 48m, 높이는 9m였다. 1985년 1차 발굴 때
   석실에서 석관이 발견되어 발굴작업이 일시 중단된 적이 있었다. 여기에서 출토된
   귀갑무늬 말안장이 백제 무령왕릉 출토 유물과 흡사하며, 금동제 신발과 금관, 동경도
   나왔는데, 이 금관도 백제와 깊은 연관이 있는 것으로 추정되었다. 전방후원분이
   아니라 원분이기 때문에 야마토 왜왕이라기보다는 유력 호족의 무덤으로 추정하는데,
   32대 숭준(崇峻)이라는 견해도 있다. 재일사학자 김달수는 백제인의 무덤으로 보았다.

2. 《임나일본부》의 위치

《임나설》 해결의 열쇠

앞에서 《일본서기》에 반영된 《임나일본부》가 조선의 가야지방에 있었다고 하는 것은 허구였음을 밝혔다. 그렇다면 《일본서기》에 실린 임나관계기사란 전혀 무근거한 것이였던가?

필자는 《일본서기》에 실린 임나관계기사들이 일정한 력사적 사실을 반영한 것이라고 굳게 확신하고 있다. 왜냐하면 《일본서기》의 모든 기사들이 다 같이 허황하고 허구이며 일부 학자들이 말하는 것처럼 단순한 《문학작품》에 불과하다면 그 밖의 과학적 분석을 가하여 얻어진 타당성 있는 력사적 사실들은 어떻게 설명할 것인가. 또 《삼국사기》를 비롯한 조선과 중국자료 등과 부합되는 자료들, 고고학적 유적 유물과 일치하는 기사내용의 삽입 등은 우리들에게 임나기사 역시 일정한 력사적 사실의 반영이라는 것을 시사해준다.

《임나일본부》설과 관련한 1970년대 이후의 일본사학계의 움직임을 보면 전통적 학설의 《정설》이 무너지면서 괴이하게도 《일본서기》의 기사내용을 조선의 남부 일대에 있던 망명귀족이나 정치집단이 일본에 이주해온 것의 이러저러한 반영으로 묘사하는 등의 글이 환영받게 되었다. (《일본국가의 형성》 이와나미 서점 이와나미 신서 1984년)

그러나 이것은 죽도 밥도 아닌 것으로서 결국 《임나일본부》는 실재하지 않았다고 하면서도 남부조선의 이주민들이 일본에 가게 된 요인을 《왜

도 관계한 전란과 그것을 피해오는 사람들의 이동》(우와 같은 책 36페지)
이였다고 함으로써 기내 야마또정권의 군사력의 조선 진출을 공공연히
또는 암암리에 긍정하고 있는 것이다. 그러나《일본서기》의 임나관계기
사의 서술내용은 그러한 뜨뜨미지근한 것이 아니라 명백하게 기내 야마
또정권이 파견하는 장수들이 임나(가야)를 도와 신라와 싸움하는 것으로
일관되어 있는 것이다. 요는 문제의 소재와 초점을 흐리게, 모호하게 함으
로써 우리 학계가 제기하는 일본렬도 내 조선소국의 존재를 무시하려는
데 있었다.

물론 일본학계에 이제는 공공연히《임나일본부》설을 부르짖는 사람은
없다고 한다. 하지만 그렇게 보는 사람은 의연 극소수에 불과하고 기성세
대를 비롯한 대다수 사람들은《임나설》을 고창해왔고 그것은 끊임없이
악순환을 거듭하고 있다.

실례로 일본 력사학계가 다년간 총력을 기울여 편집하였다는 신판《일
본사 년표》(이와나미서점 1989년판)에는《임나설》을 그냥그대로 인정
하고 있다. 특히 366, 367, 369, 372, 382, 391년 기사들은 종래의 설을 그
대로 맹종하고 있다. 심지어 조선항목에는 아예 가야(임나)를 빼버렸다.
그렇게 한 것은 가야란 조선에서 론할 것이 못되는 일본의 령토라는 데 있
다. 이것은 일본학계를 대표한다는 공식적 학술단체가 의연《임나설》을
공인(公認), 고집하고 있다는 것을 여실히 보여주는 대표적 실례이다. 20
06년에 출판한《일본사 년표》역시 전혀 다를 바 없다.

전문 학술단체가 간행하는 년표가 이러니 대중사전류들에서는 더하다.
실례로 1981년판《세계대백과사전》(평범사 전 36권) 20권 459페지의《일
조교섭사》의 항목에는《왜국의 조선 진출》이라는 소제목을 달고 일제

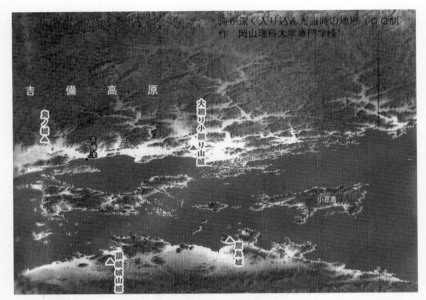

오카야마 키비(吉備)의 옛 지형도. 옛날에는 바닷물이 깊숙이 들어와 있어서 《일본서기》〈숭신(崇神)〉65 년조의 "임나는~북쪽이 바다로 막혀있다"는 구절과 일치한다.(지도출처, 《村上幸雄,古代山城·鬼ノ城を 歩く》, 吉備人出版, 2005)

가 조작한 《임나일본부》설을 아무런 비판과 분석도 없이 그대로 되뇌이고 있다. 형편이 이러하니 지금도 각급 력사교과서들에서 《임나설》을 박아 놓았다고 해도 별로 놀라운 것으로는 되지 않는다.

실례로 2012년도부터 사용하게 되는 (시판품[市販品]) 력사교과서인 새로운 력사교과서 《중학사회》(자유사-自由社)와 《새로운 일본의 력사》(육붕사-育鵬社)의 교과서들은 《임나일본부》설을 그대로 답습한 채 각급 력사교과서로 사용하고 있다.

그전 시기의 력사교과서 역시 전혀 개정된 것이 없다. 그리고 최근 일본 NHK서 특별프로로 방영된 《일본과 조선 2000년》에는 《임나일본부》설에 대하여 남조선학자들의 이런저런 견해를 이야기하면서도 우리 공화국 력사학계의 견해주장은 아예 편린조차도 소개하지 않았다.107 이것은 《임나설》에 대한 우리 학계의 주장을 부인말살하려는 것으로서 도저히 용납될 수 없는 행위이다.

이밖에도《조선학자들이 조선의 가야에 대한 변변한 연구도 하지 않으면서 일본에 있는 소국이요 뭐요 한다.》고 말을 망탕하는[되는대로 마구 하는] 사람도 있다. 일제시기 가야고분을 마구 짓밟고 략탈한 자기 선배들의 죄행을 만분의 일이라도 상기했으면 감히 그와 같은 무책임한 발언을 하지 않았을 것이다.

《일본서기》임나관계 기사의 옳은 해결은 이러저러한 평가와 해석이 아니라《임나일본부》가 어디에 설치되였겠는가 하는 위치를 확정하는데 문제의 핵, 초점이 있다.《임나일본부》의 정치적 성격(행정조직) 등 기타의 문제는 그 다음에 론의 될 것들이다. 요컨대《일본서기》임나관계기사에 나오는《임나일본부》를 아무런 타당성과 근거 없는 조선 땅에서 찾

---

107 이 문제에 관해서 남한의 상당수 강단사학자들과 일본 역사학자들은 같은 견해를 갖고 있는데 한일역사공동연구위원회가 이를 말해주고 있다. 2001년 10월 한일정상회담의 결과로 만들어진 이 위원회는 3년간의 활동 끝에 2005년 5월 결과보고서를 발표했는데, 남한 강단사학자들이 쓴 부분은 조선총독부 조선사편수회가 썼다고 해도 과언이 아니었다. '임나는 가야의 별칭'이라는 김태식은 이 보고서에서 이렇게 썼다. "한강 유역 백제의 정세는 어떠하였을까?《삼국사기》백제본기에 의하면 고이왕 27년 (260)조에 6좌평 및 16관등제 등의 중앙집권적 관료제를 완비했다고 나오나, 이는 후세 백제인들의 고이왕 중시 관념에 의하여 조작된 것이다. 이 시기 백제의 발전 정도는 좀 더 낮추어 보아야 할 것이다. 유적 분포를 살펴보면 3세기 후반에 백제의 왕성인 서울 강동구의 몽촌토성과 풍납토성이 축조되었으며….(김태식,《한일역사공동연구보고서》, 2005년)"
남한 식민사학계의 태두 이병도가 백제는 8대 고이왕(재위 234~286) 때 건국되었다고 말한 것도 틀렸다면서 13대 근초고왕(재위 346~375) 때 건국되었다고 서술했는데, 이는 쓰다 소키치의 학설을 채용한 것으로 이병도가 아니라 쓰다 소키치가 남한 강단 사학의 스승임을 선언한 것이었다. 이런 현상은 지금도 전혀 변하지 않고 있다.

을 것이 아니라 일본 땅에서 찾는 여기에 굳게 닫겨진《임나일본부》해결의 열쇠가 있다.

무엇부터 어떻게 찾을 것인가.

이것이《임나일본부》탐구의 첫 장벽이였다.

《임나일본부》는 말 그대로 임나(가야)에 설치된 일본부이기 때문에 무엇보다 먼저 일본부가 설치되였다던 가야국을 규명하여야 한다. 물론 조선의 가야가 아니라 서부일본에 존재한 가야인 것은 자명하다. 다시 말하여 일본렬도 내의 소국(분국)을 찾아야 하는 것이다.[108]

왜냐하면《일본서기》에 실린《임나일본부》가 있다면 일본렬도 내에 있었을 것이라고 우리 학계가 제기하였기 때문이다. 우리는 우리가 제기한 문제를 세인이 납득하는 여러 력사자료를 가지고 그것을 증명하여야 하는 것이다.

《임나일본부》를 일본렬도 내에서 규명하자면 여러 가지 난문제들이 제기된다. 난문제란《일본부》를 설치하였다고 하는 가야소국의 존재를 립증하는 것과 함께 가야와 린접한 지역에 있었다는 신라와 백제, 고구려 소국의 존재를 증명하여야 하는 것이였다. 가야소국 하나를 증명한다고

---

108 남한 강단사학은 이를 한반도 남단의 가야라고 주장하고 있다. 이는 서기 369년부터 562년까지 야마토왜가 가야를 점령하고 임나를 설치했다는《일본서기》의 일방적 주장을 그대로 추종하는 것이다. 이것이 역사적 사실이라면 가야왕통은 369년에 단절되든지 최소한 가야왕은 다른 인물로 교체되었어야 했을 것이다. 그러나《삼국유사》〈가락국기〉는 가야의 이시품왕(재위 346~407)이 407년까지 왕위에 있다가 아들 좌지왕에게 왕위를 물려주었다고 말하고 있다. 좌지왕은 407년부터 421년까지 왕위에 있다가 사망한 후 아들 취희왕이 즉위했다고 설명하고 있다.《삼국사기》·《삼국유사》에 따르면 369년에 야마토왜가 가야를 멸망시키고 임나를 설치한 일 따위는 없었다. 이 사건이 실제로 있었던 사건이라면 한반도 남단의 가야에서 벌어진 일이 아니라 일본 열도 내의 분국들에서 벌어진 일들이다. 그러나 일본과 남한의 상당수 강단사학자들은《삼국사기》불신론을 주창하면서 내심 '임나=가야설'을 따르고 있다.

임나문제를 비롯한 만사가 해결되는 것이 아니기 때문이다.

이즈모는 고대 출운국(出雲國:이즈모 쿠니)으로서 한반도에서 배를 타면 큐슈와 함께 가장 먼저 닿는 시마네(島根)현 동부로서 일본의 탄생 신화의 대부분이 이 지역에 비정된다. 빗금친 부분은 일본 고대율령국 중 하나인 산인도(山陰道, さんいんどう)이고, 진한색 부분은 도(道)의 하부국인 이즈모 쿠니(国)이다.

가야소국을 중심으로 한 백제, 신라, 고구려의 소국을 증명할 수 있는가 없는가 하는 문제는 이렇게 심각하였다. 아직까지 일본렬도 내에 조선소국의 존재(분국의 존재)를 립증한 적이 없었기 때문이다. 다만 공화국의 권위 있는 력사학자인 김석형 원사가 그러한 문제제기를 한 데 불과하였다.

그러나 그러한 하나의 문제제기 자체가 일본학계를 벌둥지 쑤셔놓은 것처럼 만들어놓았으니 일본렬도 내의 조선소국의 존재를 립증한다는 것이 얼마나 막중한 문제인가 하는 것을 짐작하고도 남는다.109 그것도 가

---

109 김태식은 〈임나 문제의 제학설〉이란 글에서 일본인 식민사학자들과 남한 강단사학자들의 '임나=가야설'을 장황하게 설명하면서 일본 학계에 큰 충격을 주었던 김석형의 분국설은 글 말미에 마지못해 적어 놓았다. 김태식은 "(김석형은)《일본서기》를 비롯한 문헌사료들을 이용할 때 거의 모든 사료를 무리하게 일본열도에서의 사실로 억측함으로써 오히려 한반도 내 가야사를 포기한 결과를 초래하였다(《한국사》 7, 삼국의 정치와 사회 Ⅲ-신라·가야)"라고 비난했다. 이 내용은 역사비평사에서 출간한 《한국 전근대사의 주요쟁점》(역사비평편집위원회, 2008)에 토씨 하나 안 틀리고 그대로 인용되었다. 김태식의 논리가 초등학생도 납득하기 힘든 억지라는 사실은 쉽게 알 수 있다. 일본 열도 내 분국들을 연구하는 것이 어떻게 "한반도 내 가야사를 포기"하는 것이 될 수 있겠는가? 조희승이 이 책의 앞부분을 〈가야력사개관〉으로 시작한 것처럼 한반도

야를 비롯한 여러 개의 조선소국의 존재를 립증하여야 하는 것뿐 아니라 립증되는 조선계통 소국의 존재가 《일본서기》의 임나관계기사의 내용과 일치하여야 하는 것이다.110

필자는 이를 위하여 《일본서기》 임나관계기사에 나오는 조선 국가들을 단꺼번에 찾을 것이 아니라 하나하나 찾기로 하였다. 기둥적인 소국의 위치를 찾고 그 다음 충분히 그 소국의 존재를 증명한 다음 린접한 이여의 소국 특히 가야와 항상 마찰이 심하였던 신라소국의 위치를 밝히기로 결심하였다. 그렇게 하는 것이 방법론적으로 옳을 상 싶었다. 맨 처음 찾으려는 조선 소국은 역시 일본부를 두었다는 가야소국이였다.

기비 가야국과 가야씨

필자는 《임나일본부》 탐구에서 그 위치의 후보를 4개소 짚었다.

내 가야사는 가야사 대로 연구하고 일본 열도 내 분국사는 분국사 대로 연구해서 그 상관성을 규명하면 될 것이다. 분국설을 인정하는 것이 한반도 내 가야사를 포기하는 것이 아니라 한반도 가야의 일본 열도 진출사가 되는 것이다. 김태식·김현구 등은 분국설을 인정하면 메이지시대 이래 100여 년 이상 한국사의 침략 논리로 악용되어 온 '임나=가야설'를 계속 주장할 수 없기 때문에 부인하는 것이고 그 과정에서 논리가 부족하다 보니까 나온 궤변에 불과하다.

110 조희승은 이 책에서 일본 열도 내 임나는 물론 임나와 각축을 전개했던 신라를 비롯해서 백제, 고구려 소국의 위치도 모두 비정했다. 그러나 남한 강단사학자인 인제대 교수 이영식은 "분국론은 별도로 하더라도 《일본서기》에 보이는 임나일본부의 문제는 한반도 남부의 가야지역에서 일어났던 역사적 사실임에 틀림없다.(한국고대사학회편, 《우리 시대의 한국고대사》, 주류성, 2016)"라고 주장하고 있다. 북한학계의 분국설이 왜 그른지 논증할 자신이 없으니 임나사 연구에서 가장 중요한 분국설은 제쳐놓고 '임나=가야설'이 사실이라고 우기는 것이다. "철기는 별도로 치더라도 청동기가 인류역사상 가장 훌륭한 무기라는 사실은 틀림없다."라고 말하는 것과 무엇이 다른가? 조희승의 "남조선의 일부 친일학자들이 이 부문관계사를 깊이 있게 연구도 하지 않으면서…." 라는 비판을 들어도 할 말이 없다.

첫째, 가와찌[河內] 일대, 둘째, 기비[吉備] 일대, 셋째, 이즈모[出雲] 일대, 넷째, 규슈[九州] 일대.111

이렇게 네 개 지구를 설정한 것은 서부일본에 가야국이 있었다는 확신에서였다. 그것은 야마또와 조선 사이의 임의의 어느 지구에서《일본서기》의 임나관계 기사내용이 벌어졌을 것이기 때문이다. 바로 이 네 지구 중에 일본부가 설치되었다던 가야국이 있었을 것이었다.

필자는 서부일본에《임나일본부》가 있었다는 확고한 신념으로부터 출발하여 먼저 가야지명을 알아내기에 힘썼다. 옛날 스에마쯔가《임나흥망사》를 쓸 때 아유가이 후사노신의《잡고》지명고(조선)를 크게 참고했다고 하는데 우리는 주체를 세워 그와 반대로 지명을 참고하되 일본 땅의 조선지명을 따지자는 것이었다.

다행히도 필자의 주변에 6권으로 되는《일본지명대사전》이란 지명백과사전이 있었다. 1938년에 출판된 이 책은 발행소가 일본서방이고 발매를 평범사가 하였다. 편집고문에 기다(喜田貞吉), 쯔지(辻善之助), 깅다이찌(金田一京助), 신무라(新村出) 등을 초청하여 만든 이 책은 일본과 조선, 대만 등의 시, 정, 촌, 면들에 대한 지리, 력사, 신사, 사원 등의 연혁을 적은 력사지리 책이다. 필자는 이 책을 1권부터 6권까지 통독하는 과정을 통하여 가야지명을 알아내는 겸 일본고대사 공부를 하였다.

《일본지명대사전》(2권)에 실린 가야(한자표기에 관계없이)지명을 보

---

111 이 네 지역은 모두 고구려·백제·신라·가야계의 유적 유물이 풍부한 곳이다. 이즈모는 고대 출운국(出雲國:이즈모 쿠니)으로서 한반도에서 배를 타면 큐슈와 함께 가장 먼저 닿는 시마네(島根)현 동부로서 일본의 탄생 신화의 대부분이 이 지역에 비정된다. 즉 바다를 건너 이 지역에 도착한 사람들에 의해 일본의 역사가 시작되었음을 시사한다는 것이다.

면 다음과 같다.

가야(可也) 후꾸오까현 찌꾸젠국 이또지마군

가야(加夜, 賀夜) 오까야마현 빗쮸국

가야(加悅) 교또부 여사노군

가야(河陽) 교또부 오또와(乙訓)군

가야(蚊屋) 시가현 오미군 애지군

가야(蚊屋) 호끼국(돗또리현)

가야(鹿谷) 효고현 시까마군

가야(賀陽) 효고현 시로사끼군

여기서 알 수 있는 바와 같이 서부일본에서 가야란 지명이 이즈모와 단고를 비롯한 동해연안과 조선과 가장 가까운 북규슈의 찌꾸젠 그리고 세또내해의 기비와 하리마, 비화호 주변에서 찾을 수 있다.

이 많은 가야지명에서 일본부를 두었다는 가야국을 찾아야 하는 것이다.

앞서 본 1986년 4월의 인민대학습당 토론회 때 필자가 기비 임나국에 대하여 이야기하였을 때 부단장인 우에다 교수가 다음과 같은 질문을 한 바 있다. 즉 가야란 이름을 중시하여 기비에 있는 가야(임나)를 일본부를 둔 고장이라고 하였는데 일본에는 기비지방 이외에도 가야계통 지명이 많다. 타고장의 가야지명은 무엇이며 어떻게 생각하는가라는 질문이었다. 타당한 질문이었다.

가야계통 지명이 있다고 하여 그것이 곧 가야국이였다고 볼 수 없다는 것은 자명하다. 문제는 가야지명이 있던 그곳 가야 고장의 력사(연혁)를 따져보고 그것이 국가(소국)로 존재한 적이 있었는가, 고국의 대호로

시마누현 이즈모시 출토 동탁 및 동모.

불리운 적이 있는가를 따져야 한다. 다시 말하여 마을 이름으로서의 가야였는가 고을 이름으로서의 가야였는가, 아니면 소국명으로서의 가야였는가를 따져봐야 한다. 그 다음은 가야지명이 붙은 시기가 언제인가를 확인해야 한다. 그런 다음 고고학적 유적 유물을 통하여 국가성립시기의 조선적(가야적) 색채를 식별한다. 그런 다음《일본서기》임나관계기사와 맞추어보는 것이다. 아무렇게나 망탕 가야지명이 있기 때문에 이곳이 가야(임나-미마나)라고 규정하는 것이 아니다.

필자의 자료연구에 의하면 상기 네 지구의 가야소국 지정후보 가운데서 가장 유력한 것이 기비지방이였다.

기비지방에《일본서기》에 나오는《일본부》가 있다고 확신하게 된 것은《일본서기》임나관계기사에는 왜 그리도 기비노오미가 많은가 하는 것이였다. 그것이 필자의 관심을 끌었다. 임나국사, 임나파견기사는 기비노오미 기사로부터 시작하며 임나에서 활동하는 주요인물의 기본은 기비노오미이다. 심지어《임나일본부》의 핵이라고 말할 수 있는 일본부 역시《기비노오미》인 것이다. 여기서부터 필자는 기비지방을 해부해봐야한다는 직감과 결론을 얻게 되였으며 해부하는 과정에 기비정권이란 종전부터 일본학계가 말해오던 애매모호한 수수께끼의 나라가 아니라 륜곽이 아주 뚜렷한 나라이라는 것과《임나일본부》의 존재를 시사하는 근거들을 잡을 수가 있었다.

　　방향이 정해진 조건에서 파고들어야 하였다. 말하자면 기비지방에 가야국이 있었다는 것이 증명되여야 하였다.

　　고대국가들의 발자취는 고문헌과 지명들의 갈피 속에 묻혀 전해온다. 필자는 지명적 고찰에 힘을 집중하였다. 왜냐하면 소여력사의 자취를 지명보다 더 선명하게 말해주는 것이 없기 때문이다.《일본지명대사전》(2권) 가야항목에는 다음과 같이 씌여있다.

《〈국조본기〉에 보는 기비의 나라이름, 응신천황 때 죠도국의 국조의 아버지 나까히꼬노미꼬또를 국조로 임명한다고 되여있다. 국군제정112 시 가야군(고을)으로 되여 빗쮸국에 속하게 됨113.》

《가야(군) 빗쮸국의 옛 고을명,〈일본서기〉응신 22년조에 가야(蚊屋)의 이름이 보이며〈국조본기〉에는 가야국으로 만든다.〈연희식〉,〈화명초〉는 다 같

---

112 국군제정(國郡制定)이란 701년 대보(大寶) 율령에 의해 국(國)·군(郡)·리(里)의 3단계 행정조직으로 편성한 것을 뜻한다.

113 빗쮸국(備中國)은 지금의 오카야마(岡山)현 중남부에 위치한 소쟈시(總社市)로 수많은 고대 유적, 유물이 있는 곳이다. 7세기 후반 기비국(吉備國)을 비젠국(備前國), 빗쮸국(備後國), 빈고국(備後國)으로 나누었다.

이 가야(賀夜)로 만들고 … 14개 향을 둔다.》

우에서 본 바와 같이 기비지방에 있던 가야고을은 본시 가야국이던 것이 645년의《대화개신》이후 국군제도가 실시되면서 국(나라)의 격을 떨구어 군(고을)으로 되었다.

기비에 가야고을이 있었다는 기록은 많다.《일본서기》말고도 금석문과 똑같은 사료적 가치를 가지는 목간(木簡)들에도 加夜[가야], 賀夜[가야]의 이름이 나오며(후지하라경, 평성궁터)《속일본기》,《일본후기》들에도 加陽[가요]의 한자로 나타난다.

가야고을은 1901(명치34)년 기비군이 처음 생기면서 고을로서의 그 이름은 없어졌다. 말하자면 20세기 초 고을명으로서의 가야가 없어지기 전까지 실로 1,500년이 넘도록 기비지방에는 가야의 이름이 고을명으로 존재하였던 것이다.

가야고을은 숱한 가야마을들이 모여서 하나의 고을을 이루었고 나아가서 나라(소국)를 구성하였다.

지금은 기비지방, 기비국이라고 하지만 기비란

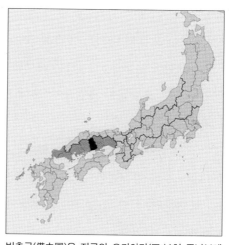

빗츄국(備中国)은 지금의 오카야마(岡山)현 중남부에 위치한 소쟈시(総社市)로 수많은 고대유적, 유물이 있는 곳이다. 빗금친 부분은 일본의 옛 율령국 중 산요도이고, 산요도의 여덟 소국 중 하나가 빗츄이다. 진한색 부분이 빗츄국이다.

대호는 6세기 중엽 이전에는 없었다. 기비란 대호는 그 후 즉 7세기에 들어서면서 생겨난 이름이다. 그러면 《일본서기》에 기비국이라고 하기 전에 그곳을 뭐라고 불렀던가. 그것은 가야국이라고 불렀다.

여기에 재미나는 자료 몇 가지가 있다.

기비지방에는 가미쯔미찌(上道), 시모쯔미찌(下道)라는 지명이 있다. 지명은 곧 주민들의 본관의 이름으로 전화되기도 하였다. 시모쯔미찌란 기비국의 아래(시모)쪽의 나루(쯔-津)라는 뜻이며 가미쯔미찌란 기비국의 웃(가미)쪽 나루(쯔)란 뜻이다. 다시 말하여 가미쯔미찌, 시모쯔미찌란 기비의 중심부터 상하의 나루를 부른 말이였다. 그런데 기비의 중심에 있던 나루는 지금은 기비쯔라고 부르지만 그 전날에는 오래동안 가야쯔(賀夜津, 伽耶津, 賀陽津)로 불리워 왔다는 사실이다. (《기비군지》상권 142페지)

가야쯔는 오늘의 다까하시강 하구 쯔우(津宇)군 일대를 말한다. 참고적으로 말한다면 쯔우군은 작은 나루(쯔)가 있던 것이 률령제도 이후 커져서 두 자로 된 고을이 되였다. 근세에 와서 구보야군과 합쳐져 쯔구보군이 되였다.

기비쯔 이전에 가야쯔라고 불렀다는 사실은 기비국도 가야국으로 불렀었다는 것을 암시한다. 또한 기비쯔신사도 본래는 가야쯔신사였다는 것을 보여준다. 이와 관련하여 말해야 할 것으로 가야씨와 기비씨와의 호상 관계문제가 있다.

기비지방에는 가장 유력한 씨족으로 가야씨가 있었다. 가야씨는 가야국조(賀夜國造-가야노구니노 미야쯔꼬)의 후예이다. 중세 전 기간 기비지방의 큰 토호로 세력을 떨친 문벌이다. 이 기비지방 최대의 세력문벌이 기비쯔신사의 신관으로 되어있는 것이다.

기비쯔신사는 기비지방 최대의 그리고 가장 오랜 력사를 가진 신사이다. 이 신사에서 력대로 신관으로 있던 것이 바로 다름 아닌 가야씨였다.

왜 기비쯔신사에 기비씨가 제사지내지 않고 가야씨가 제사지냈겠는가. 그것은 본래 기비씨란 력사에 존재하지 않았고 또 가야씨는 사당명과 국명은 기비로 둔갑시킬 수 있었으나 조상의 이름—즉 가야만은 둔갑시키지 못한 것이라고 보인다. 말하자면 기비씨가 제사지내야 할 사당을 가야씨가 제사지내는 여기에 기비씨의 진 모습이 있는 것이다.

여기서 좀 더 기비에 있는 가야지명과 가야씨에 대하여 파헤쳐보자.

기비지방의 대부분을 차지하는 것이 오늘의 오까야마현(岡山縣)이다. 1930년에 오까야마현의 력사를 전면적으로 서술한 향토사로서의《오까야마현 통사》(상, 하)가 나왔다. 1962년에 재판본이 나오고 1971년과 1984년에 복각본이 나왔다. 필자가 참고한 도서는 1984년의 복각본[飜刻本]이다.

책의 필자는 나가야마(永山卯三郎)로서 책을 편찬함에 있어서 도꾜대학과 공사립의 학교들의 도서관, 사사(社寺), 오랜 명문가문들에 소장되여 있는 귀중한 자료들을 널리 섭렵 수집하여 리용하였다. 상기 6권짜리《일본지명대사전》의 기초자료가 된 책이라고 해야 할 것이다.

《오까야마현 통사》에 이어 나가야마는 1937년에 별도로《기비군지(吉備郡誌)》를 출판하였다. 오까야마현의 기비군에 대하여서만 고대와 중세에 걸쳐 자료적으로 서술하였다.

《오까야마현 통사》와《기비군지》에 기비 가야소국 특히 가야소국을 립증하는 데 필수불가결인 지명의 유제들을 고문서 기록 자료들에 기초하여 비교적 상세하게 밝혀놓았다.

아래에《오까야마현 통사》(상편 78~88페지)에 기초하여 가야군의 래력에 대하여 요약해보기로 한다.

고을로서의 가야군의 가야는《賀夜, 賀陽[가야, 가요]》라고도 쓰는데《령의해(令義解)》(10권 833년 성립)와《화명초(和名抄)》(931~937년 성립)라는 오랜 고문서에 의하면《가야국(賀夜國)은 웅신 … 때》에 있었다고 한다. 그의 후예가 가야노오미(香屋臣)라고 한다. 웅신《천황》이란 환상적인 인물로서《일본서기》가 조작한 대로 한다고 쳐도 그 년대란 것을 보면 즉위가 270~310년으로서 그래도 꽤 오랜 력사를 가지고 있다고 말할 수 있다. 다시 말하여《령의해》와 같이 9세기의 오랜 고문서에도 기비 가야군은 본래 가야국(賀夜國)이라고 불리워왔다고 기록되여 있는 것이다.

그리고 아소마을(阿曾村) 서남쪽에는 천평(天平 729~748년) 문화시기에 한 개 큰 마을을 직접 지배하던 가야씨(賀陽氏)가 들어있었는데 이것은 동대사 정창원 문서에 기록된 내용이다. 이것이 바로 가야노구니노미야쯔꼬(賀夜國造)라고 하였다.

이어《연희식》(10세기 편찬)의 자료로서 가야군 기비쯔신사의 주인으로서의 가야씨(賀陽氏)와 그리고 기비 가야군의 큰 토호로서의 가야씨의 존재에 대하여 자료적으로 렬거하였다.

실례로 천평11년 정창원문서의 가야노오미 헤리마로와《속일본기》,《삼대실록》,《부상략기》,《가야문서》와 함께 가야국과 가야군, 가야사(賀陽寺)의 존재와 함께 가야(栢)가 붙은 栢野, 唐戸, 栢山, 栢寺, 栢村, 金井戸, 長良[114] 등 가야 관계 지명을 쭉 꼽았다. 특히 長良(나가라)는 아나

가라(阿耶加良)의 줄인 말이라고 하였다.

그밖에도 가라가와(唐皮)를 비롯하여 芽原(가야하라), 辛川(가라가와) 등 가야, 가라에 즈음한 지명들은 수십 가지가 된다. 특히 조선지명이 집중되고 가야사람들의 유적들이 모아져있는 하또리(服部)마을은 옛날에 가야촌(加夜村)이라고 불리운 적이 있으며 그곳에 있는 가야사(加夜寺)는 가야씨(賀陽)의 씨족절간으로서 나라시대(8세기)까지 번창하였다고 하였다. 가야군을 흐르는 아시모리강과 다까하시강 하류 일대에는 가야말고도 조선관계 지명이 한 벌 뒤덮여있다. 아찌(阿智)는 그러한 전형적인 지명일 것이다.

본래 아찌는 《일본서기》를 비롯한 고기록들에 조선에서 일본렬도에 건너간 집단 이름이였다. 바로 가야군의 바다가쪽에 아지장(阿知莊), 아지촌(村)을 비롯한 수많은 아지의 지명들이 분포한다. 오늘날에는 동서의 아지가 있어 니시아지(西阿知)와 히가시(동)아지가 있는데 히가시아지는 철도역으로서의 구라시끼시 일대이다. 쯔루가따산(鶴型山)에 아지신사가 있다.

가야군을 흐르는 다까하시강 하구는 본래 고대시기에 가야쯔(伽耶津, 賀夜津, 賀津)라고 불리워오던 것이다. 가야쯔는 곧 가야나루(津)이다. (《기비군지》 상권 142페지, 《오까야마현통사》 상편 184페지)

오까야마현을 흐르는 큰 강은 아사히강과 다까하시강 두 강이 있다. 그 2대 하천은 하류에 많은 토량을 날라 충적평야를 이루었다. 그리하여 동

---

114 백(栢)은 발음이 가야, 당(唐)은 발음이 가라로서 모두 가야를 가리키는 말이다. 백야(栢野)는 가야노, 당호(唐戶)는 가라토, 백산(栢山)는 가야마, 백사(栢寺)는 가야지, 백촌(栢村)는 가야무라, 금정호(金井戶)는 가나이토, 장량(長良)은 나가라로 모두 가야를 가리키는 말이다.

쪽에는 대다라(大多羅)의 옛 나루라고하여 고쯔(古津)라고 불렀다.

후날의 죠도군 고쯔마을(上道郡古都村)이다. 한편 다까하시강의 가야나루는 가야진(賀陽津)으로서 충적평야의 주민지대는 고을이 되였는데 고을은 두 개로서 가야군과 쯔우군(都宇)의 두 개 고을이 생기게 되였다.

가야군 일대에 조선계통 인물들이 수많이 할거해 있었다는 것은 고문헌의 자료들에 력력하다. 오늘날까지 붙박혀 있는 지명들은 바로 그러한 주민활동의 유제이다.

실례로 고대시기의 가야군에서 갈라져 나온 쯔우(都宇)고을에는 가라히또노 사또(辛人里, 韓人里)가 있었다. 이것은 조선사람 마을이라는 뜻이다. 주민구성에서도 조선계통 이주민집단의 후손들이 많이 살았다.

정창원문서의 하나인 《빗쮸국 대세부 사망인장(備中國代稅負死亡人張)》이나 《당초제사문서》(비젠국 쯔다까군 쯔다까향류전권)(4통)들을 보면 조선계통 인물의 비률이 상당히 높다. 《기비군지》(상권 591~592페지)의 저자의 말에 의하면 조선계통 주민을 쯔우군에서 5명, 구보야군에서 15명중 5명, 가야군 9명, 루계 총 46명중 19명 즉 19/46=41로서 41%가 조선계통 이주민이라고 한다. 가야씨를 비롯한 조선계통 호족들이 토호화되여 봉건사회 전 기간 큰 세력을 가지고 오늘에 이르렀다는 것은 잘 알려진 사실이다.

기비씨(吉備氏)는 가야씨였다.

《고사기》와 《일본서기》에는 기비씨에 대하여 요란하게 광고하고 있다. 기비쯔히꼬노 미꼬또가 야마또국가의 창립에 4도장군115의 한 명으

---

115 사도장군(四道將軍:시도쇼군)은 《고사기(古事記)》 숭신(崇神)조에 따르면 숭신이 재
위에 있을 때 칙명을 받고 일본을 평정한 네 명의 장군을 뜻한다. 오오히코노미고토(大

로 야마또 다께루와 더불어 사방의 정벌군 총수로 활약하였다고 대서특
필하였으나 그 실체란 허황하기 그지없다. 다만 그를 제사지내는 곳이 가
야군에 있는 기비쯔히꼬신사이다. 116

문제는 기비쯔히꼬의 진소(鎭所)인 기비쯔히꼬신사에 전해오는 사전
(社傳)이다. 사전에 의하면 기비쯔히꼬노 미꼬또의 5대손이 가야노오미
나루미노 미꼬또(加夜臣奈留美命)라고 한다. 미꼬또(命)란 이른바 《천
황》의 족속에 속하는 인물에게만 수여되는 이름이다.

가야노오미나루미는 사전(社傳)을 꾸리고 처음으로 조상신으로서의
기비쯔히꼬를 제사지낸 다음 나머지 여덟 개의 신을 받들었다고 한다. 이
후 기비쯔신사는 여러 우여곡절을 겪었으나 결국 이 신사에서 가야노오
미(賀陽臣), 가야노수꾸네가 배출되고 력대로 가야노무네가쯔(賀陽宗
勝)를 비롯한 가야씨의 신주(神主)가 나서서 마지막까지 신궁의 사주로
있었다고 한다. 중세시기 전 기간 기비쯔신사에는 300명의 신관이 있었
다고 한다. 그런데 16세기 말경부터 중앙의 조치에 따라 신사의 토지를
삭감하는 조치가 취해져 그 수가 몹시 작아지게 되었다.

하지만 1868년의 명치유신이 일어날 당시까지만 해도 그래도 아직 80
여 명씩이나 신관이 존재하였다고 한다. 그중에서도 기비쯔신사의 조상
신인 기비쯔히꼬의 후예(神裔)가 6명 있었는데 모두가 다 가야노오미

比古命)는 북륙도(北陸道)에, 타케누나카와와케노미고토(武沼河別命)는 동방 12도
(東方十二道)에, 기비쓰히코노미고토(吉備津彦命)는 산양도(山陽道)에, 타니하니미
치누시노미고토(丹波道主命)는 단파로(丹波路)에 보내 국가를 진호(鎭護)하라는 명
령을 받았다고 기록되어 있다.

116 기비쓰히코신사(吉備津彦神社)는 오카야마시 북구(北區) 일궁(一宮)에 있는데, 사도
장군으로 파견된 기비쓰히코노미고토가 기비의 중산에 기도한 후 기비국을 평정해서
현인신(現人神)으로 추앙된 데서 시작되었다고 설명하고 있다.

기비쓰히코신사(吉備津彦神社). 일왕을 도와 천하를 평정했다는 사도장군 중 기비쓰히코노미고토를 모시는 신사다. ⓒ 이덕일

(賀陽臣)를 칭하였다고 한다. 급수로서는 첫째가 신주(神主 간누시)라고 하였고 두 번째를 대이의라고 하였다.

요컨대 기비쯔신사의 주인공을 대대손손 제사지내는 사람이 누구였던가 하는 문제이다. 그것은 기비씨가 아니라 가야씨였다. 가야노아손 무네나리(賀陽朝臣宗成)와 가야노아손 무네나오(宗直) 등은 《삼대실록》이라는 정사의 기록에 명명백백히 나오는 정6위의 급수 높은 귀족이다. 그들이 처음으로 기비쯔히꼬신사의 사전을 편찬하였다고 한다. 다시 말하여 가야씨가 저들의 조상유래기를 편찬한 여기에 기비씨가 가야씨였다는 것을 보여주는 진모가 드러나 있다. 기비쯔(吉備津) 역시 본래는 가야쯔(吉備津)였던 것처럼 기비씨는 처음부터 가야씨였다. 기비군 역시 가야

216

군이였던 것이다.

그러면 기비쯔신사의 진짜조상은 누구였는가. 그것은 기노죠산성을 구축한 우라(溫羅)였다.

기비쯔신사의 주인공인 동시에 기노죠산성의 주인공인 우라는 기비쯔신사와 그 밖의 여러 신사에 제사신으로 받들리고 있다.

이것을 보기에 앞서《우라》가 축성하였다는 기노죠(鬼之城)산성에 대하여 보기로 한다.

기노죠산성과《우라》

교또에서 진행된《고구려와 일본고대문화》라는 제목의 국제토론회에 참가하였던 공화국학자대표단은 1986년 10월 9일 기비 오까야마의 기노죠(鬼之城)산성을 견학하였다.

현지에서 직접 조선식 산성을 답사하게 된 것은 필자로서는 아주 유익한 일이였으며 앞으로의 연구에 큰 의의를 가지였다.

산성견학은 발굴에 직접 참가한 구즈하라의 안내를 받았다. 수문과 창고자리, 성문자리, 성벽자리 등을 보았는데 특히 수문자리와 성벽은 필자에게 깊은 감명을 안겨주었다. 그것은 발굴보고서(《기노죠》기노죠 학술조사위원회 1980년 일본 오까야마)에서 보는 것과는 또 다른 느낌이였다. 말 그대로《백문이 불여일견》이라는 속담 그대로이다.

눈 아래에 펼쳐진 시야에는 두 쯔꾸리야마(造山, 作山)고분, 기비쯔신사 그리고 비옥한 충적평야, 멀리에는 고지마반도가 보인다.

성벽은 필자가 직접 본 대성산성과 장수산성 등의 산성성벽축성법과

꼭같았다.

여기서 기노죠산성의 력사적 유래, 전설, 산성 발견의 의의 등에 대하여 보는 것도 결코 무의미하지 않을 것이다.

앞서 광개토왕릉비문의 왜에 대하여 이야기할 때 라이산성과 관계되여 조선식 산성에 대하여 언급한 바 있지만 여기서도 잠간 일본의 조선식 산성에 대하여 보고 넘어가기로 한다.

일본렬도 서부지구에는 일본사람들이 조선식 산성으로 부르는 고대 산성유적들이 있다. 기노죠산성을 포함해서 수십 개 산성을 조선식이라고 부르는 것은 이 산성의 립지선택과 성벽축성법 및 수문구조가 아시아에서 유독 조선에만 고유한 방법으로 이룩되였기 때문이다. 이렇게 조선식 산성이라고 이름지은 것은 일본학자들이며 그것은 조선사람 이외는 쌓지 않은 성새시설이였기 때문이다.

조선식 산성의 본질은 조선이주민 집단이 축조한 군사방어시설이라는데 있으며 그것은 나아가서 일본렬도 내 조선소국의 정치적 상징으로까지 되였다. 조선식 산성은 말 그대로 조선과 조선사람을 떠나서는 생각할 수 없다. 조선식 산성이 있는 곳에는 반드시 조선이주민집단(고분떼)이 살던 거주지가 존재한다.

공화국학계는 이미 오래전에 일본 땅에 있는 고대 산성유적이야말로 조선계통 이주민들이 형성한 소국의 상징이라는 견해를 내놓았다. (《력사과학》1963년 4호 18페지) 이 주장은 오늘날에도 변함이 없으며 일본에서의 고고학적 발굴과 정리에 의하여 더욱더 실증되고 있다.

일본학계는 고대조선식 산성유적의 축조시기를 7세기 이후로 몰밀어버리고 있다. 그것은 이 성유적의 주재자를 야마또 중심사관의 견지에서 고찰하기 때문이다. 하지만 그것은 력사적 사실을 무시하는 독선적 판단이다. 조선식 산성은 말 그대로 조선사람의 성이다.

8세기에 편찬된《하리마풍토기》가미사끼군 기무레산조에는《전해 내려오는 말에 의하면 호리끼리란 곳이 있는데 호무다천황(응신천황) 때 건너온 백제사람들이 그 풍속을 따라 성을 만들고 살았다.》고 명문으로 밝히고 있다. 당시 하리마지방(오늘의 효고현)은 야마또정권의 지배하에 있지 않았다.

《풍토기》에 명백히 밝혀져 있듯이 아주 이른 시기에 조선에서 일본렬도로 건너간 이주민집단은 본국에서 하던 관습대로 성을 쌓고 살았던 것이다. 또한《고사기》와《일본서기》에 의하면 일본에 건너간 조선사람들이《쯔쯔끼》라는 조선식 산성을 쌓고 살았다는 것을 전하고 있다.

《일본서기》(11권 인덕기 30년 9월)에는 인덕의 처가 야마시로에 가서 쯔쯔끼노오까의 남쪽에 궁실을 짓고 살았다고 하였다. 그런데 같은 기사를 적은《고사기》에는 인덕의 처가 누리오미라는 쯔쯔끼의 가라히또(韓人) 즉 조선사람의 집에 들어가 살았던 것으로 되어 있다. 《신찬성씨록》(가와찌 제번)에 의하면 누리오미의 출신은 백제국이며 그는 아마 노무라지의 조상되는 자이라고 한다.

《쯔쯔》란 고대조선말《두둑》으로서 그것은 언덕, 산, 뚝을 가리키는 말이며《끼》란 조선의 세 나라 시기에 성을 이르던 말이였다. 따라서《쯔쯔끼》는 산성을 의미하는 것이다. 지금도 라이산성의 수문돌담부분은《쯔쯔끼》로 부른다.

조선식 산성을 고문헌과 결부시킨 재미나는 이야기가 있다.

앞서 말한《력사과학》(1963년 1호)에 실린 론문《삼한삼국 이주민들

의 일본렬도내 분국에 대하여》에서 조선분국(소국)론중의 중요 론거가
조선식 산성이였다.

김석형 선생은 여기서 일본 법제사로 저명한 나까따(中田薰 1877~196
7년) 박사가 쓴《고대일한교섭사단편고》(창문사 1956년판 89~90페지)
의 글을 인용 의거하였다. 내용인즉 스사노오노 미꼬또가 이즈모지방에
서 여덟 머리, 여덟 꼬리의 오로찌(큰 뱀)를 퇴치했다는 것은 그 오로찌의
길이 죽 조선식 산성 벽이 여덟 계곡에 걸쳤고 거기에 8명의 우두머리가
있었다는 것을 보여주는 것이다. 이와 류사한 것을 야마또다께루 설화에
서도 찾아볼 수가 있을 것이다.

중학교 때 김석형 론문과 이 야마따노오로찌(大蛇) 부분을 읽고 어찌나
재미나고 통쾌한지 눈물이 날 지경이였다. 어떤 일본학자는 이 주장을 반
대하기 위해 나까따씨까지 걸고들었는데 나까따씨야 말로 소박하고 솔직
한 착상을 구김새 없이 그대로 쓴 학자이다.

소년시절에 읽은 글이 하도 감명 깊어서였는지 아니면 그 후에도 계속
이 문제를 생각해서인지 필자의 머리에는 큰 뱀(산성벽)이 산계곡을 감는
다는 표현을 잊을 수가 없다.

1985년 황해남도 신원군 장수산을 탐사했을 때의 일이다. 산꼭대기에
올라가보니 10km가 넘는다는 장수산성의 성벽이 그냥그대로 보존되여
있었다. 계곡 건너편에서 산성을 건너다보니 그야말로 꿈틀거리는 구렁
이가 산을 감아누비듯 한 것이 나까따씨의 론문을 련상케 하였다.

다음으로 기노죠산성의 개략을 소개하기로 하자.

산성은 기비 오까야마현 소쟈시 오꾸사까 니이야마(岡山縣, 總社市 奧
板 新山)에 있는 기노죠산(표고 396.6m)에 있다. 기노죠의 기는 성이란

뜻인 끼(城)에서 온 말일 것이다. 즉 성이란 말이 중복되어 있는 것이다. 이 성은 기비고원의 일각을 차지하는 기노죠산에 길이 약 2.8km의 성벽을 두른 조선식 산성이다. 산성은 두 개의 봉우리를 에워싸고 흙담과 성벽을 둘러친 조선식 산성 축조수법을 그대로 따르고 있다.

산성이 위치한 신산[新山] 역시 지금은 《니이야마》라고 부르치만 얼마 전까지만 해도 《이마끼야마》라고 불렀다. 이마끼는 今來[금래], 今城[금성], 新來[신래]라고도 쓰는데 조선사람들이 전체 고을 주민들 가운데서 10분의 9나 살았다는 야마또 아스까의 땅인 다까이찌(高市)고을은 그 옛날 이마끼고을이라고 불렀다. 그것은 조선에서 새로운 집단이 왔다고 한데서 유래된다. 기노죠-조선식 산성이 위치한 고장을 이마끼라고 했다는 것은 아주 재미나는 일이다.

산성은 사방이 험준한 낭떠러지로 된 자연 지세를 잘 리용하여 구축되였다. 주변은 이르는 곳마다에 큰 바위돌들이 울퉁불퉁 삐여져 나온 천험의 요새지이다.

이렇게 산성 벽 밖은 거의나 다 가파로운 절벽이지만 반면에 산성 안은 기복이 비교적 완만한 준평원면을 형성한다. 성벽은 산의 급경사면부터 준평원으로 옮겨가는 경사전환점에 재치있게 흙담과 돌담을 둘러쳐 축조하였다. 산성 내의 면적은 약 30㎢에 달한다. 현재까지 확인된 수문은 5개이며 성문은 3개이다.

기노죠산성의 수문자리는 어느 것이나 기본적으로 방어전면(남향)에 향해있으며 따라서 방어전면은 흙담이 기본인 뒤면에 비하여 훨씬 견고하다.

수문에서 시내물 골짜기에 들어서기만 하면 반드시 1~3개의 저수지가

백제 등 고대 한국인들이 쌓은 산성으로 추정되는 기노죠산성. 일본에서는 7세기 후반 쌓았을 것이라고 주장하지만 북한에서는 5세기에 이 지역을 장악한 가야인들이 쌓았을 것이라고 본다. © 이덕일

있다. 현재 8개의 저수지가 확인되었다. 저수지는 성벽처럼 흙다짐 방법117으로 만들어졌는데 시냇물의 하류만을 막은 제방뚝 형식이 기본이다. 저수지의 겉면적은 평균 500㎡로서 가령 물깊이를 1m로 친다 해도 8개의 저수지물을 합치면 4천t이 넘는다. 이것은 항시적으로 물 원천을 확보할 수 있게 산성이 구축되어 있었음을 보여주는 것이다. 그리고 그것은 나아가서 산성 안에 많은 인원(군사 및 주민)을 수용할 수 있게 미리부터 준비되었다는 것을 말해주는 것이다.

---

117 판축(板築)기법을 뜻한다. 판축은 양쪽에 판자를 대고 이 사이에 흙을 넣어서 단단하게 다져서 성벽을 쌓는 것을 뜻한다. 오카야마의 키노죠나 후쿠오카의 오노죠(大野城) 등이 모두 판축 기법을 사용했는데 이는 백제 등 고대 한국인들이 쌓은 산성임을 의미한다.

판축 기법(흙다짐 방법)이 명확한 기노죠산성. © 이덕일

산성은 눈 아래에 소쟈분지를 굽어보며 멀리에 아나우미(穴海)로 불리운 세도내해와 그리고 바다 넘어 시고꾸의 련봉을 바라다보는 절승경개의 위치에 자리잡고 있다. 다시 말하여 기노죠산성은 기비 가야국의 중심부인 옛 하또리(服部)향과 아시모리(足守)향의 중심에 틀고 앉았다. 산성 아래는 두 쯔꾸리야마(造山, 作山)고분이 있다.

요컨대 기노죠산성은 가야국 가야씨의 본관지를 옹위하듯 자리잡고 있다.

기노죠산성에는 또한 우리의 주의를 끄는 흥미진진한 이야기가 전해온다. 그것이 바로《우라(溫羅)》전설이다.

《우라》전설은 기비쯔(吉備津)신사의 연기(불교사원이나 신사, 신궁의 유래를 적은 글)에 기록되어 있는 이야기이다. 이 전설은 여러 종의《연기》에 실려있는데 내용을 종합하여 소개하면 다음과 같다.

숭신천황시기(즉위년간 B. C 97~B. C 30년-인용자)경에 다른 나라의 귀신이
기비의 땅에 날아왔다. 그는 백제의 왕자(王者)로서 이름을 《우라》라고 하였
으며 기비의 관자(기비국의 우두머리라는 뜻)라고도 불렀다. 그의 두 눈은 호
랑이나 이리처럼 번쩍거리고 길게 늘어진 머리칼은 빨강기가 타는 듯 하였다.
1장 4척이나 되며 힘내기로는 당할 자가 없었다. 성격은 포악무도하고 흉악하
기 이를 데 없었다.

이윽고 그는 기비 이마끼산(니이야마)에 자기가 쓰고 살 성새를 갖추었다. 그
런데 그는 이따금씩 서쪽에서 수도에 보내오는 곡물이나 처녀를 강탈하기 때
문에 백성들은 두려워 떨며 그가 있는 성을 기노죠(귀신의 성이란 뜻)라고 부
르며 수도에 가서 그 폭행 형편을 하소연하였다. 조정(야마또국가)에서는 이
를 대단히 우려하여 장수를 보내여 치게 하였다.

《우라》는 변화무쌍하여 군사들은 매번 헛탕을 치고 패하여 수도에 되돌아갈
수밖에 없었다. 그래서 이번에는 무술과 지혜와 용맹이 겸비된 천황의 아들인
이사세리히꼬노미꼬또가 파견되였다. 미꼬또는 대군을 거느리고 기비국에
가서 우선 기비 나까야마(현재 이 산의 남서기슭에 기비쯔신사가 있다.)에 진
지를 구축하고 서쪽의 기따오까야마에 돌방패를 세워 공방전준비를 하였다.
(현재 구라시끼시 야따베 니시야마의 다데쯔끼신사는 그 유적이라고 한다.)
이렇게 하여 치렬한 싸움이 붙었다.

기비쯔히꼬가 막상 싸우자니 《우라》는 변화무쌍의 귀신인지라 싸울 때마다
공격이 뇌성벽력 같아 미꼬또도 쩔쩔매였다. 더우기 이상한 것은 미꼬또가
아무리 활을 쏘아도 화살이 귀신이 쏜 화살과 공중에서 부딪치거나 성벽바위

에 맞아 헛살만 켜는 것이였다. 이러자 미꼬또는 천근무게의 강궁을 가지고 화살 두 대를 먹여 쏘았다. 뜻밖에 동시에 날아오는 두 대의 화살에《우라》도 어찌할 바 모르다가 한 대는 바위에 또 한 대는《우라》의 왼쪽 눈에 명중하였다. 눈에서 흐르는 피줄기는 물처럼 흘러 찌수이강(血吸川-피흐르는 강이란 뜻; 오늘날까지 소쟈시 아소로부터 시작되여 아시모리강에 흘러든다.)이 되였다.

《우라》는 뜻이 꺾이여 꿩으로 변하여 산속에 숨자 기민한 미꼬또는 곧 매가 되여 이것을 쫓았다. 그러자《우라》는 잉어가 되여 찌수이강에 들어가 행적을 감추었다. 이어 미꼬또는 물고기를 잘 쪼아 먹는 물새가 되여 잉어를 물어 올렸다.

이렇게 되자 방책이 궁해진《우라》는 드디여 항복하여 자기의 고귀한 칭호《기비의 관자》를 미꼬또에게 바쳤다. 이로부터 미꼬또는 이사세리히꼬의 이름을 고치고 기비쯔히꼬노미꼬또라고 칭하게 되였다. 미꼬또는《우라》의 목을 따서 그 목을 현재 오까야마시 고베(首-일본말로 목이란 뜻)촌이라는 곳에 효수하였다. … (《기노죠》기노죠학술조사위원회 1980년 107~108페지)

이 전설이 일본의 립지에서 일본인들의 구미에 맞게 윤색되여 후세에 전해졌겠지만《우라》전설에서 기본 핵은《우라》이다. 큰 세력을 가진 《우라》가 기비땅에 정착하여 자기의 성새(산성)를 구축하여 살았다는 것이 설화의 알맹이이다. 뒤부분의 기비쯔히꼬노미꼬또 이야기는 후세에 첨가된 것이라고 본다. 왜냐하면 기비쯔히꼬노미꼬또라는 것은 실재한 인물도 아니며 도대체 기비란 이름 자체가 7세기 이전에는 없었기 때문이다.

그러면《우라》란 도대체 누구인가?

《우라》의 출신에 대해서는 백제, 신라, 천축(인디아) 등으로 해당한 고문헌들에 여러 가지로 전해오지만 여기서 공통한 것은 조선에서 건너간 걸출한 인물, 세력가라는 데 있다. 말하자면《우라》라는 조선에서 건너간 집단이 기노죠산에 본국에서와 마찬가지의 산성을 구축했다는 데 있다. 거대한 산성유적이 현실적으로 그것을 실증해준다.

필자가 맨 처음 이 설화에 접했을 때 두 가지 느낌을 가지게 되였다. 하나는 이 설화가 전적으로 조선적이라는 것이며 또 하나는《우라》의 이름 유래가 백제에서 나왔을 것이라는 생각이다.

《우라》와 기비쯔히꼬가 싸우면서 꿩이 되자 매가 되고 잉어가 되자 물새가 된다는 식의 설화내용은 동명왕(고주몽)의 조상이라고 하는 해모수와 류화의 아버지 하백과의 재주겨루기와 상통하다. 고려 중엽 때의 유명한 시인이며 관료로서 리규보라는 학자가 있었다. 그는 몽골침략자들이 고려에 쳐들어올 때 생존한 사람으로서 많은 글을 지었다. 그가 지은《고금상정례》라는 글이 있어 고려가 유럽에 앞서 세계에서 맨 먼저 금속활자를 주조 사용하였다는 것을 알 수 있게 한다.

그의 문집을 묶은 것이《동국리상국집》이다. 그 책의 3권《고률시 동명왕편 병서》에 바로 해모수와 하백이야기가 실려 있다.

그 내용은 해모수가 하백(물귀신)의 딸인 류화와 좋아해서 물속에 하백을 찾아간 것으로부터 시작된다. 하백은 해모수가 자기소개를 한 다음 찬찬히 그를 보니 과연 이목구비가 단정하고 신귀하게 생겼다. 하백은 말하였다.

《그대가 상제(上帝)의 자손이라 하는데 마땅히 분신술로 재주시험을

할지어다!》

《좋다!》

말을 마치자마자 하백은 몸을 부르르 떨어 잉어가 되어 물결 속을 헤엄쳐 갔다. 그리자 해모수왕은 잠간사이에 수달로 변하여 하백이 멀리 가기도 전에 붙잡았다. 그러자 잉어의 몸 두 겨드랑이에서 날개가 돋쳐 훨훨 날아가는 것이었다. 하백은 꿩이 된 것이다. 해모수 역시 가만있지 않았다.

그는 꿩을 잡아먹는 큰 새매가 되어 창공높이 날더니 급강하하여 무섭게 덮쳤다. 바빠 맞은 하백은 땅에 내려 사슴이 되어 달아났는데 이번에는 이리가 되어 쫓아갔다. …

《우라》 전설과 비슷한 내용은 《삼국유사》에 수록되어 있는 《가락국기》의 김수로와 탈해와의 다툼장면에서도 볼 수 있다.

《… 탈해는 바다를 건너왔는데 키가 석 자요 머리둘레가 한 자였다. 기쁜 듯이 대궐을 찾아와서 가야왕에게 말하기를 《내가 왕의 지위를 빼앗고저 일부러 왔노라.》 하니 왕이 대답하되 《하늘이 나를 명하여 왕위에 오르게 하고 장차 국내를 안정시키며 인민들을 편안케 하려고 한지라 하늘의 명령을 저버리고 왕위를 내놓을 것이 못되며 또 우리나라와 우리 백성들을 너에게 맡길 수는 없다.》 하였다. 탈해가 말하기를 《그렇다면 술법으로 경쟁을 해볼 판이다.》, 하니 수로왕이 《좋다!》고 하였다.

이러고서 잠시 동안에 탈해가 매로 화하니 왕은 독수리로 화하였다. 다시 탈해가 참새로 화하니 왕은 새매로 화하였다. 바로 이럴 즈음에 순식간도 못 지나 탈해가 본래의 몸으로 돌아오니 왕도 역시 그렇게 회복하였다. 탈해가 그제야

항복을 하면서 말하기를《제가 바로 술법으로 다투는 판에서 매에게는 독수리로, 참새에게는 새매로 되셨지마는 죽음을 면케 된 것은 이야말로 성인의 살륙을 싫어하는 어진 덕으로 해서 그러함이 아니오리까. 제가 왕을 상대하여 임금자리를 다투기는 진실로 안 될 일이라고 생각합니다.》라고 선뜻 작별을 하고 나갔다. …》

신라와 가야에 전해진 김수로와 탈해와의 싸움이야기는 고구려 건국설화의 영향에서 비롯된 것이라고 보아진다.

설화내용을 통해서도 알 수 있듯이 우라전설의 기본 틀거리는 조선설화에 연원을 두고 있다. 그럴 수밖에 없는 것이 이 산성을 쌓은 것이 조선사람이고 주인노릇을 한 사람 역시 조선사람이였기 때문이다. 전설내용이 조선의 삼국시기에 널리 알려진 이야기였다는 것은 상기 전설내용 하나만 보아도 잘 알 수 있다.

조선의 설화가 이곳(기비 기노죠)에 전해온다는 것 자체가 의미심장한 것이다.

《우라》는 곧 백제왕호《어라하》에서 나왔을 것이다. 당나라 령고덕채 등이 찬한《주서》[周書]118(이역전)에 의하면 백제왕의 성은 부여씨이며 호는《어라하(於羅瑕)》라고 하는데 백성들은《건길지》라고 부르는 바 중국말로 모두다 왕이란 뜻이라고 하였다. 그리고 왕비 역시《어륙》이라고

118《주서(周書)》는 당 태종이 정관(貞觀) 3년(629) 영고덕채(令狐德棻) 등에게 양(梁), 진(陳), 제(齊), 주(周), 수(隋)나라 등의 역사를 편찬하게 명해서 만든 역사서다. 정관 10년(636)《북제서》, 《양서》, 《진서》, 《수서》와 함께 동시에 완성되어 왕실에 바쳐졌다. 주서는 북주(北周) 우문씨가 건립한 주조(周朝:557~581)의 역사를 기전체로 기록한 역사서다.

한다고 밝히였다.[119] 《어라하》의 《하》는 《라》에 해소되기 쉬우며 《어》와 《우》는 전화되기 쉽다. 따라서 《우라》는 본래 《어라하》이던 것이 《어라》, 《우라》로 된 것으로 리해된다. 다시 말하여 기노죠산성에 전해오는 《우라》전설은 가야나 백제에서 건너간 세력의 우두머리를 백제식으로 어라, 우라─임금 즉 《왕》이라고 부른 것일 수 있다.

기비쯔히꼬에게 효수를 당하였다는 《우라》는 원쑤나 적이 아니라 기비쯔신사의 제사신으로, 신주로 받들린 인물이라는 점이 필자의 흥미를 끌었다.

상기 우라전설은 《오까야마현 통사》(상편)와 그것을 축소한 《기비군지》(상권) 등 여러 자료들에 실려 있다. 《오까야마현 통사》(상편 156페지)에 실린 《빗쮸지》와 쯔즈미(鼓)신사에 전하는 신사고기(神社古記)에도 우라전설이 자세히 전해온다. 기비쯔신사의 정전(正殿)내부의 외진(外陳)에는 네 모서리에 각기 방향에 따라 신주가 있는데 그중 한 모서리에 《우라》를 제사신으로 모셨다. (《기비군지》 상권 192~193페지) 때문에 《우라》를 다르게는 일명 《우시도라(동북방향)온자끼》라고도 부르는 것이다.

《우라》는 기비쯔신사의 정전에만 제사신으로 받들린 것이 아니라 하쯔도꾸신사를 비롯하여 여러 군데의 사당들에서 받들리고있다. (《기비군지》 상권 196페지)

최근의 조사에 의하면 《우라》와 관계되는 신사가 기비쯔신사의 주변

---

119 "(백제는) 왕성이 부여씨로서, 호를 어라하라고 하는데, 백성들은 건길지(鞬吉支)라고 부르는데, 중국말로 모두 왕이란 뜻이다. 그 부인은 어륙(於陸)인데, 중국말로 왕비라는 뜻이다.(王姓夫餘氏, 號於羅瑕, 民呼爲鞬吉支, 夏言竝王也. 妻號於陸, 夏言妃也)" 《주서》〈이역 백제〉

에만도 13개씩이나 된다는 것이 판명되였다. (《기노죠》 1980년판 109페지) 여기에는 《우라》를 제사지내는 사당뿐아니라 지어 《우라》의 아들이나 동생을 제사지내는 사당 그리고 그 신하를 제사지내는 사당까지 있는 것이 확인되였다고 한다.

오까야마현 쯔구보군 기비정(吉備町)에 있는 기비애어회(吉備愛御會)에서 1969년에 발행한 비매품 등사본 《기비의 우라왕기전(吉備之溫羅王紀傳)》에 의하면 《우라》를 제사신 즉, 우라신(溫羅神)으로 받든 신사는 명백한 것만으로도 니이야마(二伊山)신사, 히다께궁(日細官), 미사끼(御崎)신사, 히사시야마(日差山)신사, 고이가미신사 등 여러 곳이다. 물론 이밖에도 하쯔도꾸(波津登改)신사와 우시도라온자끼(艮御崎)신사 등 《우라》를 제사신으로 받든 신사는 많다. 그리고 인위적으로 실재하지 않은 기비쯔히꼬를 제사지내는 신사도 많다.

상기 쯔즈미신사와 야또리(箭取)신사처럼 《우라》 관련 신사도 많고 가야가 전화된 아라(荒)신사도 비일비재하다. 지어는 본래 《우라》를 제사지내던 것이 다른 신사와 합사(合祀)하게 되여 없어진 것도 있다.

《우라》는 순전히 가공한 인물로는 볼 수 없게 한다. 《우라》의 목을 땄다는 인물을 제사지내는 기비쯔신사에 그도 제사신으로 모셔져 있다는것, 또 기비지방에 《우라》를 오래동안 제사지내는 신사들이 적지 않았다는 것은 《우라》가 옛 가야국의 권세 높은 왕자(王者)의 한 사람이였을 것이라고 생각하게 한다.

《우라》의 전설을 기재하고 전하는 《연기》는 기비쯔신사의 유래이자 곧 신관 가야씨의 조상유래기였다.

그렇다면 기노죠산성의 축조자이며 거기에 자리 잡았던 《우라》의 아야기는 가야씨의 조상설화가 아니겠는가. 가야씨의 조상이야기이기 때문에 그것이 신사 《연기》의 중요 이야기거리로 전해온 것이라고 생각되는 것이다. 바로 《우라》가 가야국 가야씨의 조상이기 때문에 기비쯔신사의 정전(정궁)에 제사신으로 모셔졌으며 기비쯔신사를 중심으로 한 지역 일대에 예로부터 《우라》숭배의 신앙이 토착화되여 전해내려 왔던 것이다. 말하자면 기비쯔신사는 가야쯔신사이며 가야국 가야씨의 조상을 제사지내는 사당이였다고 결론지을 수 있는 것이다.

《우라》전설에서 놓치지 못하는 것이 《우라》와 《아라메(安良女)》와의 관계이다. 《기노죠연기사》에서 기노죠산성의 주인인 《우라》가 사랑한 녀자가 아소(산성의 근처, 가야군 아소향)의 아라메(아소의 녀자라고 하여 아소메라고도 한다.)였다. 아라메는 아라의 녀자란 뜻으로서 바로 후에 《우라》의 처가 된다. 가야의 정치적 중심지는 아소지구였다.

《연기》에 전해오는 사실을 그냥 그대로 따를 수 없으나 산성의 주인이며 백제에서 건너갔다는 《우라》가 가야(아라)의 녀자를 사랑하고 그를 처로 삼았다는 내용은 이 일대가 옛 가야국이였으며 후에 백제세력이 뻗친 사실들과 결부시켜 볼 때 무시 못할 사실을 전해준 것이라고 생각하게 한다.

《모모따로》전설

기노죠산성과 관련하여 아주 흥미 있는 사실이 있었으니 그것이 바로 《모모따로》전설이다

《모모따로(桃太郎)》란 복숭아 아이라는 일본말이다. 이 전설은 일본

전국에 퍼진 국민적 전설로까지 승화되어 오늘에 이른다. 하지만 이 전설이 일본 각지 어디에나 있는 것이 아니다. 기비-오까야마현이 전설의 원산지라고 해야 할 것이다.

먼저 민간에 전해오는《모모따로》전설의 요점들을 보기로 한다.

옛날 기비에 아이 없는 늙은 부부가 살았다. 어느 날 로파가 강에서 빨래를 하는데 웃쪽에서 커다란 복숭아(모모-桃)가 내려왔다. 로파는 기쁜 마음으로 그것을 가져다 바깥주인과 먹으려고 칼을 대자마자 복숭아 안에서 옥동자가 나왔다. 늙은 부부는 하늘이 준 것이라고 하면서 복숭아 안에서 나온 내 아이란 뜻에서 아이이름을《모모따로》(따로는 사내아이란 뜻)라고 지었다. 아이는 커갈수록 인물 좋고 힘장사로 용맹을 떨치었다.

그러던 어느 날《모모따로》는 바다건너 어떤 섬에 도깨비들의 소굴이 있어 백성들을 못살게 굴고 있으니 이를 쳐 없애야겠다고 의사표시를 한다. 늙은 내외는 처음에 눈물을 흘리고 만류하였지만 그의 굳센 의지를 꺾지 못하여 길 량식으로 수수경단(기비단고)을 만들어준다. 《모모따로》는 칼을 차고 길을 떠났는데 한참 가다가 꿩을 만났다. 꿩은 당신의 허리에 찬 수수경단을 주면 당신의 부하가 되어 원쑤를 족치겠노라고 맹세를 한다. 《모모따로》가 길을 가다나니 이번에는 개가 나타나서 같은 말을 한다. 그 다음에는 원숭이가 나타난다. 이렇게《모모따로》는 꿩, 개, 원숭이 등의 부하를 거느리고 배를 타고 섬에 이른다. 도깨비들은 마침 술을 처먹고 있었는데 개, 꿩, 원숭이가 정찰을 하여 문지기를 까눕혔다. 구체적 정찰보고를 받은《모모따로》는 도깨비들을 몽땅 요정[了定]120 내고 항복을 받는다. 《모모따로》는 그리운 고향땅 기비에로 돌아온다.

이 전설이 얼마나 일본사람들에게 침투되였는지 일본의 국조(國鳥)가 꿩이 되게 한 결정적 요인으로 되였다고 할 정도이다. 다시 말하여 꿩이 일본의 국조가 될 수 있는 정서적 감정에 크게 작용한 전설이였다는 사실이다. 현재 일본의 최고 화폐단위인 1만¥에 까투리와 장끼 두 마리의 꿩이 그려져 있어 국조로서의 지위를 부각시키고 있다.

그리고 현재 오까야마현 오까야마시의 철도역 앞 광장에는 수십 년 세월《모모따로》전설을 형상한《모모따로》와 꿩, 개, 원숭이의 동상이 세워져있어 기비-오까야마를 상징하는 창작품으로 널리 알려져 있다.

《모모따로》전설의 알맹이는 기비지방의 강자가 꿩, 개, 원숭이를 거느리고 바다건너 시꼬꾸섬의 사누끼(까가와현)지방의 땅을 들이쳐서 항복을 받았다는 력사적 사실의 반영일 것이다. 거기에 오까야마현의 특산품인 수수경단과 복숭아가 삽입 윤색되여 우화적으로 각색되였다고 보아진다. 기비(吉備)의 지명은 수수(기비)에서 유래된 것으로 보아진다. 수수나 벼 등 오곡생산이 활발하였던 기비지방의 특성이 반영되여 기비단고(수수경단)소리가 덧붙여진 것이다.(《일본에서 조선소국의 형성과 발전》279~280폐지)

그런데 여기서 재고할 문제는《모모따로》로 상징되는 기비의 강자는 정말로 꿩이나 개를 데리고 바다건너 시꼬꾸섬의 사누끼지방을 쳤겠는가 하는 것이다.

물론 꿩이나 개가 부대를 따라갈 수 없다. 아마도 꿩이나 개 그리고 원숭이의 이름을 단 부곡민 부락의 병사집단이 따라갔을 것이다. 그것이

---

120 요정(了定) : 결판을 내어 끝낸다는 뜻이다.

모모타로 전설화(1804 회본보칠종). 꿩, 개, 원숭이가 등장한다.

과장되어 우화적으로 각색되였을 것이다.

기비 즉 오까야마현 일대에는 지금도 옛 부곡의 이름에 유래한 지명과 그러한 성씨를 가진 사람들이 많다. 꿩은 수렵을 전문으로 하는 도또리베 (鳥取部)로, 개는 호위와 정찰을 맡아하는 이누가이베(犬養部)로 볼 수 있다. 《모모따로》로 상징되는 기비의 강자는 이러한 부곡민들을 기본무력으로 삼고 크지 않은 바다를 건너가 맞은켠 시꼬꾸섬 지역을 평정하여 또 하나의 가야국을 만들었던 것이다. 그것이 시꼬꾸섬 사누끼의 가야소국이다. (《일본에서 조선소국의 형성과 발전》 279~288페지)

《모모따로》의 정체는 기비 가야국의 권력이 최대로 발휘되던 시기의 전제권력자였을 것이다. 다시 말하여 후에 보게 될 기비 가야국의 쯔꾸리야마(조산-造山)무덤이나 쯔꾸리야마(작산-作山)무덤의 축조시기에 세또내해 맞은 켠 지역에 대한 정벌사업이 있었다고 보아진다. 《모모따로》가 기비 가야국의 최대권력자였음은 지금도 민간전설에 《모모따로》가 기비쯔히꼬로 전해오는 것으로도 알 수 있다.

기비쯔히꼬는 8세기경에 기내 야마또정권과 가야국의 가야씨에 의하여 조작된 인물이다. 따라서 그를 제사지내는 기비쯔신사란 실상은 강국 가야씨의 조상을 제사지내는 신사이다.

《모모따로》가 기비쯔히꼬라는 것은 곧 《모모따로》가 가야국의 유력했던 조상의 한 사람이였다는 것을 시사해준다. 실례로 《우라》를 제사지내는 기비쯔신사에는 기비단고(수수경단)가 오래전부터 만들어져 중세기의 노래에도 나온다고 한다.

기노죠산성을 발굴하고 그에 기초하여 고증을 한 오까야마현의 력사가들은 《… 기비쯔궁의 경내에서 경단 같은 것이 특산물로 팔리웠던 것을 생각하면 기비단고의 원산지는 옛 오까야마시 교외의 기비쯔(1971년 1월 오까야마시에 편입)가 아니였던가를 생각케 한다.》고 하였다(《기노죠》기노죠학술조사위원회 111페지)

기비쯔신사의 경내에는 오랜 옛날부터 《고마이누》(犯犬, 高麗犬, 고마의 개 즉 조선개)라는 토속물을 팔았는데 《고마이누》는 기비쯔히꼬 또는 《모모따로》에 수행한 개에 유래한다고 전해온다. 그 개는 《이누가이베》의 전설에서 오는 것으로서 기비쯔신사 주변에는 《이누가이》를 칭하는 가호들이 현재도 많다.

한때 내각총리를 한 바 있는 오랜 정당 정치가이며 1932년 5. 15사건 때 급진적 청년장교들의 습격에 사살당한 이누가이 쯔요시(犬養毅 1855~1

이누카이 쓰요시(犬養毅).

932년) 역시 니와세번(오까야마현 니와세)의 향사(시골무사) 이누가이 겐자에몽의 아들이였다는 것은 너무나도 유명하다.

이 모든 사실들은《모모따로》야말로 기비쯔히꼬이며 기비쯔히꼬는 기비 가야국의 권력자였다는 것 그리고《모모따로》와 관련이 있는 여러 자료들 례하면 수수경단, 개 등이 기비쯔신사와 그 주변에 있다는 것은 그것을 잘 보여주고 있다. 겸해 말하면 원숭이는《고께》를 비롯한 다까하시강 상류의 오까야마 산골에 서식하는 대표적인 짐승이라는 것을 참고해야 할 것이다.

이상이 기노죠산성의 개략이다. 남쪽분지를 향한 성벽에 대표단일행 모두가 함께 서서 쯔꾸리야마(作山)고분을 비롯한 대규모 고분떼를 부감하노라니 갑자기 기노죠산성에 대하여 처음 알게 된 일이 생각났다.

1978년 여름 우연히 주간《요미우리》의 별책 특간호(1976년《고대왕조의 수수께끼에 도전한다》)를 보게 되였다.

거기에 실린 사진들 속에 기노죠를 소개하는 글이 사진설명에 붙어있었다. 기노죠산성 설명자는 고고학자인 모리(森浩一) 도시샤대학 교수였다.

모리 교수는 기노죠산성의 존재에 대하여《소쟈 무덤떼를 남긴 집단이 조선식 산성을 가지고 있었다는 것은 종래의〈야마또조정과 지방호족〉이라는 대치법의 력사관에 있어서는 청천벽력이였다.》(《고분과 고대문화 99의 수수께끼》삼쁘북스 1976년판 215페지)고 하였다. 일본학계에서 기노죠산성의 축조시기를 5세기경으로 보면서 이와 같은 대담한 소리를 한다는 것 자체가 용기 있는 것이고 귀중하다.

한마디 더한다면 우리 공화국학자대표단이 기노죠를 찾은 다음 총련의 조선학교들에서 원족을 비롯한 여러 기회에 기노죠산성을 많이 찾는다고 한다. 조선대학교 력지학부를 찾았을 때도 학생들이 기노죠를 찾았다고 들었다. 조상이 남긴 유적 유물을 탐방한다는 것은 아주 좋은 일이다.

하지만 어떠한 립장과 관점에서 조선유적을 찾고 림하는가 하는 것이 더 중요하다. 일본학자들이 말하는 대로 야마또정권이 7세기 이후에 축조하였다는 거짓말을 곧이곧대로 들을 바에는 찾을 필요가 없다. 요컨대 주체를 세워 고대일본에 건너간 조선문화를 대하여야 하는 것이다. 우리가 기노죠를 찾고 그에 대한 론문을 발표해서인지 우리의 견해에 공감을 표시하는 사람들이 늘어나고 있다고 하니 다행한 일이다.

기노죠산성 발밑에는 조선적 유물들이 가득 드러난 고분들이 몰켜있다. 기노죠산성과 나아가서 이 땅(기비 가야군 일대)의 조선적 성격과 결부되므로 조선물건들이 나온 고분들에 대해서도 한두 개 훑어보는 것이 필요할 것이다.

기비지방에는 전일본적으로 4번째로 크다는 쯔꾸리야마(造山)고분이 있다. 여기에는 6기의 배총이 있다. 그 배총 가운데서 사까끼야마(木神山)고분이 있다. 여기서는 많은 량의 도검, 구슬류들과 함께 6개의 청동제 말모양 띠고리가 나왔다. 청동제 말모양 띠고리는 일본에서 유일무이한 것으로서 완전히 조선제이다. 일본의 일부 학자들 가운데는 이 말모양 띠고리가 센조꾸(千足)고분에서 나왔을 것이라고 하지만 앞뒤의 련관관계를 따져볼 때 결코 그럴 수 없다.

경북 영천군 어은동에서 출토된 말모양 띠고리.(국립박물관)

또한 일부의 일본고고학자들은 이 말모양 띠고리를 조선 것이라고 말하기 싫은 데로부터 엉뚱하게도 《유라시아에 원천을 찾을 수 있다.》는 등의 허튼소리를 하고 있다. 이런 사람의 론리대로 한다면 말치레거리들은 모두 스키타이 같은 데서 그 근원을 찾아야 할 것이다. 하지만 사진으로 본 말모양 띠고리는 북방의 어느 것과도 비슷하지 않으며 그것은 조선제 그대로이다.

이러한 청동제 말모양 띠고리의 조선에서의 출토 례를 본다면 그 하나는 경상북도 영천군 어은동이며 또 하나는 경상북도 상주(尙州)와 선산(善山)에서 찾을 수 있다. 사까끼야마고분에서 드러난 띠고리와 상주무덤에서 드러난 띠고리는 재질, 형식, 형태에서 구별하기 힘들 정도로 서로 같다.

청동제 말모양 띠고리는 또 현재 평양의 조선중앙력사박물관에 4점이 전시되여 있다. 고조선의 수도였던 평양에서 출토된 이 말모양 띠고리는 상주, 선산, 사까끼야마의 말모양 띠고리와 너무나도 흡사하다.

사까끼야마고분의 무덤언덕 서남쪽(현재 밭)에서 조선-가야계통의 도질토기의 쪼각이 나왔다.

1981년에 드러난 도질토기란 고식(古式) 수에끼 쪼각과 원통 하니와 쪼각인데 그중 2점에는 가야에 고유한 《삼각형내사선입무늬》가 들어있

238

다고 한다. 수집자는 원통 하니와의 편년으로 보아 고분 축조시기는 430년부터 450년 사이라고 한다. 쯔꾸리야마(조산)고분의 축조시기가 5세기 전반이라는 것과 결부시켜 볼 때 매우 흥미 있는 사실자료이다.

기비 가야국은 여러 개의 소국들을 거느리고 있었다. 그러한 대표적 소국이 가라소국이다. 오늘의 오까야마현 죠도군은 고대시기에 가미쯔미찌(上道)라고 불렀다. 북쪽은 아까이와군, 동쪽은 오꾸군, 남쪽은 고지마반도에 접하며 요시이강과 아사히강의 2대하천류역의 충적평야에 위치한 곡창지대이다. 오늘의 오까야마시가 거의 전부 옛 죠도군을 차지하였다.

죠도군은 9개의 향(鄕)을 다스렸다고 하는데 가라우수(唐臼) 가라우도(唐人), 나라하라(栖原)를 비롯하여 조선계통 지명이 한 벌 뒤덮인데다가 조선유적과 유물의 집결지이기도하다.

죠도 일대에는 조선식 산성도 있다. 기노죠산성처럼 크지는 않지만 여러 기의 조선식 산성이 있다. 대다라(大多羅) 지명이 있는 언덕에 게시고산(芥子山)이 있는데 본래는 가라꼬(韓子)산이라고 불렀다는 곳이다. 여기에 있는 기비쯔오까가라끼신사(吉備津岡辛木神社)의 가라끼는 본시 가라끼(韓城, 加羅城)에서 나왔다. 현재의 오까야마시 구사가베에 위치한 오오메구리 고메구리산(일명 쯔이지산)에도 조선식 산성이 있다. 산성은 2개의 산을 련결하여 쌓은 조선식 산성이다. 산성은 성곽둘레가 3.5km에 달하는 비교적 큰 산성이다.

이렇게 죠도(가미쯔미찌)에는 가라소국이 있었다. 이 소국이 가라라고 하는 것은 옛 기비군에 있던 가야소국과 달리 가라라는 지명이 압도적으로 많았고 또《일본서기》의 임나관계 기사와의 대비 속에서 그렇게 본 것이였다. 죠도고을 일대에 있던 옛 지명들과 산성, 고분들은《일본서기》

임나관계기사와의 대비고찰을 통하여 그 내용이 확증되였다. 그리고 무엇보다 확정적인 것은 《일본서기》(10권 응신 22년 9월조)와 《국조본기》에 실린 자료들에 기비 가야군(국-임나)과 죠도군의 조상이 같다고 한 것이다. 즉 《가야노구니노미야쯔꼬(가야국)는 가미쯔미찌노미야쯔꼬(죠도국조)와 조상이 같다.》고 한 것이다.

필자는 이렇게 기비 가야소국의 존재를 지명의 조사로부터 시작하여 고문헌의 기록과 고문헌에 전해오는 전승들, 대규모 고분과 산성의 존재와 조선계통 유물들의 고증을 통하여 기비가야소국을 확인하였다. 이어 《일본서기》임나관계기사와 합당되는 가라소국, 신라소국의 존재를 립증하였다.

이처럼 움직일 수 없는 자료를 가지고 기비 가야소국과 신라소국을 확인한 데 기초하여 론문을 발표하였다. 그것이 앞서 말한 바 있는 과학백과사전출판사에서 발행하고 있는 《력사과학론문집》(11권 1985년)에 실린 《서부일본 기비지방의 조선계통 소국에 대하여》이다.

기비 가야소국에 대한 글을 쓴 것이 1984년으로서 지금으로부터 28년 전이였다.

필자는 고심어린 탐구 끝에 집필한 론문 초고를 마무리하고 그것을 국제토론회마당에서 《〈임나일본부〉의 위치》라는 론문 제목으로 발표하였다.

론문발표가 끝난 다음 공개토론이 있었다. 상정된 의정들인 ① 고구려 동명왕릉은 고구려시조왕의 무덤인가 장수왕의 무덤인가, ② 안악3호 무덤의 피장자문제, ③ 고구려부처의 변천과 특색, ④ 왜 및 임나에 대한 문제, ⑤ 고구려벽화무덤의 시작년대 등이 활발하게 론의되였다. 연구발표

내용은 요강 및 전문이 《조선신보》, 《조선시보》, 《교또신문》에 수시로 실려 보도되었다.

토론이 거의 끝날 무렵 당시 일본학계의 소장파이라고 할 수 있는 사까모또와 니시다니가 광개토왕릉비문에 나오는 왜가 기내 야마또에 있는 왜가 아니라 북규슈에 있는 왜라고 하는데 야마또의 왜가 아니라는 근거가 있는가, 북규슈의 왜라고 했는데 북규슈의 어디인가, 기비지방에 조선식 산성인 기노죠 등이 있다고 하더라도 5세기의 기비는 기내 야마또의 통제하에, 그 영향하에 움직였고 기노죠도 바로 기내 야마또에 의해 축조되었다는 등으로 언쟁을 걸었다.

필자는 언권을 요청하여 5분간 발언하였다.

《첫째로, 광개토왕릉비문에 나오는 왜가 야마또의 왜라고 하였는데 그래 고고학적으로 그것을 증명할 수 있겠는가, 야마또의 사회군사적 단계라는 것은 서부일본을 통합 못한 단계에 처해있다. 고고학적으도 볼 때도 무로노오오하까(室大墓), 찌노오까(乳岡)고분 등이 주술적 색채가 강한 유물들을 부장한 것들인데 이것을 보고 어떻게 야마또의 정권이 조선에 군사출병할 사회경제적 상태에 있었다고 할 수 있겠는가.

둘째로, 야마또정권이 서부일본을 통합하였다고 하면서 그 실례로서 인덕(仁德-다이센), 응신(應神-곤다야마) 두 왕릉을 들었는데 이 두 초대형고분이 과연 5세기 초에 존재해있었는가. 우리가 알기에는 다이센, 곤다야마고분이라는 것은 대체로 5세기 말~6세기 초의 축조로 안다. 아리야마, 야쭈(野中)고분을 보아도 그것은 일목료연하다.》

총련의 《조선신보》는 토론회내용을 대서특필하였으며 1986년 10월 15일부 《조선시보》(일문판)는 《《임나일본부》는 일본의 기비지방에, 공화국학자 발표》라는 큰 제목으로 토론회소식을 전하였다.

일본신문들도《고구려와 일본고대문화》,《경시 못할 깊은 관계》,《임나는 일본의 기비》라는 큰 제목을 걸어《북조선 측은 약 20년 전에 발표한 〈고대일본이 조선 진출한 것이 아니라 조선삼국이 일본에 각기 분국을 만들었다.〉고 하는 〈분국론〉을 근간(根幹)에 두고 있었음은 명백하다. … 북조선의 젊은 연구사가 자세한 자료를 기초로 〈조선반도 남부의 가야에 있었다고 하는 임나는 일본의 기비현 오까야마현을 가리킨다〉고 하는 설을 발표, 일본 측과 티각티각하였다. 이것은 북조선 측의 연구의 방향과 자신심의 표현이고 단순하게 분국론의 찬부(贊否)에 그치지 않고 근년 우리나라(-일본)에서 출토가 늘고 있는 조선적 유물이나 유적을 어떻게 받아들이겠는가, 문화전파와 사람의 이동에 대한 견해를 일본 측에 들이댄 것이라고 말할 수 있다.》(《산요신문》1986년 11월 17일 등)고 하였다.

이렇게 우리 학계가 제기하고 고증한 기비《임나일본부》에 대한 발표가 끝났다. 기비《임나일본부》주장을 담은 론문을 공식적으로 선보인 셈이다.[121]

기비 가야(임나)소국의 위치는 밝혀졌으나《일본서기》임나관계기사에 나오는 가야 주변에 이웃한 나머지 시라기(신라), 고마(고구려), 구다라(백제)는 어디에 있었는가, 이것 역시 밝혀져야 할 문제들이다. 그리고

---

[121] 이처럼 북한의 조희승 등은 김석형이 1963년에 발표한 분국설을 심층 분석한 논문을 1986년에 발표했고, 이는 일본의 여러 언론에도 대서특필되었다. 그러나 남한의 강단사학자들은 임나일본부설을 근본에서 무너뜨린 이런 역사적 발표 자체가 없었다는 듯이 거의 인용하지 않거나 근거없는 주장이라며 무시하고 있다. 일본인 식민사학자들과 같이 '임나=가야설'이 무너지면 남한 강단사학계의 근간이 흔들린다고 여기기 때문이다.

이 나라들을 해명한 다음 이 나라들과《일본서기》임나관계기사들과 대비고증하여야 하는 것이다. 이것이 해결된 다음에야《임나일본부》(미마나미야께)설을 타파하였다고 할 수 있다.

계속하여 기비 가야국 주변에 있던 여러 나라들에 대하여 간단히 보기로 한다.

기비 시라기(신라)[122]

《일본서기》임나관계 기사에서 제일 많이 그리고 중요하게 등장하는 것이 신라이다. 동시에 중애《천황》의 안해 신공황후가 진행하였다는《삼한정벌》가운데서 중요 공격국 역시 신라였다.

력대 일본의 중진학자들이라고 하는 여러 학자들은 에누리 없이《일본서기》임나관계기사에 나오는 신라를 조선의 신라로 믿어 의심치 않았다. 하지만 그것은 과녁이 빗나갔다. 왜냐하면《일본서기》에 나오는 해당 기사들이《삼국사기》(신라본기)를 비롯한 문헌자료와는 물론 물질적(고고학적) 자료와 전혀 맞지 않았기 때문이다. 조일 량국에 있는 자료들이 다소나마 비슷하게라도 맞아떨어지면 몰라도 완전히 차이나고 어긋나는 것이다.

이와 같은 사실은 기필코《일본서기》임나관계기사에 나오는 신라를 조선이 아니라 일본렬도에서 찾게 한다. 더우기《일본서기》임나관계기사에 나오는 가야(임나-미마나)를 기비지방에서 찾는 조건에서 신라소

---

122 신라(新羅)를 일본에서는 시라기라 부른다. 백목(白木)도 발음이 시라기이다. 일본에서 시라기라는 지명이나 성씨가 있으면 신라계가 살던 곳이나 신라계의 후예라는 뜻이다.

국 역시 가야소국과 가까운 곳 즉 린접한 장소에서 찾아야 하는 것이다.

그러면《일본서기》임나관계 기사에 나오는 신라소국은 어디에 있었던가. 결론부터 먼저 말하면 기비 가야국과 린접한 지대에 있는 요시이강 (吉井川) 동쪽에 위치한 오늘의 오꾸군(邑久郡) 일대가 시라기-신라소국이였다.

오늘의 오까야마시를 동쪽으로 요시이강이 흘러 오꾸군과 경계를 삼고있다. 요시이강 하류 일대에 사이다이지시(西大寺市)가 있다. 사이다이지라면 신목(神木)을 빼앗기 위한《하다까마쯔리(裸祭)》로 유명하다. 수백 명의 남자들이 하나의 신목을 빼앗기 위해 경합을 진행하는《하다까마쯔리》는 일본 전국적으로 유명하다.

그 사이다이지시의 동쪽 린접 일대의 바다가 일대가 신라소국으로 인정되는 고장이다. 여기에는 아니(安仁)신사와 아찌(阿知), 수에(須惠) 등 조선계통의 지명들과 조선유물들이 수많이 드러나는 고분들이 많다.

신라소국 역시 가야소국처럼 명백한 자료를 가지고 고증되여야 한다. 움직일 수 없는 력사문헌의 자료적 근거를 가지고 기비 신라소국의 존재를 증명하여야 하는 것이다.

일본정사의 기록으로서《속일본기(續日本記)》라는 것이 있다.《조꾸니혼기》라고 읽지 않고《쇼꾸니혼기》라고 읽는 이 책은《일본서기》에 계속된 칙찬사서(임금의 직접적인 지시로 만들어진 력사책이라는 뜻)이다. 일본상대의 력사책들인《륙국사(六國史)》의 하나로서 797년에 성립되였다. 697년부터 791년까지의 일본력사를 엮은 편년체 력사책이다. 일본 나라시대의 근본사료로 정평이 높다.《일본서기》앞부분 기사처럼 허황한 내용이 없다. 바로 이《속일본기》(15권 천평 15년-743년 5월 병인조)

에 기비 신라소국의 위치가 명백히 밝혀져 있다.

《비젠국이 말하기를 오꾸고을의 신라(新羅)가 자리잡은 오꾸의 포구에 큰 물고기 52마리가 떠내려 왔는데 길이는 2장 3척 이하 1장 2척 이상이더라. …》

기비의 나라를 구성하는 비젠국이 743년(천평 15년)에 중앙정부에 보고한 내용에 명백히 오꾸고을이 신라였음을 기록하고 있는 것이다.

기비지방에 대한 력사를 밝힌 책으로서 《비양국지(備陽國志)》가 있다. 여기서도 《오꾸군 우시마도의 물가에 시라꾸-신라라는 지명이 있는데 이는 곧 신라의 물가》라고 하였다. 기비의 고문서들을 묶은 책인 《기비군서집성(吉備群書集成)》에도 《시라꾸(우시마도촌) 이것은 신라의 문자이다. 옛날 신라사람들이 많이 오는 데로부터 옛 책에 나타나게 된 것이다. 신라를 시라기로 읽게 되였으니 시라꾸로 전화된 것이다.》라고 하였다. 오늘의 항구도시 우시마도(牛窓) 일대의 앞 바다가 《시라기의 오꾸노 우라》였다. 그리고 우시마도항의 북쪽 해안지대의 지명들이 시라꾸로 불리웠다.

상기 《오까야마현통사》(상편 231페지)의 필자는 《오까야마현 … 오꾸군의 동남방 우시마도(牛窓)부근이 신라사람들의 본거지로서 옛날에는 고시라꾸(古志樂), 시라꾸(志樂 혹은 師樂라고 쓰는데 新羅國의 뜻이다.), 신라포(新羅浦), 오꾸포(邑久浦) 등의 지명이 있다. …》고 하였다. 현대 일본고고학의 대발견이라고 하는 것으로서 시라꾸 식기가 있다. 그것은 조선식으로 바다물로 소금을 굽는 그릇(질그릇)이였는데 바로 신라

조선옷을 입은 하야시 라산의 초상화(교토대학
종합박물관 소장).

앞바다라고 하는 오꾸군 앞바다의 섬에서 첫 출토품(1929년)이 나온 데로부터 그곳 바다가 지명을 따서 시라꾸(신라)식 토기라고 명명하였었다.

《구사본기》라는 옛 책에 의하면 오꾸 일대에 오오호꾸국(大伯國)을 두었다고 하였는데《伯》는 하꾸, 호꾸라고 음으로 읽었으나 본래는 희다는 뜻인 시라, 시로로서 고대시기에는 시라(희다)라고 읽었다. 말하자면 《伯》(맏백)은 《白》(흰백)과 같거나 통하는 글자였다. 다시말하여《白國》란 하꾸의 나라, 흰나라, 시라(신라)의 나라라는 뜻이었다.

《신라앞바다》라고 해오는 오꾸고을에는 흥미있고 재미나는 전설이 전해져왔다.

하야시 라산(林羅山 1583~1657년)이라면 에도막부시기의 최대의 유학자로 알려져 있다. 불교와 유교를 동시에 공부하였는데 에도막부의 창시자 도꾸가와 이에야스를 만나 수재로서의 자기 재능을 과시함으로써 인정을 받은 사람이다. 에도막부시기의 유교 주자학을 수립하는 데 공로가 있어 막부의 관학(官學)확립에 아들과 손자를 거쳐 계승, 이바지한 것으로 하여 유명하다. 특히 그는 조선학자들인 서경덕이나 퇴계 리황 등의 학문에 심취되어 막부의 고위 인물들 앞에서 강의할 때는 의례히 조선옷을 입었으며 잠을 잘 때도 조선쪽을 향하여 다리를 펴지 않았다고 한다.

그러한 하야시 라산이 쓴 글로《본조신사고(本朝神社考)》라는 것이 있다. 이와나미 서점판《일본고전문학대계》본 제2권인《풍토기》에 수록되여 있어 누구나가 쉽게 구독할 수 있는 책이며 자료이다. 그것을 보면 다음과 같다.

> … 신공황후는 수미에신(오사까)의 권고에 따라 신라를 치기 위하여 야마또를 떠났다. 신공이 탄 배가 비젠 앞바다를 지나려는데 웬 큰 황소가 나타나서 배를 들이받아 뒤집어엎으려 하였다. 그러자 수미에신이 백발로인으로 변신하여 황소의 뿔을 잡아서 자빠뜨렸다. 이리하여 황소(우시)가 자빠졌다고 하여 그곳을《우시마로비》라고 하다가 후에《우시마도》가 되였다.

우시마도앞바다를 조선식으로 금해(錦海)라고 하는 것도 흥미 있을 뿐아니라 신공이 신라를 친다, 어쩐다 하는 장소가《신라의 포구》앞바다라고 하는 우시마도에 있었다는 것도 재미있다.

전설은 이에 그치지 않는다.

신라를 치러 가는 야마또의 배를 들이받은 황소는 사실 진륜귀(塵輪鬼)라는 괴물이 변신한 것이라는 이야기가 오래동안 그 바다에 전해왔다. 진륜귀는 머리가 8개나 있고 검은 구름을 타고 다니면서 신공의 남편 중애《천황》을 습격했다고 한다. 중애가 활로 진륜귀를 쏘아 맞히니 그의 몸과 목이 갈라져 하늘에서 떨어져 죽었다고 한다. 그런데 진륜귀 역시 중애를 활로 꼭같이 쏘았기 때문에 드디어 중애도 죽었다고 한다.

중애가 죽자 슬피 울던 신공은 외국인 같은 사람이 바다가로 도망치는 것을 발견하고 직접 활로 쏘아 맞혔다. 그러자 그 사람은 물속으로 사라지고 말았다. 이것이 곧 신라의 왕자 가라고또(唐琴)였다고 하며 그가 죽은 장소를 가라꼬(唐子)의 세또 또는 가라고또의 세또(瀨戸)라고 한다.

한편 가라고또의 왕자는 신공의 배에 위협을 준 황소의 정체였다고 하는 이야기도 있으며 진륜귀와 가라고또 이야기와 관련시켜《조선 유리공주 이야기》도 있다고 한다.

이 전설은 중세기 전 기간 여러 문서들을 통하여 전해왔다.《이 진륜귀전설은 상당히 오래전부터 널리 전파되였다는 것을 알 수 있다.》|《사상의 기비》(史上의 吉備) 하야따(早田玄洞) 1926년판 43페지)고 할 정도로 오래된 전설이다.

신라바다라고 하는 오꾸군의 바다(금해)에 전해오는 전설내용은《속일본기》와 같은 정사의 기록과 완전히 일치하며 조선 특히 신라적이다. 이러한 신라적 색채가 강한 전설들은 중요한 력사적 사실들을 반영한 것이다.

가라고또는 가라꼬(韓子)이며 가라꼬는 진륜귀이며 진륜귀는 곧 신라의 왕자라는 여기에 이 전설의 알맹이가 있다.

기비 가야국의 기노죠 조선식 산성의 주인《괴물》이 백제에서 간《우라》라는 왕자였다면 기비 신라소국으로 인정되는 오꾸고을의《괴물》은 신라의 왕자였다.

황소로 표현된 반야마또 세력(황소-진륜귀-가라고또-신라왕자)과 야마또 세력과의 마찰이 비젠 앞바다인 우시마도 앞바다에서 있었다고 보아지는 것이다.

오꾸군 일대에는 신라계통 조선이주민집단인 하따(秦)씨 사람들이 수많이 정착하였고 하따를 비롯한 신라계통 지명들이 적지 않게 붙박혀 있다. 더우기 조선(신라)계통 유적 유물들이 널리 분포되여있다.

우시마도에는 《가라꼬오도리》(조선춤)라는 춤이 예로부터 전해오는데 설명을 달기는 신공황후가 신라를 정벌해서 신라 어린이를 붙잡아온데로부터 생긴 것이라고 하지만 사실은 그런 것이 아니라 조선봉건왕조 시기의 통신사가 머물면서 생긴 유제이다.

아무튼 오꾸군 일대가 고대시기에 신라라고 불리워지고 신라사람들이 수많이 정착해 있었다는 것은 틀림없다. 그것은 지명과 고고학적 유적 유물들이 증명해준다.

기비의 구다라(백제)와 고마(고구려)

기비지방에서 구다라(백제)소국과 고마(고구려)소국의 위치를 찾는다는 것은 용이한 일이 아니다. 왜냐하면 조선에 앉아 일본렬도 내 소국(분국)의 존재를 증명하는 자료를 구한다는 것이 여간 힘들지 않았고 또 그와 관련한 명문 자료가 고스란히 있는 것도 아니기 때문이다. 고대시기에 있었던 조선소국의 발자취는 지명에, 고문헌에, 옛이야기에 반영되여 있지만 그것은 대개가 가리워지고 은폐되여 있으며 자기의 진 모습을 드러내놓지 않고 있다.

지난 날 (지금도 그러하지만) 일본언론계와 사학계에서는 기비를 《신비의 나라》, 《수수께끼의 고대국가》라고 불러왔다. 《세까이》잡지와 여러 화보들에 실린 사진과 짤막짤막한 해설문들은 기비를 정체모를 신비의

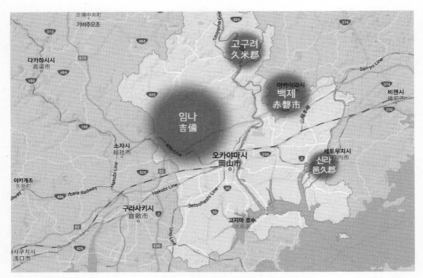

오카야마에는 고대 가야계(임나) 유적, 유물, 지명뿐만 아니라 임나와 각축했던 신라, 백제, 고구려 계통의
유적, 유물, 지명이 많다.

고대사회로 묘사규정하였으나 우리의 눈에는 너무나도 선명한 조선소국
가들의 집결처였다. 구다라(백제)와 고마(고구려)소국의 경우도 례외가
될 수 없다.

《일본서기》임나관계 기사에 신라의 서북쪽에 구다라가 있다고 하면
서 싸움이 잦은 것으로 기록되여 있다. 그러면 신라와 계속 싸움을 벌린
구다라(백제)는 어디에 위치해 있었는가.

오꾸군(邑久郡) 북쪽은 요시이강(吉井川)을 사이에 두고 아까이와군
(赤磐郡)과 와께군(和氣郡)[123]이 있다. 아까이와군은 본시 아까사까군과

---

[123] 1900년 행정구획 당시 아카이와군의 군역은 현재 오카야마현 북구(北區)·동구(東區)
과 요시이강 남쪽을 제외한 와케군 와케정(和氣町) 일부이다. 와케군은 옛 비젠국(備

이와나시군이 따로따로 있던 것을 합쳐서 생긴 고을이다. 아까사까군은 오늘날 아까사까정(赤坂町)의 이름으로 그 흔적을 엿볼 수 있다.

오늘의 아까이와군과 와께군 일대가《일본서기》임나관계기사에 나오는 구다라(백제)소국이였다.

구다라소국의 존재는 여러 가지로 증명이 되는데 가장 두드러진 것이 구다라의 지명유래이다. 몇 가지 실례를 들어 보기로 하자.

요시이강 류역인 오늘의 와께군 기다야마가따(北山方) 일대와 시오다(鹽田)라는 고장에《구다라》라는 지명이 붙박혀 있다. 1930년대의 행정적 지명으로는 미구니촌의 오오다라(三國村大字多麻字大多羅)이고 또 하나는 시오다촌의 오오다라(鹽田村大字北山方字大多羅)이다. 오오다라(大多羅)는 일명《百濟(구다라)》또는 거다라라고 하는데 그것은《居(거)》가 크다는 뜻이라면 거다라 즉《大多羅(대다라, 구다라)》로 되는 것이다.(《오끼야마현통사》상편 1930년판 230페지)

이에 대하여서는 아라끼 세이이찌(荒木誠 1885~1922년)라는 향토사가가 쓴《아까이와군지》(1940년판 301페지)에도 밝혀져 있다.

물론《대다라》라는 지명 모두가 구다라를 의미하는 것이 아니다. 어떤 것은 다다라라는 제철용송풍장치를 가리키는 말이 지명화된 것도 있고 어떤 것은 조선 지명을 옮겨온 것도 있다. 아무튼 대다라라는 지명은 조선과 밀접히 련관된 지명이였다.

와께군 일대에는 인베야끼(伊部燒)라는 질그릇 굽는 가마터 자리가 있다. 오늘은 비젠야끼(備前燒)라는 이름으로 고쳐졌다.

前國)에 속해 있었으며 현 비젠시(備前市)의 일부이다.

하지만 그 연원은 백제에 이어진다. 고대 인베의 제철가마터, 질그릇 굽는 가마터는 조선식 유적이 밀집해있는 와께군 구마야마(熊山)정 일대에 집중되여있다. 쭉 훑어보아도 40기가 넘는 질그릇 가마터의 존재를 알 수 있다.

인베야끼라고 하는 인베(伊部)는 고대 귀족들의 성씨를 기록한《신창성씨록》야마시로 제번 백제)이라는 책에도《백제국 내리오미의 후손》이라고 밝혀져 있다.

《일본서기》임나관계 기사에 나오는 고마(高麗-고구려)는 임나(가야)국의 위치에서 볼 때 북쪽에 있고 구다라와 시라기가 고마국의 남쪽 지척에 있었다. 공화국 학계가 가야국과 신라, 백제의 소국들을 기비지방에 정한 조건에서 고마소국 역시 가야나 구다라(백제)의 웃쪽에 있어야 한다.

기비 가야소국이 있던 웃쪽, 구다라 소국으로 밝혀진 아까이와군과 린접한 고을이 구메(久米)군이다.[124] 옛 구메군은 쌀 생산지로 유명한 쯔야마분지 일명 까가미분지와 요시이강과 아사이강을 낀 고장으로서 비교적 온화한 기후와 평야, 농사짓기에 유리한 관개수원천을 구비한 고장이다.

구메는 고마가 변화된 말이다. 어음적으로 볼 때도 구메=고마라는 것은 모음조화가 이루어져 그렇게 되었다고 일본의 어학자들은 말한다. 그리고 기다(喜田貞吉)를 비롯한 일본학자들은《구메는 구마의 전화된 말로서 고마히또(肥人)족이다.》(《오까야마현통사》상편 245페지)라고 주

---

124 구메군(久米郡)은 오카야마시 동북부 아카이와시 북쪽에 있는 도시다.

장한다.

또한 구메군에는 고구려 관련 지명들이 수많이 존재한다.

실례로 기비 고마국의 남쪽 끝으로 볼 수 있는 미쯔(御津)군에는 고구려에서 나온 《고려》라는 지명이 집중적으로 분포되여있다.

우가끼촌(宇垣村)의 고오라(산), 고마이(駒井, 高麗居), 작은 마을(字)로서의 고오라(河原), 가나가와정(金川町)의 고오라, 우에다께베촌(上建部村)의 웃 고오라, 아래 고오라가 있다. 이밖에도 고오라지(地), 고후라지(地)

조희승은 1990년에 펴낸 《일본에서 조선소국의 형성과 발전》에서 구메 일대에 고구려소국이 있었다는 것을 과학적으로 고증했다.

라는 지명이 많다. 그 지명들은 다 같이 고려(高麗 고오라이)에서 출발한 지명으로 추측하고 있다. (《아까이와군지》301페지) 현재 집결된 자료만도 구메군 남부의 미쯔군과 아까이와군 일대의 고구려계통 지명은 모두 17개 소를 헤아린다. (《가야사》323페지)

여기서 잠간 《아까이와군지》에 대하여 보고 넘어가기로 한다.

《아까이와군지》의 필자는 오까야마현 아까이와군 일대의 력사와 문화를 연구하고 집대성한 향토사가였다. 《오까야마현통사》를 쓴 나가야마 우사부로의 지도를 받으면서 향토사로서의 《아까이와군지》를 조사 집필하였는데 39살의 젊은 나이에 저승에 갔다. 그의 유고작을 모아서 편찬한 것이 《아까이와군지》이다.

그는 이 책에 고을 안에 있는 큰 마을, 작은 마을까지 샅샅이 뒤져서 다 밝혀놓았다. 말하자면 1945년 일제패망 전의 아까이와군 일대와 그 주변의 지명들을 다 기록한 셈이다. 따라서 여기에서 고구려지명 유제를 찾아낸 것은 실로 의의가 크다.

고구려 지명 유제는 고구려 소국의 유제이기도 하다. 소국명으로서의 고마(구메)와 함께 고구려로서의 고려(고오라이) 지명은 명실공히 구메 일대가 고마-고구려소국이였음을 보여주는 것이다.

공화국에서 1990년에 출판된《일본에서 조선소국의 형성과 발전》이라는 제목의 책에는 고고학적 자료, 고문헌 자료 등을 통하여 구메 일대에 고구려소국이 있었다는 것을 과학적으로 고증한 내용이 구체적으로 서술되여있다.

3. 《임나일본부》의 정체

일제가 《일본서기》 임나관계 기사에 임나(가야)와 시라기(신라), 구다라(백제), 고마(고구려)가 나오고 또 야마또 조정의 사신들이 이 나라들에 파견되였기 때문에 일본 야마또정권이 임나(가야)를 비롯한 조선의 남부지역을 지배하였다는 주장을 세우고 사이비학설인 《임나일본부》설을 조작하였다는 데 대하여서는 이미 앞에서 본 바이다.

공화국 력사학계는 이와 반대로 4~5세기에 일본렬도의 사회경제적 단계, 권력수준으로 보아 기내지방에 있던 야마또정권이 서부 일본도 통합 못한 상태에서 어떻게 바다 건너 조선에 몇 백년 동안 식민지 지배를 유지할 군사력을 보낼 수 있었겠는가, 그것은 탁상공론의 유치한 론리이며 황당무계한 주장이라고 일축하였다.

그러면서 일제어용학자들이 주장하는 광개토왕릉비문에 나오는 왜가 기내 야마또정권의 군사력이라는 판에 박은 견해는 절대로 성립될 수 없는 사이비학설이며 광개토왕릉비문에 나오는 왜의 정체는 조선과 가장 가까운 위치에 있어 크지 않은 바다 하나를 건너면 쉽게 오고갈 수 있는 북규슈의 북단 이또지마반도에 있던 가야계통 왜소국이였다는 것, 여기에는 가야계통의 지명과 유적 유물, 조선식 산성이 있다는 것, 그리고 4세기 말~5세기 초 광개토왕릉비문에 반영된 대전쟁시기의 마구류를 비롯한 선진 공농구들이 묻혀있다는 것 등을 들어 론증하였다.

이렇게 일본학자들이 주장하는 조선의 가야에 《임나일본부》가 있었다는 것은 과학적 자료로써는 도저히 증명할 수 없는 억지 공사였다.

그러면 《일본서기》 임나관계 기사에 나오는 《임나일본부》는 어디에 있었는가.

필자는 이제까지 《일본서기》 임나관계기사에 나오는 《임나일본부》는 기비지방에 있었다고 하면서 기비지방에 존재한 가야, 신라, 백제, 고구려소국들의 위치들에 대하여 피력하였다.

그렇다면 《일본서기》 임나관계 기사에 나오는 《임나일본부》가 어떻게 기비지방의 이 소국들에 반영되여 있는가. 이것이 해명되여야 《임나일본부》에 대한 마지막 탐구가 결속되게 되는 것이다.

《일본서기》 임나관계기사는 크게 웅략기와 계체기, 흠명기에 실려있다. 웅략기(雄略記)라는 것은 이른바 웅략《천황》 당대의 내용을 적은 것이라는 뜻이다. 계체기는 계체《천황》, 흠명기는 흠명《천황》의 기록 내용이다. 당시 이러한 《천황》이 있었는지 없었는지 알 수 없거니와 대부분이 조작되였다. 따라서 사료비판과 분석이 필요한 것이다. 125

---

125 《일본서기》는 역사서의 기초인 연대부터 맞지 않기 때문에 그 기술을 그대로 믿을 수는 없다. 빨라야 서기 3세기 이후에나 시작했던 야마토왜의 역사를 서기 전 660년으로 1천 년 가량 끌어올렸기 때문에 허구의 일왕들이 많다. 그래서 한 임금의 사적을 둘, 혹은 세 임금의 사적으로 나누어 서술했다는 학설도 유력하다. 그러나 일본인 식민사학자들은 일제강점기 때 《삼국사기》를 가짜로 몰면서 《일본서기》를 사실로 믿어야 한다면서 《삼국사기》를 가짜라고 억지를 부렸는데, 이 억지가 광복 70년이 지난 아직까지도 남한 강단사학계에서는 정설로 통한다. 동북아역사재단에서 국고로 번역 출간한 《일본서기》(3권)는 임나 관련 모든 지명의 위치를 한반도에 비정했는데, 이 번역본의 서문에서 연민수 등은 "《일본서기》의 진정한 가치는 《일본서기》가 고대인들에 의해서 편찬된 고대의 사서라는 점에 있다. 《삼국사기》는 고려시대, 즉 중세인의 시각에서 본 고대의 역사라고 할 수 있다."라고 말했다. 연도조차 맞지 않는 《일본서기》가 고대인이 편찬한 진정한 고대사이고, 《삼국사기》는 중세인이 편찬한 것이기 때문에 《일본서기》보다 그 가치가 떨어진다는 것이다. 그러나 그들이 인용하는 《일본서기》가 연대부터 맞지 않는다는 사실은 물론 720년에 편찬된 원본이 아니라 무수한 손질을 거쳐서 《삼국사기》보다 훨씬 후대에 묶여진 것이라는 사실은 말하지 않는다. 반면

웅략기, 계체기, 흠명기에 나오는 임나관계기사의 내용 특히 거기에 반영된 인물과 지명들에 대한 고증은 기비《임나일본부》의 위치와 실체를 확증해준다. 이에 대하여 간단히 해석해보기로 하자.

먼저 웅략기의 내용부터 보자.

《임나일본부》관계기사의 사실을 알리는 인물들은 기비출신 유게베노 오오조라(吉備弓削部虛空)와 또 한 명의 기비출신 시모쯔미찌노 오미 사끼쯔야(吉備下道臣前津屋)의 등장으로 시작된다. 이들 기비출신 인물들이 야마또의 왕에게 반감을 갖게 되자 야마또의 왕(이른바《천황》)은 이들, 기비씨일족 70명을 잡아죽인다. 그 다음 다사 파견문제와 신라정벌기사가 나온다.

다사 파견문제란 야마또의 왕이 자기 신하인 기비노 가미쯔미찌 노오미 다사(吉備上道臣多佐)를 임나국사로 파견한 것을 말한다. 말하자면 기비의 성씨를 가진 다사라는 사람을 임나국사로 파견하였다는 이야기인데 임나는 가야이고 국사(國司)란 지방(국)의 행정사업을 보는 우두머리라는 뜻이다.

이에 앞서 다사는 자기 동료들에게 자기 안해를 미인이라고 뽐내였는데 야마또의 왕이 그것을 엿듣고 다사를 멀찍이 임나(가야)에 파견하면서 그 틈에 다사의 처 와까히메를 가까이 하였다. 이에 반감을 가진 다사는

1971년 공주에서 출토된 백제 무령왕의 지석은 무령왕의 사망을《삼국사기》와 같은 523년 5월이라고 정확하게 일치했다. 그럼에도 남한의 상당수 강단사학자들은 연도조차 맞지 않는《일본서기》를 일관되게 옹호하고 있다. 이영식 교수는《일본서기》에 대해, "현대적 국가의식을 배제할 수 있는 방법은 오히려《일본서기》로 다시 돌아가는 일이다. 객관적인 사료비판을 통해 관련 기술을 다시 보는 일이 무엇보다 중요하다. 그러나 우선은《일본서기》의 기록을 있는 그대로 보는 태도도 필요하다.《우리 역사를 의심한다》강만길 외 지음)"라고 말하고 있다. 이영식의 논리대로 사료비판을 생략하고《일본서기》를 보면 고구려·백제·신라·가야는 모두 야마토왜의 식민지가 된다.

신라에 들어가려고 하였다. 그때 신라는 야마또의 말을 듣지 않았다. 그리하여 야마또의 왕은 기비노아마베아까오(吉備海部赤尾) 등에게 지시하여 신라를 치게 하였다.

임나국사가 된 다사는 기비의 가미쯔미찌(上道, 오늘의 오까야마현 죠도군) 사람이고 그의 안해(와까히메) 역시 기비지방의 가미쯔미찌노오미의 딸 혹은 기비 구보야노오미(오까야마현 구보야군)의 딸이다. 가미쯔미찌(죠도)는 오늘의 오까야마시 주변이고 구보야군은 오늘의 구라시끼시 일대이다.

쯔우군과 구보야군이 합쳐져서 쯔구보군이 되였다.

《임나일본부》설을 근거 짓는 《유력》한 《일본서기》(웅략 7년~5세기)의 이 기사에서 나오는 다사 관계기사의 대부분 인물들이 모두가 기비 오까야마현 사람이다.

5세기라는 이른 시기에 기비라는 지방명, 나라명이 있을 리 만무하지만 가미쯔미찌요, 구보야요 하는 기비지방, 고을 이름들은 다 같이 8세기 《일본서기》편찬 당시의 고을명들이였다.

왜 이다지도 임나관계 기사들에 등장하는 주요 인물들에 기비의 이름을 가진 사람이 많은가. 그것은 임나문제란 바로 기비의 임나(가야)관계 기사였다는 것을 실증해주는 것 외 아무것도 아니다. 흥미있는 것은 야마또의 왕이 신라를 치게 한 기비 아마베아까오가 문헌과 지명 등 조선의 그 어디에도 없지만 그것이 기비에 지명화되여 있다는 것이다.

오늘의 오까야마현 아까이와군 구마야마정(熊山町)은 우리가 기비 구다라(백제)소국이 있던 곳으로 보는 고장의 하나이다. 이 구마야마정(熊山町)에 아까오야마(赤尾山)라는 크지 않은 산이 있다. 산의 가까운 장소에 조선 유적과 유물이 있는 오오모리산(大盛山)이 위치한다. 구마야마정 아래쪽 요시이강 동쪽에 있는 아까이와군 세또정(瀨戶町)에 유게(弓削)라는 지명이 있다. 유게는 앞서 본 기비노유게노오오조라의 그 유게이다. 기비는 오까야마현이다.

일본학자들의 말대로 한다면 유게아무게와 아마베아까오를 조선에서 찾아야 할 텐데 조선에는 그들 이름이 편린 자체도 없는데 어떻게 되어 기비지방에 그들의 이름이 지명화되였는가.

필자는 기비 임나설을 주장하며 모색하던 중 우연히 어떤 잡지에서 아까오라는 지명을 오까야마 땅에서 보게 되였다. 그리하여 오까야마현의 지도를 이렇게도 훑어보고 저렇게도 뜯어보면서 그것을 확인하게 되였다. 정말 신통하게 딱딱 들어맞는 것이 신기할 정도였다.

다음으로《일본서기》임나관계기사에는 야마또정권이 신라정벌에 기노오유미노 수꾸네와 오오도모노 무로야노무라지 두 장수를 대장으로 삼고 임나(가야)에 파견하였다고 하였다. 그런데 기노오유미가 상처를 해서 시중드는 녀자가 없다고 하소연하였다. 야마또의 왕은 야마또에 와있는 궁녀(우네메)인 기비노가미쯔미찌노우네메 오오시아마(大海)를 후처로 삼게 하여 신라에 들여보낸다. 하지만 그의 남편 오유미는 싸움에서 공로를 세우지만 병환 때문에 전장에서 죽는다. 그의 안해 오오시아마는 남편의 주검을 가와찌(오사까)의 다와무라는 마을에 안장해준 오오도모노 무로야노무라지에게 신세갚음으로 가라(韓)의 노비인 무로, 에마로, 오도마로, 미구라, 오구라, 하리 등 기비 가미쯔미찌의 가시마다마을의 가인부[家人部]의 노비 6명을 섬겨바쳤다.

어째서 기노오유미가 자기는 상처해서 전장에 나갔어도 자기 몸을 거들어줄 사람이 없노라고 하소연하자 그에게 곧 야마또에 있던 기비 가미쯔미찌(上道 죠도군)출신인 궁녀 오오시아마를 데리고 가게 하였던가. 그것은 바로 오오시아마가 적대국인 신라의 지척인 죠도 즉 가라사람이었기 때문이다. 죠도가 가야-임나국을 구성한 가라소국이였다는 것은 앞에서 이미 보았다.

요시이강을 사이에 두고 동쪽이 오꾸-신라이다. 임나가라를 도와 신라를 치는 기노오유미에게 가라소국 죠도 출신인 우네메 오오시아마를 주는 것이 여러모로 편리하였기 때문에 그를 주었다고 보아진다.

그리고 상기 6명의 가라노비 이름들은 다 같이 일본식으로 지명화된 이름들이다. 《일본서기》에도 그들은 기비 죠도(군)의 가시마다마을(蚊嶋田邑) 가인부(家人部)의 노비라고 하였다.

죠도군에는 가지향(촌), 대다라(大多羅)에 후세(布施)신사가 있다. 이 신사의 소장문서에 의하면 이곳에 게시고야마(芥子山)라는 산이 있는데 이 산이 바로 가시마야마(蚊島山)라고 한다. 《오까야마현통사》(207페지)에 실린 자료내용을 인용하면 다음과 같다.

… 상기 6명의 이름 중에 에마로, 오또마로는 형제의 이름이다. 고구라, 미구라, 하리, 무로는 지명에 즈음한 이름으로서 지금 게시고야마의 북쪽에 무로(室)라는 장소가 있다. 또한 게시고야마의 남쪽에 메구로(目黑)라는 곳이 있다. 메구로는 미구라(御倉)를 가리키는 말이다. 구라(倉)라는 것은 계곡(谷)을 가리키는 말이다. 구나, 구라는 다 같이 계곡(谷)을 가리킨다.

구라(倉)를 구로(黑)라고 잘못 말한다. 메구로(目黑)도 게시고산의 계곡이다. 본래는 구라(倉)라고 하였다. …

요컨대 죠도의 가시마야마(蚊島山)는 오늘의 게시고산(芥子山)이며 가시마야마(蚊島山)는 오늘(1930년 현재)의 죠도군 고쯔촌(향) 큰 마을(大字) 슈꾸(宿) 아래에 작은 마을로서의 가시마다이다.

그리고 무로(室) 역시 무로야(室山)로서 그 지명 유제가 남아있다. 미구라(御倉) 역시 앞서 본 것처럼 메구로(目黑)로서 지명으로 남아 전한다.

다음으로 계체기에 나오는 인명과 지명을 보기로 한다.

계체기에서 중요한 것은 가라의 다사와 고몬의 위치 그리고 다다라 등 네 개 마을의 위치와 네 개 현의 위치 및 웅천과 다섯 개 성의 위치를 밝히는 것이다.

왜냐하면《임나설》을 주장하는 일본학자들이 계체기에 나오는 기사들의 이 지명들을 사실과 맞지 않게 조선에 어방대고[대강 짐작으로 헤아린다는 뜻] 갖다 붙였기 때문이다.

그러나 계체기에 나오는 임나관계 지명을 조선이 아니라 서부 일본 기비지방에서 다 찾을 수 있다. 실례로 다사와 다다라 등도 기비 죠도(가미쯔미찌)에서 찾을 수 있는데 다사는 앞서 본 다사(多佐)의 이름에서 유래된 지명으로서 그것은 오늘의 아사히강과 요시이강 사이를 흐른《수나가와》라는 강 이름이었다.《수나가와》란 모래사(砂)와 내천(川)을 쓰는데 본시 다사(多沙, 濘沙)강이라고 썼다. 임나국사로 파견된 다사(多佐, 多沙, 帶沙)에서 유래된 강이름이다. 세월의 흐름 속에 다(多, 帶)가 빠지고 모래사(沙, 砂)만이 남았다.126

---

126 다사(多沙)를 동북아역사재단에서 국고로 간행한《역주 일본서기 1》은 경남과 전남의 경계인 섬진강 하구 부근(하동지방)이라고 비정하고 있다. 다사는《일본서기》신공

다다라(多多羅)와 와다(和多) 등에 대한 지명 역시 기비지방 죠도에 있다. 앞서 본 바 있는 게시고산 일대에 다다라(大多良)라는 지명이 있고 요시이강 기슭에도 다다벌(多田原)이 있다. 다다벌은 다다라가 전화된 지명이다.[127]

50년조에 따르면 백제왕이 구저를 사신으로 보내 조공을 바치면서 "만세에 이를지라도 어느 해인들 조공하지 않겠습니까?"라고 하자 신공이 "너의 말이 훌륭하다."면서 다사성(多沙城)을 내려주었다고 나오는 곳이다. 이에 대해 《역주 일본서기 1》은 "〈河東郡, 本韓多沙郡 … 嶽陽縣, 本小多沙縣.〉이라고 나온다."면서 《일본서기》에 나오는 다사성을 하동지방이라고 비정했다. 이들은 주석서를 내면서도 원문 해석은 하지 않는다. 해석하면 "하동군은 본래 한다사군이다. … 악양현은 본래 소다사현이다."라는 것이다. 그런데 '한'과 '소'자는 어디론가 떼어버리고 뒤에 남은 '다사'만을 가지고 하동군으로 비정하는 것이다. 그러니 원문 해석을 덧붙이면 '한다사군과 소다사현이 왜 다사냐?'고 의문을 제기할지 모르므로 해석은 제공하지 않는 주석서를 내는 것이다. 신공 50년은 서기 250년인데 일본인들과 남한 강단사학자들은 주갑제를 동원해서 120년을 더해서 370년의 일이라고 해석한다. 그럼에도 불구하고 문제가 생겼다. 370년은 신라 내물왕 15년이고 백제 근초고왕 25년인데, 이때 백제가 경상도 남부 하동까지 차지했다고 볼 수는 없었기 때문이다. 그러나 일본과 남한의 강단사학계에는 불가능이 없다. 《역주 일본서기 1》은 "백제가 다사진(多沙津)을 확보한 것은 6세기경의 사실로, 여기에는 이론이 없다. 따라서 왜가 백제에게 다사성을 하사하였다는 신공황후 섭정 50년 하5월조의 기사는 6세기 백제가 다사진을 확보한 역사적 사실이 4세기 중엽의 사실처럼 소급, 투영되어 삽입된 것으로 판단한다."라고 설명하고 있다. 북한 학계의 주장처럼 다사성이 일본 열도 내의 지명이라고는 절대 생각하지 않는다. 《일본서기》에 나오는 지명들은 한반도에서 찾아야 하는 것이 남한 강단사학계의 도그마다. 그런데 4세기에 백제가 경상남도까지 차지했다고 볼 수는 없다. 그러니 6세기 때 일을 4세기 때 일로 소급해서 썼다는 것이다. 그 증거는? 물론 없다. 있는 것은 머릿속 전제이고 상상력 뿐이다. 이것이 역사인가? 소설인가? 나발인가? 그 당시 국가도 형성하지 못했던 야마토왜가 백제에게 경상도 땅을 하사한다는 것이 말이나 되겠는가? 그러면 이 기사는 거짓이거나 일본 열도 내에서 분국, 소국들 사이에서 벌어진 사건이라고 해석해야 하는데 남한 강단 사학은 절대 그렇게 하지 않는다. 그렇게 해석하면 이 시기 왜인들이 한반도 남부를 지배했다는 남한 강단사학의 도그마가 무너질 뿐만 아니라 일본 열도는 야마토왜가 지배하는 대신 가야·백제·신라·고구려인들의 각축장이 되기 때문이다. 남한 강단사학의 주장이 얼마나 허구인지는 황순종, 《임나일본부는 없었다》(만권당, 2016)를 일독하면 쉽게 알 수 있다.

127 《일본서기》는 신공 섭정 49년 "신라를 공격해서 깨뜨리고 비자발(比自㶱)·남가라(南加羅)·탁국(㖨國)·안라(安羅)·다라(多羅)·탁순(卓淳)·가라(加羅) 7국을 평정했다."고 나온다. 여기에 임나를 설치했다는 것인데, 일본과 남한의 강단사학자들이 금과옥조로 여기는 구절이다. 신라를 공격해서 깨뜨렸는데 평정한 것은 정작 남가라·가라 등이라는

와다 역시 《아까이와군지》에 수많이 기록되어 있다. 죠도의 웃쪽에 있던 아까이와고을 일대에 지명화된 와다 마을이 가득하다.

《和田》라고 써서 와다라고 읽는 이 지명들은 조선에서는 도저히 찾을 수 없다. 그밖에 사다(裟陀)를 비롯한 계체기에 나오는 지명도 있다. 사다는 곧 사다(砂田)이다. 아까이와고을과 죠도고을 일대에 수많은 사다(砂田)마을

《일본서기》에 나오는 야마토왕조의 흠명(긴메이)천황(재위 539~571). 조희승은 웅략기, 계체기, 흠명기 등에 나오는 천황은 조작됐다고 말한다.

점에서도 《삼국사기》에서 말하는 신라나 가야에 관한 사실이 아님을 알 수 있다. 신공 49년은 서기 249년인데, 일본과 남한의 강단사학자들은 120년을 올려 369년의 사건이라고 주장한다. 이 해 《삼국사기》는 이러한 사건에 대해 전혀 기록하고 있지 않다. 그러니 《삼국사기》 초기기록 불신론을 제창하고 《일본서기》가 사실이라고 주장한다. 일본인들과 남한 강단 사학자들은 이들 지명을 모두 남한 지역에 비정한다. 동북아역사재단의 《역주 일본서기 1》은 탁국을 "현재 경북 경산지역 또는 창녕 영산지역으로 비정되고 있다."고 말했다. 그런데 그 논리가 "『일본서기』 계체천황 21년 (537) 6월조에 신라에 의해 멸망한 가야제국에 탁기탄국(喙己呑國)이 보인다."는 것뿐이다. 《일본서기》 계체조에 '탁기탄'이 보이는 것과 《일본서기》 신공조에 점령했다는 탁국이 경산, 창녕 영산이라는 주장과 무슨 상관성이 있는가? 여기 나오는 다라(多羅)에 대해서 《역주 일본서기 1》은 "현재 경남 합천이다. 《삼국사기》 지리지에 「江陽郡, 本大良州郡, 今陜州」라고 나온다."라고 주석을 달았다. 해석하면 "강양군은 본래 대량주군인데, 지금의 합천이다."라는 것이다. 《삼국사기》의 대량주군(大良州郡)이 왜 《일본서기》의 다라(多羅)가 되는지 설명이 없다. 더군다나 《삼국사기》는 량(良)자는 다른 본에는 야(耶)자로 되어 있다고 했다. 대야군(大耶郡)이라는 것인데, 이에 대해서도 전혀 설명이 없다. 그래서 북한의 김석형은 "이와 같은 일본학자들의 비정은 억지를 면치 못한다. 당시의 야마토 군대가 경상, 전라 두 도를 무인지경으로 돌아쳤다고 전제하고 그 일대 고지명에 비슷한 글자가 여러 글자 중에서 하나라도 있으면 주어맞춘 것에 불과하다.(김석형, 《초기조일관계사(하)》)"라고 비판했다. 이를 남한 강단사학계의 임나 위치 비정에 적용하면 맞다. 오히려 "(남한 강단사학은) 당시의 야마토 군대가 경상, 전라 두 도를 무인지경으로 돌아쳤다고 전제하고 그 일대 고지명에 비슷한 글자가 여러 글자 중에 하나도 없어도 우긴 것에 불과하다."라고 해야 명실이 상부하다. 일본 열도에 있었던 곳을 남한에서 찾으니 억지를 쓸 수밖에 없었던 것이다.

이 있다.

요컨대 계체기 임나관계 기사 지명들은 요시이강과 아사이강 주변에서 찾을 수 있다.

흠명기는《일본서기》흠명《천황》기사라는 뜻으로서 여기에《임나일본부》에 대한 결정적 기사가 나온다.

웅략기와 계체기, 흠명기에 나오는 임나관련 기사에 등장하는 40~50명에 달하는 인물들 가운데서 기비지방 출신 인물이 태반을 차지한다. 그리고《임나일본부》의 장관 즉 주인공이 기비사람이라는 사실이다.《일본서기》에는 임나국사나《임나일본부》의 사명을 지닌 인물이 다 같이 기비사람이었다는 것을 전하고 있다. 임나국사는 기비 가미쯔미찌(죠도) 사람인 다사이고 흠명기에 나오는《임나일본부》의 장관 역시 기비사람이다. 흠명기(2년 4월조)에 나오는《임나일본부》는 기비노오미(任那日本府吉備臣)로서 이름이 없다.

재삼 언급하자만 웅략기요, 흠명기요 하는 조작된《천황》의 시대인 5~6세기에 기비라는 지방국명은 없었다. 하지만 8세기《일본서기》편찬 당시에는 기비라는 지방국명은 있었으며 그 시점에서 본 임나관계기사의 내용은 조선에서 있었던 사실을 적은 것이 아니라 서부 일본 기비지방에서 임나(미마나-가야), 시라기(신라)를 비롯한 조선소국들과 기내 야마또정권 사이에 있었던 사실들을 서술하였다는 것을 알 수 있게 해준다.

기비노오미(기비의 장관)가 기비지방에서《임나일본부》를 하였다는 것-이것이《일본서기》임나관계기사의 실체였다. 다시 말하여《임나일본부》라는 것은 가야(임나)국에 설치된 일본부(야마또노미꼬또모찌)라는 뜻인데 일본(야마또)이란 말과 부(府-미꼬또모찌)라는 말은 그 당시

(5~6세기)에는 없었다. 그것들은 8세기《일본서기》편찬 당시의 개념이
였다.

서부일본을 통합하는 과정에 야마또정권은 자기의 대리인을 기비지방
에 있던 가야(임나)에 보냈던 것이다. 그것도 그곳 실정을 잘 아는 기비지
방 토호출신 인물들을《임나국사》혹은《임나일본부》로 임명 파견한 것
이다.

《일본서기》임나관계 기사에 나오는《임나일본부》라는 것은 기비지방
임나가라에 설치된 야냐마또정권의 전권대표격인 행정적 출장기관 또는
그 기관을 책임진 관리였다. 이것이 기내 야마또정권이 파견한《임나일
본부》의 실체이고 정체였다.

《임나일본부》의 실체가 과학적으로 해명됨으로써 일본 땅에 있었던
《임나일본부》를 조선의 남부지방에 있었던 것으로 외곡 조작하여 저들
의 침략적 본성을 가리우고 야마또 민족의 우월성을 론증하려고 하였던
일제의 죄악에 찬 력사와 아직도 사이비학설을 정설처럼 고집하는 일본
인들의 후안무치함과 도덕적 저렬성은 세계의 면전에서 낱낱이 까밝혀지
게 되었다.

※   ※

일제가 패망한 지도 근 70년을 가까이 한다.[128]

과거 일제가 우리 인민에게 저지른 특대형 반인륜범죄는 력사에 전무후무한 것으로서 우리 인민의 가슴속에 원한의 응어리로 남아있다.

그런데 일제가 외곡 조작하여 조선침략과 조선민족말살의 리론적 근거로 악용하였던 《임나일본부》설은 그 허황성, 비과학성이 낱낱이 까밝혀졌음에도 불구하고 아직까지도 일본사회에 유령처럼 배회하고 있다. 각급 력사교과서들에서는 계속 종전대로의 반동적 《임나설》을 고집하고 있으며 자라나는 청소년들은 과거 《임나일본부》설이 왜 나오게 되였는지 또 그 위험한 독소가 어떤 것인지도 잘 모르고있다. 문제는 이와 같은 위험한 사상독소가 형태를 바꾸어 지금도 살아 숨쉬면서 자라나는 청소년교육과 교양에 나쁜 영향을 주고 있다는 사실이다.[129]

이러한 실정은 필자로 하여금 통칭 《임나설》이라고 부르는 이 사이비학설이 어떠한 사회력사적 배경하에서 나오게 되였고 그것이 디디고 선 《학술적 근거》란 것이 얼마나 허황한 것인가에 대하여, 기비 가야국의 실체에 대하여 력사전문가가 아니더라도 알기 쉽게 이야기할 수 있는 글이 있어야 한다는 마음속 충동을 느끼고 이 글을 쓰게 되였던 것이다.

마감으로 필자가 일본학자들을 비롯한 해외동포들과 남조선의 력사학

---

128 이 책은 2012년 12월 평양출판사에서 발행한 것이다.

129 사실 '임나일본부설' 즉, '임나=가야설'의 페해는 일본 사회보다 남한 사회가 더 크다. 가야를 고대 왜인들이 지배했다고 주장하기 위해서 '교역기관', '외교기관' 등의 성격 논쟁으로 그 본질을 희석시킨 후 '임나=가야'라고 주장하기 때문이다.

자들에게서 받은 질문과 그에 대한 대답을 적는다.

그들은 필자에게《일본서기》임나관계기사의《임나일본부》의 위치를 기비지방으로 정하였는데 그것은 당사자가 기비출신이였기 때문에 그렇게 하였는가고 질문하였다.

요컨대 이것은 필자가 기비출신이기 때문에 기비에 대하여 잘 알고 있고 또 기비지방에 가야계통의 유적 유물이 많기 때문에 그것을 기화로 기비 임나설을 제창하였다는 말이다.

사실 그러한가. 다시 말하여 필자가 기비지방 출신이였기 때문에 기비 임나설을 주창하게 되였는가 하는 것이다.

《임나일본부》가 기비지방에 있었다는 것은 엄연한 과학으로서 그것은 조작된 것이 아니다. 필자의 출신여부에 관계없이《일본서기》의 해당한 기사(기록)내용이 기비의 여러 곳에 있는 지명과 고문헌자료, 고고학 자료와 맞아 떨어지는 것이다. 그러한 자료는 필자가 지어내거나 만들어 갖다 붙인 것도 아니였다. 그것은 천수백년이 넘는 오랜 세월 전해져온 것이다. 필자는 그것을 찾아내여 옥과 석을 갈라내고 하나로 꿰매여 기비임나설을 과학적으로 론증하였던 것이다.

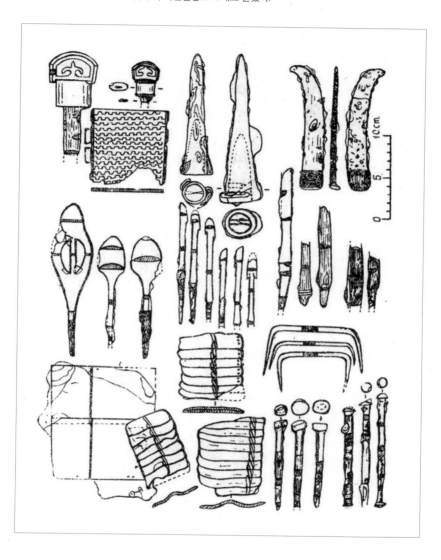

가야의 발전모습을 보여주는 철기류.

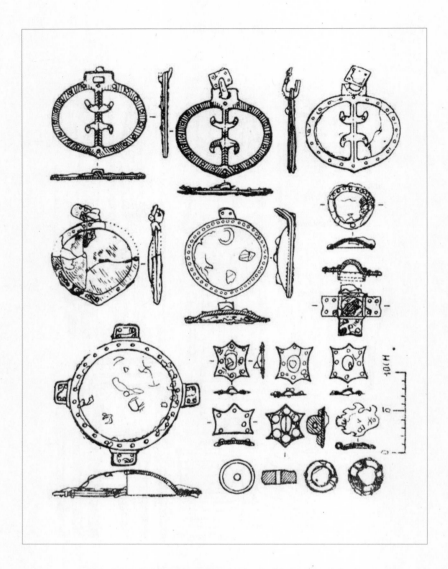

가야 마구류의 발전상을 보여주는 유물(고령 지산동 45호무덤 출토).

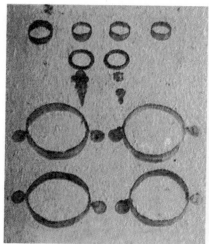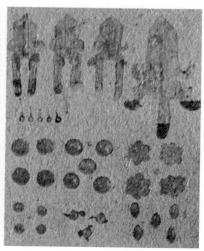

가야의 금관과 금장식류(고령가야 출토).

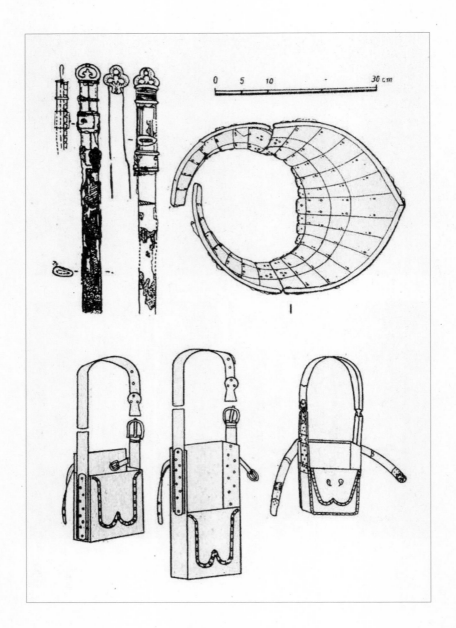

가야의 무기와 화살통.

강력한 기마대의 모습을 엿볼 수 있게 하는 고구려 고국원왕릉(4세기-안악3호무덤) 벽화.

처음으로 탁본을 일본에 가져간 군사탐정 사까와(왼쪽),
그가 가져간 탁본, 인위적인 글자조작이 자행되었다.

프랑스 고고학자 샤반느가 찍은 광개토왕릉비(1907년).

日本古典文學大系
68

日本書紀 上

坂本太郎
家永三郎
井上光貞
大野晋 校注

岩波書店刊行

《일본서기》의 표지.

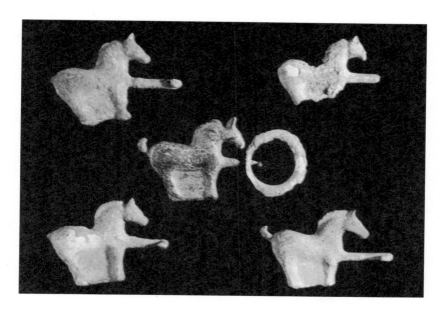

기비 사까끼야마고분에서 출토된 조선제말모양띠고리.

고조선의 말모양띠고리(평양출토-조선중앙력사박물관 소장).

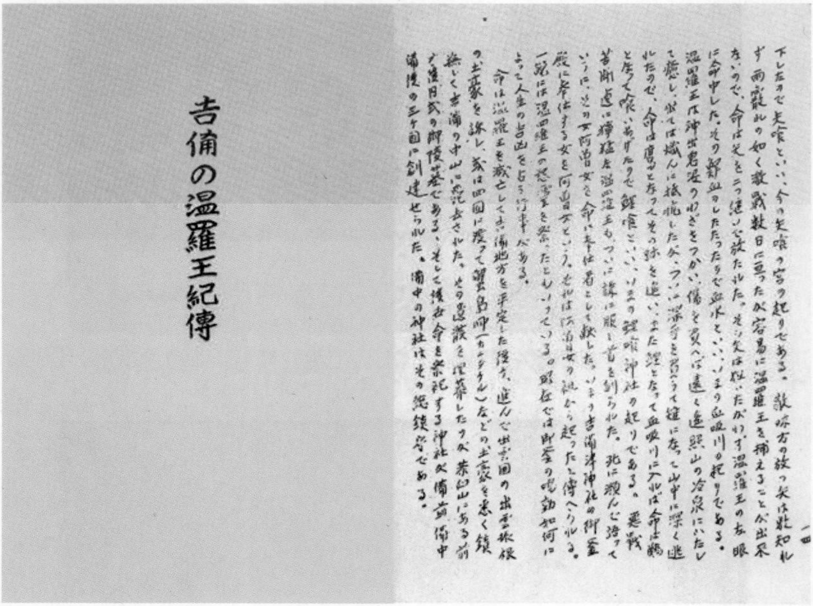

《우라》왕의 전설과 관련한 자료들을 모아쓴《기비의 우라왕기전》(오까야마현, 필사본)(왼쪽).
《기비의 우라왕기전》의 내용의 일부.

기노죠산성의 성벽.

기노죠 아래서 내려다보이는 쯔꾸리야마고분.

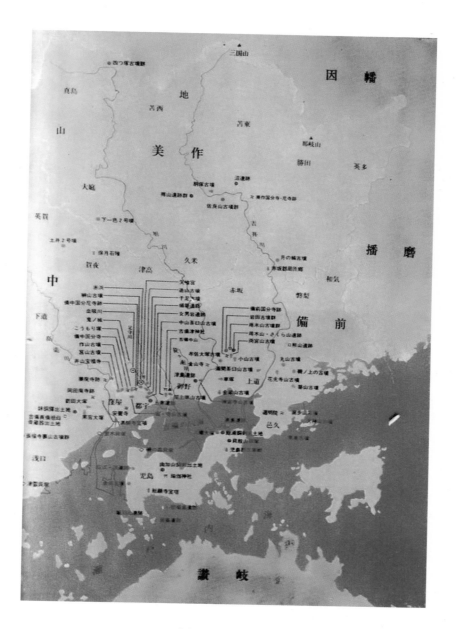

기비지방의 유적분포도.

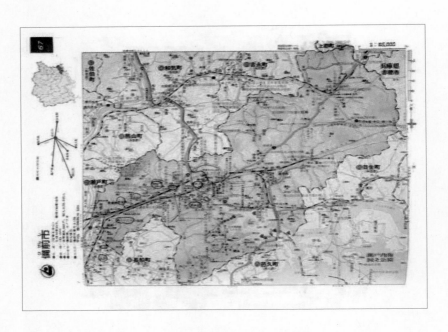

조선계통 지명과 유적이 밀집되여있는 오까야마현 비젠시 일대.

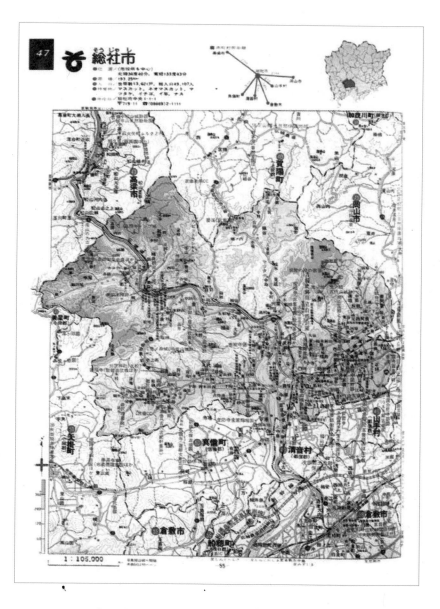

기노죠산성을 비롯한 유적들이 있는 오까야마현 소쟈시 일대.

国際シンポ「高句麗と日本古代文化」

「任那日本府」は日本の吉備地方に

共和国学者が発表

1986년 10월에 있었던 교또국제토론회를 보도한 당시의 신문자료.

284

일본군 참모본부가 창시한 임나일본부설

살수대첩의 살수는 어디인가?

2018년 9월에 열린 남북정상회담에 때맞춰 JTBC '이규연의 스포트라이트'는 북한 관련 두 특집프로를 방송했다. 9월 6일의 '대동강 탐사'와 9월 20일의 '묘향산 탐사'라는 특집프로였다. '대동강 탐사' 편에서 보여준 고층건물이 즐비한 대동강변 평양의 모습은 1990년 중반 '고난의 행군'이 각인되어 있던 남한 사람들에게 의외의 모습이었다. 남한이 돈줄을 죄면 북한은 곧 망한다던 남한의 숱한 북한 전문가들의 예언은 또다시 빗나갔다. 9월 20일의 '묘향산 탐사'는 서두에 '백두산, 손 맞잡은 남북정상', '화두에 오른 평화와 협력'처럼 남북화해를 기원하는 온갖 길상구(吉祥句)로 시작했다.

그러나 이규연 탐사기획국장 차량이 청천강에서 살수를 언급하면서 '평화와 협력'과는 다른 방향으로 흘러가기 시작했다. 을지문덕의 고구려 군사가 수나라 대군을 꺾은 살수(薩水)가 지금의 청천강이냐 아니냐

하는 문제였다. 자막에 "그대의 신기한 책략은 하늘의 이치를 다했고…
전쟁에 이긴 공이 이미 높으니 만족하고 그만두기 바라노라."라는 을지
문덕의 유명한 시구를 띄운 것까지는 좋았다. 이규연은 안내원에게 "살
수대첩에 나오는 그 강이 청천강이 아니에요?"라고 물었고, 안내원은 "아
니에요"라고 답했다. "을지문덕 장군의 (살수대첩이 아니에요?)"라고 재
차 묻자 안내원은 "아 … 그거보다는 (청천강은) 북측에서 이름 있는 강
중의 하나입니다."라고 얼버무렸다. 남측 손님을 대접하기 위한 배려로
보였다.

이규연은 "우리는 아직도 살수대첩의 현장이 이 청천강이라고 알고 있
는데 우리가 알고 있는 살수대첩의 현장이 북측에서는 아니라고 보는 거
죠."라고 말하고는 '청천강이 살수가 아니라면 과연 어디일까?'라는 의문
을 던졌다. 그리고는 곧 "우리는 역사학자 여호규 교수를 만납니다."라고
남한의 강단사학자를 초청했다. 한국외대 사학과 여호규 교수는 "북한학
계에서는 이 살수를 지금의 청천강으로 보지 않고 소자하 유역으로 보고
있습니다."라고 말했다. 이규연이 "살수가 중국에 있다고 보는 북한학자
들, 우리 학계의 입장은 어떨까요?"라고 묻자 여호규는 "우리 학계에서는
퇴각하는 수나라 군을 지금의 청천강, 여기서 전멸시킨 거로 보고 있는데"
라고 답했다. 그런데 고구려 살수를 지금의 청천강으로 보는 논리가 기발
하다. 여호규는 "살수라는 단어의 '살'이라는 것은 순 우리말인데요, 사실
은 '파르스름하다'는 뜻이에요. '살 맞는다', '파란 기운이 돈다' 그런 의미
를 갖고 있어요, '살'이라는 것을 한자어로 바꾸면 '푸를 청'이 되고요. 그래
서 이제 청천강이 되죠."

이것으로 끝이다. 북한에서는 왜 살수를 청천강이라고 보지 않는지 그

근거에 대한 보도는 생략했다. 서로 다른 견해가 있을 때 양측의 견해를 소개해야 한다는 언론의 기본 상식은 실종되었다. '우리 학계'라는 대명사로 남한 강단사학계의 견해만을 일방적으로 소개하고 끝맺는 방송을 보면서 예전 북한에서 아이스크림을 '얼음보숭이'라고 부른다고 비웃다가 자성하던 언론생각이 났다. 한글학회 지은 《큰 사전》에서 '살'에 대해서 찾아봤더니 여호규가 말한 그런 용례는 없었다. '살 맞는다'는 '살(煞)'에 대해서는 "사람을 해치거나 물건을 깨치는 독하고 모진 기운"이라고 설명하고 있었다. 설혹 '살'이라는 말에 푸르다는 뜻이 있다고 해도 살이라는 말이 청(靑)이라는 글로 전환되는 중간 과정에 대한 자료 제시가 있어야 학문이다. 시청자들이 궁금했던 것은 북한학계는 왜 살수를 요동반도의 소자하로 보는지에 대한 설명이었을 것이다.

소자하와 청천강

살수의 위치에 대해 북한학자들과 남한 강단사학자들의 견해는 다르다. 남한 강단사학계의 견해라는 것이 대부분 일본인 식민사학자들이 만들어 놓은 반도사관의 틀에 갇혀 있다는 것은 이 방면에 관심있는 사람들 사이에서는 일종의 상식이 되었다. 살수도 마찬가지다. 특정 사안에 대해 서로 견해가 다를 경우 판단 기준이 되는 것은 당대의 1차 사료다. 《삼국사기》〈영양왕 본기〉는 살수 전투에 대해 이렇게 설명하고 있다.

우문술(宇文述:수나라 장수)이 하루에 일곱 번 싸워 모두 이겼는데, 이미 여러 번 승리한 것을 믿고 또 여러 사람들의 의논에 쫓겨 "이에 마침내 동쪽으로 진군해 살수(薩水)를 건너 평양성에서 30리 떨어진 곳에서 산을 의지해서 진을 쳤다.〔是遂進東濟薩水, 去平壤城三十里, 因山爲營)" … 가을 7월 수나라 군사가 살수를 반쯤 건넜을 때 고구려 군사가 뒤에서 후군을 공격하니 신세웅(辛世雄)이 전사했고, 이에 여러 군사들이 크게 무너지는 것을 금지할 수 없었다. 장수와 사졸들이 분주히 돌아갔는데 하루 낮 하룻밤에 압록수에 닿았으니 450리를 행군한 것이었다.〔將士奔還, 一日一夜, 至鴨淥水, 行四百五十里)《삼국사기》, 〈영양왕 본기〉, 23년(612)」

살수의 위치와 관련해서 주목되는 구절은 "동쪽으로 진군해 살수를 건너 평양성에서 30리 떨어진 곳"에 진을 쳤다는 내용이다. 중국의《수서(隋書)》〈우중문 열전〉도 "마침내 동쪽으로 행군해서 살수에 이르렀다〔遂行, 東至薩水)"라고 말하고 있다. 청천강은 남쪽으로 진군해야 닿거나 건널 수 있는 강이지 동쪽으로 진군해서 닿거나 건널 수 없는 강이다.

또한 패전 후 수군이 살수에서 450리를 행군해 압록수에 닿았다고 한 부분에 대해서도 견해가 다르다. 북한 학계는 이때의 압록수를 지금의 압록강이 아니라 태자하 하류로 보고 살수를 요동반도 소자하로 본다. 소자하에서 태자하 하류까지 거리가 당시 리수로 450리라는 것이다. 청나라 때의《고금도서집성》은 태자하에서 소자하까지를 340리라고 말하고 있는데, 수나라 때 1자의 길이는 23.55cm, 청나라 때 1자의 길이는 32cm로서 청나라 때의 340리는 수나라 때의 450리와 맞먹는다는 것이다. 북한 학계는 이때의 평양을 지금의 평양이 아니라 북평양인 요녕성 봉황성으로 본다. 고구려 때의 살수는 지금의 청천강이 아니라는 것이다. 북한의 리두 학자인 류렬은《세 나라 시기의 리두연구》에서《고려사》·《동국여지승람》 등에 나오는 살수는 지금의 청천강이지만 "살수는 료동에도 있었다. (293쪽)"면서 고구려 때의 살수는 지금의 요동에 있었다고 설명하고 있다. '살'이라는 발음에 대한 북한 학계의 설명도 다르다.

'소자하(小子河)'라는 강 이름도 결코 우연한 것은 아니다. 살수의 살(薩)은 옛음이 '슬'이었고, '설'과도 통하였다. 7세기 고구려의 지명 살하수(薩賀水)를 설하수(薛賀水)로 쓴 것은 그것을 실증하여 준다. 그러고 보면 '쇼[小의 중국 발음-괄호는 필자]'임은 그 흔적이라고 볼 수 있다. … 이밖에도 지금도 소자하의 하류에는 사리채와 같이 '살'과 관련된 지명도 있다. (《조선전사》 과학백과사전출판사, 3권 중세편, 244~245쪽)

'살'이 '파르스름하다'는 뜻이기 때문에 살수가 청천강이 되었다는 남한 강단사학계의 견해보다는 설득력이 있다. 이 사례는 북한 인민들과 남한 국민들이 알고 있는 역사사실이 서로 다르다는 사실을 말해준다. 남한 강단사학자에게 배운 이규연은 살수를 청천강으로 알고 있고, 북한 역사학자에게 배운 안내원은 소자하로 알고 있다. 둘 다 학교에서 그렇게 배웠다.

남북한 역사학의 탄생 배경

진정한 '평화와 협력'을 말하려면 무엇보다 양측 역사관의 인식 차이를 좁혀야 한다. 그런데 북한 사학계와 남한 강단사학계의 역사관은 크게 다르다. 양측 역사학계의 형성과정 자체가 다르기 때문이다. 해방 직후

역사학계를 사관으로 분류하면 세 개 정도의 노선이 있었다. 첫째는 독립운동가들의 역사학을 계승한 민족주의 역사학이었고, 둘째는 마르크스의 사적유물론을 지지하던 사회경제사학이었다. 이 둘은 모두 일제와 맞서 싸웠다는 공통점을 갖고 있었다. 셋째는 일본 제국주의 역사관, 즉 황국사관(皇國史觀)을 추종하던 식민사학이었다. 해방 후 남한이 나치 부역자를 엄정히 숙청한 프랑스 같은 길을 걸었다면 이 식민사학은 청산되고 민족주의 역사학과 사회경제사학이 이 나라 역사학계를 이끌어 가는 양축이 되었을 것이다. 그러나 해방과 동시에 남북이 분단되면서 남한에는 대한민국이, 북한에는 조선민주주의인민공화국이 수립되었다. 그 과정에서 사회경제사학자들이 대거 월북해 북한 역사학계를 형성했다. 그리고 정인보·안재홍 같은 민족주의 사학자들은 6·25 과정에서 납북되었다.

6·25 이전인 1947년 2월 17일 월북 학자들을 중심으로 북조선임시인민위원회 내에 '조선력사편찬위원회'가 설립되었고, 이 위원회는 학술지 《력사제문제(歷史諸問題)》를 발간했다. 리두학자이기도 한 홍기문은 1949년 《력사제문제》에 〈조선의 고고학에 대한 일제 어용학설의 검토(상·하)〉라는 논문에서 이렇게 말했다.

일본 제국주의가 조선을 완전한 식민지로 만들기에 성공하자 그들의 소위 역사학자들은 조선역사에 대해서 이상한 관심을 보였다. … 그들이 입증한 사실의 가장 중요한 것이란 과연 어떠한 것들인가? 첫째 서기 전 1세기부터 4세기까지 약 5백년 동안 오늘의 평양을 중심으로 한(漢)나라 식민지인 낙랑군이 설치되었다는 것이요, 둘째 신라·백제와 함께 남조선을 분거하고 있던 가라가 본래 일본의 식민지였다는 것이요….

　일제 식민사관의 주요한 두 이론이 ①낙랑군=평양설과 ②임나일본부설, 즉 '임나=가야설'이라는 것이다. 다시 말해서 북한은 이미 1949년에 이 두 이론을 해체시키는 것을 역사학계의 과제로 삼았다는 뜻이다. ①에 대해서는《리지린의 고조선 연구》(2018) 해제에서 상세히 밝혔으니 대신 일독하기 바란다. 요약하면 리지린이 북경대 대학원에서《고조선 연구》로 박사학위를 취득한 1961년에 북한학계는 "낙랑군=평양설"을 폐기시키고 "낙랑군=요동설"을 확립했다는 것이다.

　'북한학자 조희승의《임나일본부 해부》'는 바로 ②의 임나일본부설을 논파한 책이다. 북한 학계는 1961년에 '낙랑군=평양설'을 해체시키고, '낙랑군=요동설을 확립시킨 것처럼 1963년에 임나일본부설, 즉 '임나=가야설'을 해체시키고 분국설을 확립시켰다. 이 책은 그 분국설에 대한 이야기다.

남한 강단사학계의 딜레마

　월북학자들을 중심으로 북한 역사학계가 형성되고, 민족주의 사학자들이 납북되면서 남한 역사학계는 황국사관을 추종하던 식민사학자들이 다시 장악했다. 조선총독부 직속의 조선사편수회에서 자국사를 깎아내리던 이병도·신석호 등이 주요 대학의 역사학과와 국사관(국사편찬위원회) 등을 장악했다. 그런데 이들에게는 딜레마가 있었다. 일제강점기 때와 달리 드러내놓고 황국사관을 옳다고 할 수 없다는 점이었다. 그래서 전

세계에서 유일하게 서론, 본론, 결론이 다른 '따로국밥 역사학'을 탄생시켰다. 포장지와 내용물이 달랐다. 총론으로는 늘 식민사학을 비판하지만 각론은 횡설수설하다가 결론에서는 정확하게 종착역, 즉 조선총독부의 품에 안긴다. 이병도의 제자격인 이기백은 한때 수험생들이 필독서였던 《한국사신론》에서 역사학의 세 학파를 ①민족주의 사학, ②유물사관, ③실증사학으로 분류했다. 식민사학이 '실증사학'으로 문패를 바꿔단 것이다. 이기백은《한국사신론》의 서장을 '한국사의 새로운 이해'라고 붙이고 그 첫 문장을 이렇게 시작했다.

> 한국사의 올바른 이해를 위하여 우리가 힘써야 할 일들이 많이 있지만, 그중에서도 우선적인 과업은 식민주의사관을 청산하는 일이다. 식민주의사관은 한마디로 말하면 일제의 한국에 대한 식민정책을 정당화하기 위한 왜곡된 한국사관이었다.

구구절절 맞는 말이다. 그런데 이 책의 본론과 결론은 '식민사관 청산'과는 거리가 멀다는 점이 문제였다. 이기백의 식민주의사관 비판이 명실이 상부하려면 홍기문이 말한 일제 식민사관의 두 핵심인 '낙랑군=평양설'과 '임나=가야설'을 비판했어야 한다. 그러나 이기백은 이병도의 학설을 그대로 추종해 "(한사군의) 위치는 낙랑군이 대동강 유역의 고조선지방"이라고 썼다. 이병도의 학설은 일본인 스승들의 것을 그대로 반복한 것에 불과했다. 각론, 본론, 결론이 정반대인 '따로국밥 역사학'이 살아남는 정도를 넘어 지금껏 하나뿐인 정설로 행세할 수 있었던 가장 중요한 숙주는 바로 '분단'이었다.

2016년《역사비평》은 두 차례에 걸쳐 〈한국고대사와 사이비역사학 비판〉이란 특집을 게재했다. 기경량·안정준·위가야·신가영 등 생물학적 나이는 젊은 학자들이 강단사학계의 홍위병으로 나서서 '낙랑군=평양설' 과 '임나=가야설'은 영원한 정설이라고 주장하면서 총독부 사관을 비판하는 학자들을 '사이비 역사학', '유사역사학'이라고 매도하고 나섰다. 이를 계기로 보수, 진보를 가리지 않는 남한 사회의 거대한 친일 카르텔이 모습을 드러냈다. 보수 언론은 이들에게 '무서운 아이들'이란 닉네임을 붙여서 칭찬했고(〈국사학계의 '무서운 아이들'〉, 〈조선일보〉, 2016. 7. 27), 진보 언론은 역사학계의 판도라도 바꿀 신진 학자들이 등장한 것처럼 대서특필했다. 특히 진보언론들의 식민사학 옹호에 충격 받은 순진한(?) 사람들이 많았다. 남한 강단사학계와 일부 언론들의 카르텔에 대해서는《매국의 역사학자, 그들만의 세상》(만권당, 2017)과《이주한의 한국사혁명》(말, 2018)을 일독하길 바란다.

'무서운 아이들'이 득세하는 과정에서 이런 일도 있었다. 식민사학 카르텔에는 속하지 않는 한 언론이 '무서운 아이들'에 대한 기사를 썼다가 많은 항의를 받았다. 필자에게 반론을 쓰겠느냐는 연락이 와서 반론보다는 지상논쟁의 자리를 마련해달라고 요청했다. 기자는 좋은 생각이라면서 지상논쟁을 추진해보겠다고 답했다. 얼마 후 그 기자는 '무서운 아이들'이 지상논쟁을 거부한다고 연락했다. 며칠 후 이들은 다른 진보언론과 인터뷰를 통해 황국사관을 다시 전파했다.

2016년은 남한의 강단식민사학계가 민족사학계를 향해 총공세를 펼치던 해였다. 한국고대사학회는 한성백제박물관에서 한국고대사시민강좌를 개최했다. 20여 명 이상의 강단사학자들이 총동원되어 강의했는데,

한 보수 언론은 매번 이들의 논리를 대서특필했다. 그런데 《코리아 히스토리 타임스》의 오종홍 기자가 매주 이 교수들의 모든 논리를 간단하게 논파했다. 20여 명이 넘는 고대사 전공교수들이 박사는커녕 석사 학위도 없는, 게다가 사학과를 나오지도 않은 한 명의 기자에게 속된 말로 매주 무참하게 난타 당했다. 나중에는 대학원생들을 시켜 촬영을 못하게 막고, 쫓아내려는 소동까지 일으켰다. '시민강좌'라는 공개강좌에서 기자를 쫓아내려 한 어처구니없는 현장이 남한 강단사학계의 현 위치를 잘 보여주는 것이다.

그런데 보수 진보 언론의 찬사에 고무된 생물학적 나이는 젊은 필자들은 '젊은역사학자모임'이란 명의로 두 권의 책을 펴냈다. 《한국 고대사와 사이비역사학》(역사비평사)과 《욕망 너머의 한국고대사》(서해문집)란 책이다. 그런데 이 두 권의 책은 식민사학이 민족의 분단을 어떻게 악용하는지를 잘 보여주는 사례. 무서운 아이들 중 한 명인 안정준은 《역사비평》 2016년 봄 호의 〈오늘날의 낙랑군 연구〉에서 이렇게 주장했다. '낙랑군=평양설'에 관한 이야기다.

일제시기에 발굴한 낙랑지역 고분의 수는 70여 기에 불과한 반면, 해방 이후 북한에서 발굴한 낙랑고분의 수는 1990년대 중반까지 무려 3천여 기에 달한다. 현재 우리가 아는 낙랑군 관련 유적의 대다수는 일제시기가 아닌 해방 이후에 발굴되었다 해도 과언이 아니며, 학계에서 가장 주목하는 낙랑 관련 유적·유물들 역시 주로 이 시기에 새롭게 발견되었다는 사실을 간과해선 안 된다.

북한 학계도 "낙랑군=평양설"을 주장한다는 뜻이다. 물론 터무니없는 거짓말이다. 북한의 이 분야 전문가인 리순진은, "해방 전에 일제 어용사가들은 … 우리 민족사의 첫머리인 단군조선의 력사를 말살하는 한편 평양 일대의 낙랑무덤을 '한나라 낙랑군시대의 유적'으로 외곡 날조하면서 그것을 기초자료로 하여 한나라 낙랑군이 평양 일대에 있었다는 '락랑군 재평양설'을 조작해 냈다(리순진,《평양 일대 락랑무덤에 대한 연구》)"라고 달리 말했다.

　북한은 한나라 식민지인 낙랑'군(郡)' 유적이 아니라《삼국사기》〈고구려 대무신왕 본기〉에 나오는 낙랑공주와 호동왕자의 비극적 로맨스가 담겨져 있는 낙랑'국(國)'의 유적이자 위만 조선이 무너진 후 평양 일대에 세운 고조선 유민들의 나라라는 것인데, 안정준은 '나라 국(國)'자를 '고을 군(郡)자'로 바꾸어버렸다. 북한 학계는 일제가 '낙랑군=평양설'을 조작했다고 비판하고, 평양에는 낙랑군이 아니라 고조선 유민들의 나라가 있었다고 주장했는데, 이를 180도 뒤집어 조작했다. 그런데 이런 함량 미달의 논문을 쓴 안정준은 그 후 서울시립대 교수로 임용되었고, 같은《역사비평》에 〈사이비 역사학과 역사파시즘〉을 써서 조선총독부 식민사관을 비판하는 것은 역사파시즘이라고 우기고, 방송에 나와 광개토대왕 비문은 고대인의 욕망이 반영된 과장된 것이라고 주장했던 기경량은 가톨릭대 교수로 임용되었다. 필자가 강연에서 가장 많이 듣는 질문이 "저 사람들은 왜 아직도 식민사학을 추종하느냐?"는 것이다. 그 질문에 대한 좋은 답변이 될 것이다. 또한 남한 사회의 상부구조가 어떻게 만들어지는지를 보여주는 좋은 사례다.

'무서운 아이' 위가야의 분국설 비판

'무서운 아이들'은 '임나일본부설'에 대해서는 어떻게 말했을까?

먼저 북한의 월북학자 김석형은 1963년 1월 《력사과학》에 〈삼한 삼국의 일본 열도 내 분국에 대하여〉를 발표했다. 일본군 참모본부의 광개토대왕릉비 조작설을 제기했던 재일사학자 이진희 교수는 김석형의 논문을 일본어로 번역해 1964년 《역사평론(歷史評論)》 5·6·7월호에 게재했다. 이진희는 자신의 자서전에서 "'분국설'이란 삼한시대부터 삼국시대(고구려, 백제, 신라)에 걸쳐 일본 각지에 한반도에서 건너간 사람들의 식민지가 존재했다는 충격적인 학설이었다(이진희, 《해협, 한 재일 사학자의 반평생》, 삼인, 2003)"라고 말했다. 《역사평론》에 김석형의 분국설이 발표되자 일본 사학계는 벌집을 쑤신 듯 발칵 뒤집혔다. 패전 후 일본 본토로 쫓겨 갔지만 일본인 식민사학자들은 여전히 "임나일본부는 1억 인의 상식"이라고 말하던 때였다. 그런데 김석형은 《일본서기》에 나오는 '고구려·백제·신라·가라' 등은 《삼국사기》에 나오는 '고구려·백제·신라·가야'가 아니라 이들 나라들이 일본 열도에 진출해서 세운 소국(小國)이자 분국(分國), 즉 식민지라고 주장한 것이었다. 김석형을 비롯해서 이 책의 저자인 조희승 같은 북한 학자들은 가야계가 일본 열도에 진출해 세운 소국, 분국을 '임나'라고 본다. 반면 남한학자들의 주장은 일반 독자들이 이해하기 힘들다. 총론에서는 '임나일본부설'을 비판하지만 정작 본론에 들어가면 임나일본부가 있었다는 것인지 없었다는 것인지 이해하기 어렵게 서술하기 때문이다. 서울대학교 명예교수 노태돈의 글을 보자.

4세기 말 이래로 왜의 세력 또는 왜인들이 가야지역에서 활동하였고, 때로는 단기적인 군사 활동을 한 경우도 있었다. 그러나 왜국의 한반도지역에 대한 영역지배는 없었다. 임나일본부를 왜의 조정이 가야지역에 설치한 통치기관 으로 상정한 것은 사실에 부합하지 않는다. (노태돈, 《한국고대사》, 경세원, 2014년)

노태돈 교수의 말이 서로 상반된다는 것은 초등학생도 쉽게 알 수 있을 것이다. "왜국의 한반도 지역에 대한 영역지배는 없었다."는 것은 맞다. 그런데 왜의 세력, 또는 왜인들은 가야에 와서 군사활동을 했다는 것이다. 단기적이고, 장기적이고를 떠나서 지금 일본 자위대나 중국 인민해방군 이 남한에서 군사활동을 한다면 어떤 일이 벌어지겠는가? 미군이나 일본 자위대가 북에서 단기적인 군사활동을 한다면 어떤 일이 벌어지겠는가? 남한 국민들이 '자위대나 인민해방군이 대한민국에 외화를 쓰려고 오셨 구나'라고 박수치면서 호응하겠는가? 북의 인민들이 '미군이나 자위대가 놀러 오셨구나'라고 플래카드를 들고 환영하겠는가? 단기적이고 장기적 이고 식민지 이외의 지역에서 외국군이 군사활동을 할 수는 없다. 노태돈 의 이 말은 4세기 말 이래로 왜가 가야를 식민지배했다는 말이다. "왜국의 한반도 지역에 대한 영역지배는 없었다."는 뒷말들은 앞의 본론을 호도하 기 위해서 끼워 넣은 말일 뿐이다.

"왜국의 한반도 지역에 대한 영역지배는 없었다."는 말이 논리적 일관 성을 가지려면 "가야는 임나가 아니다."라고 해야 한다. 그러나 남한 강단 사학자들은 이구동성으로 '가야는 임나다'라고 주장한다. 그러자니 '따로 국밥 역사학'을 내놓을 수밖에 없다. '임나일본부는 식민 통치기관이 아니 라 교역기관이다, 외교기관이다' 따위의 성격논쟁으로 본질을 호도해 남한 사람들의 혼을 빼놓은 다음 조선총독부의 논리대로 '임나=가야설'로 결론짓는다. 이런 남한학자들에게 북한 학계의 분국설은 불구대천의 원수다. 김현구 고려대학교 명예교수는 "김석형의 '삼한 삼국의 일본열도 내 분국론'은 관련자료를 일방적으로 한국 측에 유리하게 자의적으로 해석하고 있다고 볼 수 있다(《임나일본부설은 허구인가》)"라고 비판했다. 러시아 학자로서 고조선을 연구한 유엠 부찐(Butin, Yuri Mikhailovich:1931~2002)은 "일본이나 중국은 없는 역사도 만들어내는데 한국인은 어째서 있는 역사도 없다고 하는가? 도대체 알 수 없는 나라이다."라고 말했다. 한국에서는 선조들의 역사를 조금이라도 한국에 유리하게 해석하면 한국인 강단사학자들에게 비판받을 각오를 해야 한다. 홍익대학교 김태식 교수는 "(김석형은)《일본서기》를 비롯한 문헌사료들을 이용할 때 거의 모든 사료를 무리하게 일본열도에서의 사실로 억측함으로써 오히려 한반도 내 가야사를 포기한 결과를 초래하였다. (국사편찬위원회, 《한국사》7)"라고 비판했다.

북한 학자에게 임나사는 가야의 일본 열도 진출사

김석형과 조희승의 논리는 임나는 가야가 일본 열도에 진출해 세운 소국이라는 것이다. 북한 학자들에게 임나사는 가야의 일본 열도 진출사다. 이것이 가야사를 더욱 풍부하게 하는 것이지 어떻게 "한반도 내 가야사를 포기"한 결과가 되는가? 초등학생도 펼 수 없는 논리를 대학교수라는 사람들이 아무렇지도 않게 펼친다. 그러니 이들에게 배운 '무서운 아이들'도 횡설수설하거나 급기야 거짓말까지 일삼게 된다. '무서운 아이들'은 '젊은 역사학자모임'이라는 명의로《욕망 너머의 한국고대사》(서해문집, 2018)라는 책을 냈다. 그중 위가야는〈임나일본부설의 어제와 오늘, 그리고 내일〉이라는 글에서 분국론에 대해 이렇게 주장했다.

> 김석형의 분국설은 북한에서는 아직도 정설이며, 한국에서도 모자란 복제품 수준의 주장이 이따금씩 제기된다. 하지만 그의 연구는 이제 학설로서 생명력을 거의 상실했다. 그의 학설이 성립하는 결정적 근거였던 일본열도 내 '조선식 산성'이 6~7세기 대 유적으로 밝혀졌기 때문이다. (위가야,《욕망 너머의 한국고대사》, 서해문집, 2018)

무서운 아이들의 글을 읽으면 정녕 '무서운 아이들'이란 생각이 든다. 안정준이 그런 것처럼 위가야의 이 말도 물론 거짓이다. '따로국밥 역사학'으로도 해결이 안 되는 것은 '거짓말 역사학'으로 메우는 것이다. 일본 학계에 커다란 충격을 주었던 분국설을 지지하는 것이 위가야에게는 '모자란 복제품 수준의 주장'으로 매도된다. 그러면서 분국설이 "학설로서 생명력을 거의 상실했다."고 강변한다. 일본인의 시각으로 이 문제를 바라보니 "학설로서 생명력을 상실했으면 좋겠다."는 희망사항을 "생명력을 상실했다."고 기정사실화한다. 그 논리가 "그의 학설이 성립하는 결정적 근거였던 일본열도 내 '조선식 산성'이 6~7세기 대 유적으로 밝혀졌기 때문"이라는 것이다. 이 문장을 정확하게 바꾸면 "일본인 식민사학자들이 일본열도 내 '조선식 산성'을 6~7세기 대 유적이라고 주장하기 때문"이 될 것이다. 이들은 자신의 스승들이 그랬던 것처럼 일본인 학자들이 말하면 일단 검증과정을 생략하고 추종한다. 김석형은《초기조일관계사》(19

66)의〈삼한 삼국 이주민들의 일본 열도 진출〉에서 수많은 근거를 제시했다. 야요이 문화의 집자리에서 출토된 토기·석기·철기·청동기 등과 일본 각지의 고분들에서 출토된 무기·마구·하니와·스에끼 등이 있다. 한국식 산성은 수많은 논리 중의 하나일 뿐이다. 뿐만 아니라 김석형은 한국식 산성에 대해서 이렇게 말하고 있다.

> 한국식 산성을 7세기에 이르러서도 쌓았다는 기사가《일본서기》에도 있으므로 야요이 시대부터 조선식 산성은 일본 열도 내에서 장구한 연혁을 가지고 있었음을 알 수 있다. 7세기의 산성은 야마도 왕정의 조치에 의하여 구축된 것이나, 이때에도 그 설계자와 지휘자가 조선사람이라는 것도 명문으로 밝히고 있는 것이다. 그리고 산성은 오늘에 와서는 신비로운 돌로, 즉〈고가이시(神籠石)〉로 불리운다고 하나 처음에는 당시 조선말 그대로〈두두기로 불리였다. … 서부 일본 여러 곳에 산성이 있었고, 그것들은 어느 모로 보나 조선 것이었음을 부인할 수 없는 것이다. (김석형,《초기조일관계사》)

김석형은 야요이 시대부터 7세기까지 일본 열도 내에는 고대 조선인들이 쌓은 산성이 많다는 것이다. 이를 위가야는 '6~7세기 대 유적으로 밝혀졌기 때문'이라고 강변한다.《일본서기》에 언제 쌓았는지 명문(銘文)이 분명한 산성들에 대해서 일본에서는 '조선식 산성(朝鮮式山城)'이라고 부른다. 요근래는 고대산성이라고 부른다. 예를 들어《일본서기》〈천지(天智) 4년(665)〉조에는 "달솔(達率) 답발춘초(答㶱春初)를 보내 장문국(長門國:야마구찌)에 성을 쌓게 하고, 달솔 억례복류(憶禮福留), 달솔 사비복부(四比福夫)를 보내 대야(大野:오오노성) 및 연(椽:기성)의 두 성을 쌓게 했다."는 기록이 있다. 이런 성들은 7세기 후반에 쌓은 성들인데, 달솔은 백제 관명이므로 백제인이 쌓은 것이다. 이외에 '고가이시'로 불리는 신롱석(神籠石)산성들이 있다. 신롱석산성도 고대 한인들이 일본 열도에 건너가서 쌓은 것인데, 《일본서기》에 명문이 없는 경우 일본인들은 신롱석산성이라고 부른다.

북한에서 임나가 있었다고 보는 오카야마(岡山)현 키비(吉備)에 있는 것이 '키노죠(鬼の城)'인데, 일본에서 가장 권위 있는 《일본사대사전(日本史大事典)》(平凡社)은 "키비평야의 키노죠는 키비씨의 반란과 연결시킨 5세기 설, 길비대재(吉備大宰)가 설치했다는 7세기 후반설 등이 있다."(《일본사대사전》 3권)고 말하고 있다. 조희승은 《일본에서 조선소국의 형성과 발전》(평양, 백과사전출판사, 1990)에서 일본 극우파들과 그 한국인 추종자들이 이렇게 나올 것을 미리 알았다는 듯이 다음과 같이 말하고 있다.

그럼에도 불구하고 일본학자들은 그것이 조선식 산성이라는 것을 어떻게 하든지 묵살해보려고 애써오다가 산성이 틀림없다고 인정되자 이번에는 또 그 축조시기를 6세기 중엽 이후로, 다시 말하여 야마또정권의 서부일본통합시기와 일치시키면서 서부일본의 수십 개 조선식 산성을 모두 6세기 이후로 끌어내리고 말았다. (조희승, 《일본에서 조선소국의 형성과 발전》)

조희승은 일본인 학자들이 이렇게 한 이유에 대해서 "《황국사관》의 독소를 뿌리 뽑지 못한 데 기인한다."면서 "일본에 있는 조선식 산성을 6세기 후반기로 보는가 아니면 그 이전 시기로 보는가에 따라 조선계통 소국들의 존재를 부인하느냐 시인하느냐" 하는 것이 결정된다고 말했다. 위가 야가 "6~7세기 대 유적으로 밝혀졌기 때문"이라고 말한 것은 일본 천황가 를 중심으로 사고하는 '황국사관' 신봉자라는 사실을 스스로 고백한 것이 나 마찬가지다. 위가야는 또 이렇게 말했다.

> '임나=가야'라는 주장이 곧 임나일본부설 추종을 입증하는 근거가 된다는 것 인데, 과연 사실일까.《일본서기》의 임나가 한반도의 가야지역을 가리키는 말 이 아니라는 주장은 앞서 확인한 김석형의 분국론에서도 나왔다. 한국에서도 비슷한 주장을 하는 사람이 있었지만, 그들의 주장은 김석형의 학설이 생명력 을 잃으면서 자연스럽게 무대 뒤편으로 사라졌다. 그런데 최근 일부 사이비역 사가들이 이 주장을 다시 무대 위에 올렸다. 그들은《일본서기》에 기록된 임나 가 한반도의 가야가 아님은 분명한데도 임나일본부설을 추종하는 역사학자 들이 임나를 한반도의 가야와 동일시한다고 비난했다. (위가야, 욕망 너머의 한국고대사(서해문집, 2018)

남한 민족사학자들의 분국설에 대해 "그들의 주장은 김석형의 학설이 생명력을 잃으면서 자연스럽게 무대 뒤편으로 사라졌다."고 말한다. 역 시 억측이다. 김석형의 분국설은 여전히 살아 있다. 그것도 일본 학계 내 에서 살아 있어서 북한 학자들과 이 문제를 두고 국제 학술세미나까지 열 렸다. 이 책《북한학자 조희승의 임나일본부 해부》에도 나와 있지만 1986 년 일본학자들은 평양을 방문해 4월 18일~19일 이틀간 인민대학습당에 서 김석형 등의 북한 학자들과 좌담회를 가졌다. 일본에서는 기마민족설 을 주창했던 도쿄대 명예교수 에가미 나미오(江上波夫)를 단장으로, 교토대학의 우에다 마사아키(上田正昭) 등이 부단장 겸 총무로 유수한 학자들이 참석했고, 북한에서는 사회과학원 역사연구소 고문인 원사 김석형을 필두로 박시형, 빅진욱 등 여러 학자들이 참석했다. 이에 대한 북한 측의 자료이다.

> 그는(김석형 원사) 초기조일관계 연구에서의 성과부분에서 먼저 야마도정권이 미야께를 두었다고 하는 미마나(任那:임나)는 어데 있었는가 하는 문제에서 그 미마나를 서부 일본 기비(吉備)지방에서 찾아야 한다고 하였다. (사회과학원 고고연구소,《조선고고연구 1986년 제3호)》)

김석형이 직접 에가미 나미오 같은 저명한 일본 학자들 앞에서 임나는 일본 오카야마(岡山)현 키비 지역에 있었다고 주장했다. 김석형은《초기조일관계연구》(1964)에서도 키비를 주목했지만 단정짓지는 못했다. 아직 연구가 충분히 이루어지지 못했기 때문이다. 일본에서도 고대 키비 지역의 고대 유적에 대해서는 '수수께끼'라는 표현을 많이 쓴다. 야마토왜의 수도가 아닌데도 거대한 전방후원분과 키노죠(鬼の城)같은 조선 산성들이 즐비하기 때문이다. 고대 한국인들이 일본 열도에 건너가 만든 유적들의 경우 '수수께끼'라고 표현하기 일쑤다. 북한학계의 분국설은 오카야마 키비지역을 임나라고 특정하는 단계로 발전했다. 그뿐만 아니라 그 근처의 신라, 백제, 고구려 소국의 위치까지도 특정하는 수준으로 발전했다. 그런데도 위가야는 "김석형의 학설이 생명력을 잃으면서 자연스럽게 무대 뒤편으로 사라졌다."고 주장한다.

이 책의 저자인 조희승은 1988년 출간한《초기조일관계사(상)》(평양,

사회과학출판사)에서 분국설에 대해서 자세하게 서술했다. 이 책에서 북규수의 가야소국과 오카야마 키비지방의 가야(임나-미마나)소국에 대해 자세하게 서술했다. 이 책의 하권은 김석형이 썼는데, 고대 조선(한국)과 일본과의 관계에 대해서 수많은 사료를 가지고 분국설을 논증했다. 조희승은 1990년에 출간한 《일본에서 조선 소국의 형성과 발전》(평양, 백과사전출판사)이라는 548쪽에 달하는 방대한 저서에서 분국설에 대해서 보다 자세하게 논증했다. 그뿐만 아니라 1994년에 출간한 《가야사연구》(평양, 사회과학출판사)라는 683쪽 짜리의 방대한 저서의 제2편 〈가야사 람들의 일본렬도 진출〉에서도 분국설에 대해서 자세하게 서술했다. 전 세계 학계에서 분국설에 대한 가장 광범위한 저서이다. 그리고 2012년에 조희승은 다시 《임나일본부 해부》를 출간한 것이다.

그럼에도 불구하고 남한 강단사학계의 '무서운 아이' 안정준은 "북한 학계도 낙랑군=평양설을 지지한다."고 주장하고 위가야는, "김석형의 학설이 생명력을 잃으면서 자연스럽게 무대 뒤편으로 사라졌다."고 강변한다. 일본군 참모본부와 스에마쓰 야스카즈 등이 주창한 '가야=임나설'을 남한학계의 유일한 학설로 만들기 위해 거짓말까지 등장시킨 것이다. 남한 식민사학의 숙주가 분단체제라는 실증이다.

일본군 참모본부가 창설한 임나일본부 학설

그럼 일본 역사학계와 남한의 강단사학자들은 왜 그토록 '가야=임나설'에 목을 매는 걸까? 임나일본부라는 식민통치기관은 없었다고 하면서도 외교기관설, 교역기관설 등으로 왜인들의 그루터기는 남겨놓으려고 애

쓰는 것일까? 외교기관이든, 교역기관이든 왜 가야에 왜인들이 와서 살았다고 그토록 주장하는 것일까?

임나일본부설이 약화되었다고 생각하는 것은 일종의 자기착각 내지는 현시다. 조희승이 이 책에서 말하고 있듯이 임나설에서 가장 중요한 것은 '위치'다. 그 위치가 경상도 일대에서 충청도 및 전라도 일대까지 확대되었다. 일본인들은 임나 강역이 확대되었다고 말하고, 남한 강단사학자들은 가야강역이 확대되었다고 말한다. '임나=가야'다. 여차하면 현대판 정한론(征韓論)으로 연결될 수 있다. 그러니 임나는 반드시 한반도에 있어야지 일본 열도에 있어서는 안 되는 것이다. 임나가 일본 열도에 있으면 일본인들이 만든 한국 고대사 체계가 무너지니 비판할 수밖에 없다. '임나=가야설'의 진원지가 메이지(明治)시대 일본군 참모본부라는 사실을 상기하면 쉽게 이해될 것이다. 일본군 참모본부가 1882년《임나고고(任那稿考)》및《임나명고(任那名稿)》를 간행한 이유가 여기에 있다. 군부에서 임나에 관한 역사서를 간행한 이유는 물론 한국 점령을 위한 이론적 근거를 만들기 위해서였다. 조희승은《임나일본부 해부》에서 이 문제에 대해 이렇게 비판하고 있다.

《군사작전을 토의하는 류군참모본부가 력사학설을 창시한다?》
얼핏 생각하기에는 괴이한, 현대 지성인의 귀를 의심케 하는 일이 19세기 말년에 일본에서 벌어졌다. 력사연구는 나라와 민족의 력사를 탐구하는 진지한 과학일진대 100년이 넘는 일본 편사학은 순수한 과학의 일로를 걸어온 것이 아니라 제국주의일본의 조선침략, 대륙침략을 위한 군국주의적 침략목적에 철두철미 복무한 어용과학이였다.

류군참모본부(일본군 참모본부)가 창시한 임나일본부설에 대해 조희 승은 "현대 지성인의 귀를 의심케 하는 일이 19세기 말년에 일본에서 벌어 졌다."고 말했다. 해제자의 눈에는 "현대 지성인의 귀를 의심케 하는 일이 21세기 남한에서 벌어지고 있다."로 읽힌다. 북한 학자 조희승은 역사연 구를 "나라와 민족의 력사를 탐구하는 진지한 과학"이라고 말했는데, 일 부 남한 강단사학자들에게는 "나라와 민족의 력사를 깎아내리고 말살하 는 작업"에 지나지 않는다고 해도 과언이 아니다.

일본군 참모본부가 창설한 임나일본부 학설에 나가 미치요(那珂通世: 1851~1908) 같은 정한론자들이 가세했다. 나가 미치요는 도쿄제대 출신 들이 주축이 되어 만들던 《사학잡지(史學雜誌)》(1896)에 〈가라고(加羅 考)〉를 실어서 '가라(가야)가 임나'라고 주장했다. 가야가 고대 일본의 식 민지였으니 일제의 한국 점령은 침략이 아니라 고대사의 복원이라는 주 장이었다. 임나설의 배경이 이런데도 일본의 학자가 아닌 일본과 남한의 강단사학자들이 기를 쓰고 '임나=가야설'을 주장하는 이유가 무엇인지 도 무지 알 수 없다.

'누가 할 소리를 누가 하는지 모르겠다'

그래서 《북한학자 조희승의 임나일본부설 해부》는 가야사에 대한 이 야기로 시작한다.

> 《임나일본부》설의 정체에 대한 옳바른 리해를 가지려면 응당히 우리나라 력 사에 존재하였던 가야국에 대하여 이야기하는 것으로부터 출발하여야 할 것

이다. 가야국에 대하여 알아야 초기조일관계 력사에 대하여 알 수 있을 뿐 아니라 이 사이비학설이 기대고 있는 자료근거의 허위성이 까밝혀질 수 있기 때문이다.

북한 학계에서는 임나는 가야가 일본 열도에 진출해 세운 소국이라는 것이다. 남한 학계는 고대 왜인들이 가야에서 군사활동도 했지만 식민지는 아니었다고 횡설수설한다. 앞서 노태돈이 "4세기 말 이래로 왜의 세력 또는 왜인들이 가야지역에서 활동하였고…." 운운한 것은 《일본서기》 신공(神功) 49년 신라를 정벌하고 임나 7국을 설치했다고 나온다. 신공 49년은 서기 249년인데, 일본인과 남한 식민사학자들은 멋대로 120년을 끌어올려 369년의 일이라고 해석하면서 이때 가야를 야마토왜가 점령했다고 주장한다. 그런데 369년부터 '임나=가야'가 되었다면 가야 왕통이 바뀌어야 한다. 그러나 《삼국유사》 가락국기는 가야의 이시품왕이 346년에 즉위해 407년까지 왕위에 있다가 세상을 떠난 후 아들 좌지왕이 계승했다고 나온다. 왕통 교체는 없었다. 그런데도 남한 강단사학자들은 4세기 후반부터 '가야=임나'라고 말한다. 북한 학자들처럼 가야계가 일본 열도에 진출해 임나라는 소국, 분국을 세웠다고 주장하는 것은 꿈도 꾸지 못한다. 가야사 전공이라는 홍익대 교수 김태식은 이렇게 말한다.

임나일본부설은 일제시기 일본이 우리에게 강요한 식민사관의 대표적인 것으로서, 그들은 이것을 통해 한국고대사를 왜곡시키고 한국인에게 열등감을 조장했다. 사실 그들이 '임나'라고 부르는 곳은 고대 한반도의 가야지역에 해당한다. (역사비평편집위원회, 《한국 전근대사의 주요쟁점》, 역사비평사.

2008)

　"… 열등감을 조장했다."라는 문장 다음에 "사실 그들이 '임나'라고 부르는 곳은 일본 열도에 있던 가야의 분국이었다."라고 말하면 명실이 상부했을 것이다. 그러나 앞 문장에서는 '일본이 강요한 식민사관의 대표', '한국고대사 왜곡', '한국인들에게 열등감 조장' 등의 단어를 써서 스스로를 민족사학자로 포장하고는 결론에서는 일본인 식민사학자들과 같이 '임나는 가야'라고 주장한다. 이런 '횡설수설 역사학', '따로국밥 역사학'이 통하는 나라가 남한 학계다.

　일본의 위키백과는 '임나일본부'라는 항목에서 "1963년 북조선 김석형의 논문〈삼한·삼국의 일본열도 내 분국에 관하여〉는 일본학계에 큰 충격을 주었다."고 말하고 있다. 그 이유가 있었다. 일본에서도 극우파를 제외한 학자들의 눈에《일본서기》에 나오는 '고구려·백제·신라·가라' 등을《삼국사기》에 나오는 '고구려·백제·신라·가야'라고 보기에는 무리가 많았다. 《일본서기》에는 '고구려·백제·신라·임나' 등이 동시에 야마토왜에 조공을 바쳤다는 기사가 수두룩하다. 또한《일본서기》〈계체기〉에는 백제와 임나 사람들은 개나 닭의 주인이 누군지 구별할 수 없을 정도로 거리가 가까웠다는 구절도 있고, 신라왕이 야마토왜의 침략을 우려해서 고구려왕에게 구원을 요청했는데 고구려 국왕이 신라를 지키기 위해 100명의 군사를 보내주었다는 기사도 있다. 100명이면 지킬 수 있는 나라가《일본서기》의 신라라는 것이니 일본인들도《일본서기》에 나오는 이런 나라들이《삼국사기》에 나오는 '고구려·백제·신라·가야'라고 보기에는 무리가 많다고 생각했다. 이런 모순을 한 방에 날려준 것이 김석형의 '분국론'이었던 것이다. 일본의 위키백과는 분국설에 대해서 "간단하게 말해서 한반도의 삼국이 일본열도 내에 식민지를 가지고 있었다는 설이다."라고 정리하면서 "분국론 자체는 한국이 우월하다는 민족주의에 뿌리를 두었다."라고 비판하고 있다. 그런데 분국설을 민족주의 운운하면서 비판하는 것은 남한 강단사학자들의 전가의 보도다. 북한학자 조희승은 이런 남한 학자들에 대해 이렇게 비판한다.

설상가상으로 일본에 추종하는 남조선의 일부 친일학자들이 이 부문 관계사를 깊이 있게 연구하지도 않으면서 우리 학계의 정당한 학설을《과학을 민족적 감정으로 대하지 말아야 한다.》느니 뭐니 하면서 신문지상을 통하여 헐뜯었다. 조선에《누가 할 소리를 누가 하는지 모르겠다.》는 말이 있다. 이것은 응당 해야 할 당사자가 할 말을 왕청같은 딴 사람이 하는 경우를 두고 하는 말이다. 민족적 감정 운운에 대하여 말한다면 그것은 우리 학자들이 물어야 할 말이다.

남한 강단사학자들이 분국설을 비판하는 논리가 일본인들과 같이 '민족주의' 운운한다는 것이다. 일제 식민사학에 동조한다는 것이다. 그래서 조희승이 '남조선의 일부 친일학자들', 즉 남한 강단사학자들에게 '누가 할 소리를 누가 하는지 모르겠다'고 일갈한 것이다.

남한 학자들이 분국설을 지지했다면 임나일본부설 자체가 자취를 감췄을 것이다. 그러나 남한 강단사학자들은 임나일본부설의 변형인 임나=가야설을 정설이라고 주장하고 있다. 김태식은 또 이렇게 말한다.

그러므로 비교적 신빙성이 인정되는 전자의 다수 용례를 중심으로 볼 때, 임나는 6세기의 한반도 남부 경상남도를 중심으로 한 지역에서 신라나 백제에 복속되어 있지 않은 소국들의 총칭을 가리킨다고 보아도 좋을 것이다. 이는 당시의 가야 소국들이 신라나 백제와 구분되는 하나의 세력권을 이루고 있었던 사실의 반영이며, 그 임나를 왜측에서 친근하게 여긴 것은 이들과의 빈번한 교역 경험과 관련된 것이다. 요컨대 대가야를 중심으로 파악되는 5~6세기의 후기 가야 연맹을, 왜에서는 무슨 이유에선가 임나라는 명칭으로 불렀다. (김태식, 《미완의 문명 7백년 가야사 1》, 푸른역사, 2002)

그가 주장하는 "신빙성이 인정되는 전자의 다수 용례"란 《일본서기》를 뜻한다. '신빙성이 인정'된다는 것은 일본인과 남한의 강단사학자들이 인정했다는 뜻이다. 5~6세기의 가야를 왜에서는 '무슨 이유에선가' 임나라고 불렀다고 주장했지만 《일본서기》는 5~6세기의 가야를 임나라고 부르지 않았다. 임나는 임나고 가라는 가라였다. 최재석 교수가 이미 갈파한 대로 《일본서기》에도 한반도 남부의 가야를 임나라고 부른 용례는 없다.

2001년 한일 두 나라 정상이 합의해 구성된 한일역사공동위원회라는 조직이 있었다. 한일 두 나라 역사학자들이 각기 자국의 국고로 연구한 후 2005년 《한일역사공동연구보고서》라는 것을 냈다. 이 보고서에서 김태식은 이렇게 말했다.

임나가라에 대해서는 경상북도 고령으로 보는 견해와 경상남도 김해로 보는 견해가 있다. 여러 가지 사료들을 검토해 본 결과, 임나가라는 원래 임나(창원)와 가야(김해)의 합칭이되, 광개토왕릉비의 '임나가라(任那加羅)'는 김해

의 가야국을 중심한 가야연맹 전체를 지칭한 것이라고 판단된다. (《한일역사
공동연구보고서》)

일본이 가야 지배하였다는 주장에 침묵하는 한국고대사학자들

임나가라를 경북 고령으로 본 것은 조선총독부의 이마니시 류(今西龍)
고, 경남 김해로 본 것은 만주철도의 쓰다 소키치(津田左右吉)다. 서론에
서는 일제 식민사관을 비판하는 척해놓고 본론에서는 횡설수설하다가 결
론에서는 일제 식민사관으로 회귀하는 남한 강단사학계의 상투적 수법에
의문을 품었던 학자가 고 최재석 고려대 명예교수였다.

일본인들은 그들의 역사 조작에 방해가 되는 《삼국사기》나 《삼국유사》는
조작으로 몰고, 가야와 미마나(임나)가 동일국이라는 증거는 하나도 제시함
이 없이 말로만 가야와 미마나는 동일국이라고 주장하고 있다. 그러나 가야
와 미마나가 전혀 별개의 나라라는 증거는 있을지언정 같은 나라라는 증거
는 아무 데도 없다. 이러한 일본인들의 주장에 어찌하여 한국 사학자들도 무
조건 동조하며 가야와 미마나가 동일국이라고 주장하는지 모르겠다. 또 일
본인들은 가야와 미마나의 관계에 대하여 논할 때는 보통 가야와 미마나가
동일국이라고 주장함과 동시에 일본이 가야를 지배하였다고 주장한다. 그
런데 또 어찌하여 한국의 고대사학자들은 후자인 일본이 가야(한국)를 지배
하였다는 주장에 대해서는 놀라울 정도로 침묵을 지키면서 전자인 가야와
미마나가 동일국이라는 대목에만 관심을 가져 이것을 받아들이는지 모르겠
다. (최재석, 《고대한일관계사연구》, 경인문화사, 2010)

남한 학계는 최재석 교수의 이런 비판에 대해 일체 대응하지 않는 방식으로 대응했다. 최재석 교수는 고대 한일관계에 대해 30여 권의 학술저서와 300여 편의 논문을 썼음에도 불구하고 그를 투명인간 취급하며 무력화시킨 것이다. 이것이 가능했던 것은 남한 강단사학의 막강한 카르텔 때문이었다. 앞서 말했듯이 이 카르텔에는 진보, 보수도 없다는 특징이 있다.

조희승은 《임나일본부 해부》에서 가야역사를 개관한 후 "《임나일본부》설의 제창자들은 자기의 자주적인 국권을 가지고 오래동안 존재한 가야국"에 임나가 있었던 것으로 "외곡 날조"하였다고 비판했다. 조희승은 "가야 령역은 때에 따라 달랐으며 옛 문헌의 류실로 하여 가야령역은 명백하지 못하였다. 이것을 기회로 일제의 어중이떠중이의 사이비학자들이 달라붙어 가야의 령역을 혹심하게 외곡하였던 것이다."라고 비판하고 있다. 남한 강단사학과 그 홍위병들인 '무서운 아이들'에게 '사이비'란 용어는 이럴 때 쓰는 것이라고 가르쳐주는 듯하다.

조희승이 비판한 어중이떠중이의 사이비학자들이란 쓰다 소키치, 이마니시 류, 스에마쓰 야스카즈(末松保和) 등인데 이 어중이떠중이의 일본인 사이비학자들을 일부 남한 학자들은 위대한 석학이자 선학(先學)으로 높이 받들고 있다. 대한민국 국고로 편찬한 《한국사 7권(전60권)》에서 김태식은 이 어중이떠중이의 사이비 일본학자들에 대해서 이렇게 평가했다.

쓰다 소키치(津田左右吉)는 《일본서기》에 대하여 당시로서는 획기적일 정도의 비판을 가하면서 합리적 설명을 추구한 사람으로서, 가야 전역에 대한 지명

비정을 했다.

이마니시 류(今西龍)는 가야지방 전역에 대한 답사 및 고분·산성 등의 분포 조사에다가 문헌 고증적 연구를 더하여 지표 조사보고서를 내놓고, 거기서 행한 지명비정에 점차 수정을 가하였다. 그 결과 가야지명은 대개 낙동강의 서쪽, 섬진강의 동쪽으로 한정되어, 대체적인 역사 연구의 기초 작업은 이루어졌다. 그의 일련의 연구는 지표답사와 문헌고증을 겸비하였다는 면에서 그 이전의 연구들에 비해 높이 평가할 점이 있지만, 그것이 당시 사관(史觀)의 한계성을 넘는 것은 물론 아니었다.

그 후 스에마쯔 야스카즈(末松保和)는 기존의 지명 고증을 비롯한 문헌고증 성과에 의존하면서 한국·중국·일본 등의 관계사료를 시대순에 따라 종합함으로써 고대 한일간 대외관계사의 틀을 마련하였다. 그리하여 최초로 학문적 체계를 갖춘 이른바 「남한경영론(南韓經營論)」을 완성시켰으니, 그 설을 요약하면 다음과 같다. (김태식, 《한국사 7, 삼국의 정치와 사회 Ⅲ-신라·가야》〉

《한일역사공동연구보고서》나 《한국사(전60권)》은 모두 대한민국 국고로 발간된 책이다. 조선총독부 조선사편수회 간사이자 경성제대 교수였던 스에마쓰 야스카즈는 일제 패망으로 실의에 찬 일본 국민들에게 임나가 경상남북도는 물론 충청·전라도까지 차지했다는 《임나흥망사》(1949)를 써서 대일본제국이 다시 한국을 점령할 수 있으니 실망하지 말라고 주장했다. 이런 식민사학자들을 대한민국 국고로 발간하는 책에서 '획기적', '문헌고증적', '학문적 체계를 갖춘' 등으로 높이 추앙하는 것이다. 김용섭 전 연세대 교수의 회고록《역사의 오솔길을 가면서》에는 이 스에마쓰 야스카즈가 해방 후에도 서울대 국사학과를 들락거리면서 서울대 교수들을 지도했다는 이야기도 실려 있다. 남한 강단사학계는 아직도 1945년 8월 14일 밤에 머물러 있는 곳이다. 대한민국 정부는 자국사 깎아먹으라고 자국민의 혈세를 무한정 퍼주는 전 세계 유일한 정부다. 정권이 열 번 바뀌어도 이런 현상은 변화하지 않는다. 식민사학을 중심으로 한 이 거대한 친일카르텔은 보수, 진보를 막론하기에 보수정권이 들어서면 보수의 가면을 쓰고, 진보정권이 들어서면 진보의 가면을 쓰고 국고를 독식하고 민족사학을 억압한다.

파탄에 다다른 임나=가야설

조희승은 이 책은 남한 강단사학자들과 달리 서론·본론·결론이 같다. 조희승은 '임나=가야설'이 이른바 한국인과 일본인이 뿌리가 같고 조상도 같다는 '동조동근론'의 토대가 되었고, 이것이 후에는 '내선일체론'으로 악용되었다면서 이런 논리를 제창한 일본인 식민사학자들의 실명과 그 논리를 조목조목 비판하고 있다. 도쿄제국대학과 만주철도 조사실 등이 '임나=가야설' 조작에 조직적으로 나서서 "고대일본의 남부조선지배설을 론증한답시고 쓴 이른바《대작》이라는 것"들을 출간했다면서 어중이떠중이 사이비 학자들의 학설을 강하게 비판한다.

이 책은 또 고고학적 연구결과들을 대거 수록했다는 특징도 있다. 조희승은 "임나일본부는 조선에 있었는가"라는 항목에서 일본인 '불청객들'이 경상도 및 전라도 지역을 도굴하듯이 발굴한 후 아무런 보고서를 내지 않고 일본으로 도주한 상황에 대해서 이렇게 비판한다.

> 그런데 야쯔이는 그토록 정열을 쏟아 붓고 정력적으로 발굴하여 가야고분을 조사해놓고도 왜 한 편의 발굴조사 보고조차 쓰지 않고 떠나가 버렸는가. 그것은 창녕 교동 등지의 유적 유물들이 자칫 잘못하면 야마또정권의 《임나일본부》가 증명되는 것이 아니라 그와 반대로 일본렬도 내 조선소국(분국)의 존재가 증명되는 《재미없는 것》으로 될 수 있었기 때문이다.

또한 전남 나주 반남면의 전방후원분을 발굴하고도 그냥 도망가 버린 일에 대해서는 "이 일대의 무수한 부장품만으로써도 영국에 있어서의 로마제국과 같은 관계를 립증하게 된 것이 두려워졌던 것이다."라고 분석하고 있다. 영국에는 무수한 로마 유적이 남아 있다. 영국 내 로마유적이 고대 영국인들이 로마를 지배했다는 뜻이 아니라 로마인들이 영국을 지배했다는 뜻인 것처럼 경상·전라도의 고대 유적을 만든 사람들이 고대 일본 열도를 지배했다는 증거이기 때문에 보고서를 내지 않고 도주했다는 것이다. 그러면서 일본인들 중에서 아주 드물게 식민사관을 비판하는 도시샤대학의 모리(森浩一) 교수의 탁월한 견해도 소개한다.

> 〔모리 교수의 말-필자〕 대륙(조선-인용자)과 일본과의 관계에 닮은 관계가 로마와 영국과의 사이에 있었다. 로마가 영국을 점령하였다. 일본보다 좀 오랜 시기이지만 그 기간은 약 400년간, 그사이 영국 전토에 굉장한 수의 (로마)유적이 남아있는 것이다. 로마와 영국과의 관계는 문헌이 없어도 고고학적 자

료로부터 로마가 영국을 일정한 동안 점령해있었다는 것을 말할 수 있다. 그런데 가령 일본에《일본서기》가 없었다고 가정하면 어떤가. 현재 통용되고 있는 일본고대사의 통설(고대일본의 남부조선지배설 즉 임나설-인용자)이 그냥그대로 말할 수 있는지 어떤지. 야마또가 5세기경 조선에 군사 출병하였다고 말할 수 있는지 어떤지. 장사군이 가서 좀 살았다 하는 것은 별도의 문제이다. 출병이라면 이것은 절망적이다. 유적 유물의 우에서는 거의 말할 수 없다. 그렇지만 그 반대를 생각하면 어떤가. 이것은 몇 만 점이나 있는 것이다. 때문에 고고학도 고대사도 선입관 없이 검토할 단계에 오지 않았는가고 생각하는 것이다.

로마가 한때 영국을 지배했다는 것은 문헌이 없어도 고고학적으로 충분히 증명되는 것처럼 일본 열도 내에는 고대 한국이 일본 열도를 지배했다는 유적, 유물이 수만 점이 있다는 것이다. 그런데 요 근래 남한 강단의 문헌사학자들은 물론 고고학자들도 이런 사실을 거꾸로 호도하면서 전남 나주의 전방후원분을 가지고 고대 왜인들이 전라도 지역을 지배한 것처럼 거꾸로 호도하고 있는 형편이다. 조희승은 북한 역사학계가 임나일본부설을 검토하는 이유에 대해서 이렇게 말한다.

바로 우리나라[북한]에서《임나일본부》설을 깨뜨리기 위한 연구 사업은 조선 고대사 체계를 재정리, 재확립하는 과정의 일환으로 진행되었다.

북한에서 조선고대사 체계를 재정리, 재확립하는 과정의 일환으로 임나일본부설을 연구했다는 것이다. 남한은 거꾸로 조선총독부가 만든

'임나=가야설'을 확립시키라고 국고를 대주는 것으로 보인다. 북한에서는 '임나=가야설'을 주장하는 일제의 어중이떠중이들을 '사이비'라고 부르는데, 남한 강단사학자들은 이 '사이비'학자들을 위대한 석학으로 높이면서, '임나=가야설'을 비판하는 민족주의 학자들을 사이비라고 매도한다.

필자는 몇년 전 큐슈 남부 미야자키(宮崎)현 사이토바루(西都原)고분군을 답사하는 과정에서 조선총독부의 이마니시 류(今西龍) 등이 1912년 이 유적을 이미 조사했다는 사실을 알고 놀란 적이 있다. 현지에서 구입한 책자에는 이곳을 "황조(皇祖)의 발상지"라고 쓰고 있었다.(《九州の古墳》) 현재 일본 천황가 조상들의 발상지라는 뜻이다. 일본에서는 서기 3세기 말에서 6세기에 걸쳐 조영된 무덤들이라고 보고 있다. 일본에서 유학한 남한 강단사학자들은 아마도 이 사이토바루고분군에 대해서 잘 알고 있었을 것이다. 그러나 이 고분군에 대해서 말하지 않는다. 그러면 '임나=가야설'이라는 황국사관의 논리가 다 무너지기 때문이다. 그런데 조희승은 이 무덤을 '가야고분'으로 적시했다.

> 여기(사이또바루)에는 동서 약 1.1km, 남북 약 3.3km에 걸치는 대지 우에 약 600여 기의 가야고분이 존재하고 있었다. 바로 이 사이또바루고분떼를 들춘 학자들이 그대로 조선에 건너와 가야고분을 조사한 것이다.

조희승을 비롯한 북한학자들은 사이토바루고분들을 '가야고분'이라고 적시했다. 실제로 고분 부근의 박물관에서 전시하는 철모와 철제 갑옷 등은 가야에서 출토된 것과 100% 같은 것이었다. 이마니시 류는 1912년의 발굴로 천황가의 발상지를 만든 사람들이 가야계라는 사실을 잘 알고 있으면서도 야마토왜가 서기전 660년에 시작했다고 주장하고, 거꾸로 고대 야마토왜가 가야를 지배했다고 주장했다. 그리고 임나일본부를 확립시키기 위해서《삼국사기》를 가짜로 몰아부쳤다. 그런데 남한 강단사학은 이런 이마니시 류를 추종해서 '삼국사기 불신론'을 수용하고 '임나=가야설'을 주창한다.

고대 임나는 오카야마 키비

조희승은 '《임나일본부》설의 파탄'에서 일본이 주장하는 여러 임나설의 기본 논거들을 조목조목 비판해서 해체시켰다. 그런 토대 위에서 '임나는 일본 오카야마(岡山)현에 있었다.'는 결론을 끌어낸다. 조희승은 한반도에 임나가 있었다는 주장은 사이비 학설이라고 맹타하면서 일본 열도 내 임나의 위치를 네 곳으로 추정했다.

첫째, 가와찌(河內) 일대, 둘째, 기비(吉備) 일대, 셋째, 이즈모(出雲) 일대, 넷째, 규슈(九州) 일대.

조희승은 야마토의 수도였던 나라의 야마토와 조선(한국) 사이의 임의의 어느 지구에서《일본서기》의 임나관계 기사 내용이 벌어졌다고 판단하고 서부일본에서 그 후보지를 물색한 결과 이 네 곳의 후보지를 찾았다. 조희승은 또 일본 출신의 교포로서 탁월한 일본어 실력을 갖고 있었기 때문에 일본에서 발간된 온갖 서적과 유적, 유물을 조사한 후 오카야마현 키비(吉備) 일대에 임나가 있었다고 결론지었다. "기비에 가야고을이 있었다는 기록은 많다."고 쓴 것처럼 온갖 자료에서 키비에 존재하는 여러 가야지명들을 분석했다.

필자 역시 오카야마를 답사하면서 많은 가야, 백제관련 유적, 유물들이 존재하는 것을 보고 깊은 인상을 받았다. 차를 빌려 올라갔던 해발 396m 높이의 오카야마 기노죠(鬼の城)는 조선식 산성이었다. 기노죠에 대해 일본인들은 7세기 이후에 쌓은 것이라고 보는 반면 조희승은 5세기경에 축조되었다고 보았다. 일본에서 조선식 산성이라고 부르는 백제식 산성들에 대해 필자도 백제와 왜 연합군이 신당연합군에게 패전한 663년 이후 축조된 것으로 알고 있었는데, 그 2백여 년 전에 쌓았다는 것이다. 큐슈나 나라, 오카야마 일대의 고대 유적들을 답사하다보면 이곳이 우리 조상들이 살던 곳이란 생각이 절로 든다. 그러나 오카야마를 고대 임나라고 비정하려면 《일본서기》 숭신(崇神) 65년조 기사와 부합해야 했다.

> 임나는 축자국에서 2천여 리 떨어져 있는데, 북쪽은 바다로 막혀 있고 계림의 서남쪽에   있다.〔任那者、去筑紫國二千餘里、北阻海以在鷄林之西南〕(《일본서기》「숭신 65년」)

이 구절은 남한 강단사학계의 아킬레스건이기도 하다. '임나=가야설'을 신봉하는 강단사학계에 "가야가 북쪽이 바다로 막혀있는가?"라고 물어보면 대답이 궁색해지기 때문이다. 그러나 남한 강단 식민사학계에 어찌 불가능이 있겠는가? 동북아역사재단에서 간행한 《역주 일본서기 1》는 이 구절을 "임나는 축자국을 떠나 2천여리, 북으로 바다를 사이에 두고 계림의 서남에 있다.”라고 해석했다. ‘막힐 조(阻)’자를 ‘사이를 두고’라고 모호하게 서술해 ‘임나=가야설’을 추종하는 것이다. “북쪽 바다 건너”라고 엉뚱하게 해석하는 경우도 있다.

그러나 이 구절은 역으로 오카야마 키비설을 주장하는 북한 학계에도 아킬레스 건으로 작용할 수 있다. 오카야마 북쪽은 육지이지 바다가 아니기 때문이다. 그런데 오카야마 현지에서 구입한 책에는 당시에는 바닷물이 깊숙이 들어와 있었다고 쓴 것을 보고 의문이 풀렸다. (《古代山城·鬼ノ城を歩く》)

조희승의 말대로 ‘임나=가야설’은 일본인들이 만든 사이비학설이기에 언급할 가치도 없지만 분국론을 긍정하는 남한의 민족사학계라고 모두 북한의 견해에 동의하지는 않는다. 임나가 대마도에 있었다는 ‘임나=대마도설’이 다수고, 큐슈에 있었다는 설도 있다. 대마도라는 작은 섬에서 벌어진 일들을 《일본서기》에서 그토록 중요하게 여겼을까 라는 의문이 있었는데, 필자 개인적으로는 이런 의문들이 풀린 답사였다.

조일(朝日) 국제학술대회와 남한 강단사학계 반응

1986년 4월과 7월 평양에서 일본과 북한 학자들 사이에 조일(朝日)학술토론회가 열린 이후 그해 10월에는 일본 교또에서도 국제학술토론회가 열렸다. 한일역사공동연구회에서 볼 수 있는 것처럼 남한과 일본의 역사학자들이 만나면 화기애애하다. 주요 쟁점에서 조선총독부 역사관, 즉 황국사관을 공유하기 때문이다. 그러나 조희승은 “이때의 론쟁은 자못 격렬하였”다면서 북한과 일본 학자들 사이에 격한 논쟁이 있었다고 설명했다. 이 학술토론회는 일본의 《아사히신문》 등에도 비중 있게 보도되었다. 《아사히신문》이 "토의의 후반 특히 일본어로 발언할 요구에 의한 조씨(曹氏:조희승)의 열변에는 박력이 있었다."고 보도한 것처럼 김석형이 1963년 제기했던 분국론이 20여 년 후에는 조희승으로 이어졌음을 말해주는 토론회이기도 했다. 그러나 황국사관에 불리한 내용이 나타나면 일제히 '묵언수행'에 들어가는 남한 강단사학계의 전통에 따라 이 학술대회에 대해 일제히 침묵모드에 접어들었다.

조희승은 일본에서 열린 국제학술대회의 또 다른 성과에 대해서 이렇게 말했다.

> 한마디 더한다면 우리 공화국학자대표단이 기노죠(鬼の城)를 찾은 다음 총련의 조선학교들에서 원족을 비롯한 여러 기회에 기노죠산성을 많이 찾는다고 한다. 조선대학교 력지학부를 찾았을때도 학생들이 기노죠를 찾았다고 들었다. 조상이 남긴 유적 유물을 탐방한다는 것은 아주 좋은 일이다. 하지만 어떠한 립장과 관점에서 조선유적을 찾고 림하는가 하는 것이 더 중요하다. 일본학자들이 말하는 대로 야마또정권이 7세기 이후에 축조하였다는 거짓말을 곧이곧대로 들을 바에는 찾을 필요가 없다. 요컨대 주체를 세워 고대일본에 건너간 조선문화를 대하여야 하는 것이다. 우리가 기노죠를 찾고 그에 대한 론문을 발표해서인지 우리의 견해에 공감을 표시하는 사람들이 늘어나고있다고 하니 다행한 일이다.

2012년에 간행된 책에서 일본에서도 "우리의 견해(분국설)에 공감을 표시하는 사람들이 늘고 있다."고 말했는데, 남한 강단사학의 '무서운 아이' 위가야는 "김석형의 학설이 생명력을 잃으면서 자연스럽게 무대 뒤편으로 사라졌다."라고 무시하는 발언을 했다.

조희승 등 북한학자들이 단 한 번 참석한 국제학술대회 결과 조총련계의 많은 재일교포들이 조상들이 남긴 역사유적들을 찾아다니는 붐이 일었다. 이것과 대조적으로 한일역사공동연구위원회에 소속되었던 남한 강단사학자들이 국민세금으로 두 달에 한 번씩 6년 이상 일본을 들락거렸지만 재일교포들 사이에서 우리 조상들이 남긴 역사유적들을 찾아다니는 붐이 일었다는 말을 들은 적이 없다. 김태식과 김현구 등이 이 연구위원회의 위원이었다.

"일본에 추종하는 남조선의 일부 친일학자들"

김현구는 스에마쓰 야스카즈 설을 따라서 임나가 경상남북도는 물론 충청도 및 전라도 일부까지 차지하고 있었다고 보는 데서 한 발 더 나아가 백제는 야마토왜의 식민지라고 보는 학자다. 그는 총론에서 임나는 백제가 지배했다고 써서 독자들을 현혹시킨 후 본론에서는 이 백제는 야마토왜의 '식민지'라고 쓰고 있다. 김현구는 이렇게 썼다.

그런데 《일본서기》상에는 신제도원·적계여랑·지진원 등 각 왕녀들의 도일목적이 서술되어 있다. 적계여랑은 일본 천황의 요청에 의해서, 신제도원은 일본 천황을 섬기기 위해서, 그리고 지진원은 채녀(采女)로서 바친 것으로 되어 있다. 따라서 신제도원·적계여랑·지진원 등의 도일은 일본 천황을 섬기기 위한 것이었다고 할 수 있다. (김현구, 《고대 한일교섭사의 제문제》)

백제에서 일왕을 섬기기 위해서(김현구는 반드시 천황이라고 쓴다) 3
명의 왕녀들을 인질로 바쳤다는 주장이다. 왜왕을 섬기라고 왕녀를 세 명
씩이나 바친 백제는 완전한 식민지라는 주장인 것이다. 그런데 《일본서
기》는 지진원이 다른 남성과 관계했다고 일왕 웅략(雄略)이 불태워 죽였
다고 나온다. 김현구는 이 화형사건에 대해 백제에서 이런 후속 조치를 취
했다고 쓰고 있다.

> 그런데 「웅략기」 5년(461)조에는 옛날에는 여(女)를 보냈는데 무례하여 나라
> 의 명예를 실추시켰으므로 동생인 곤지, 즉 남자를 보내서 천황을 섬기게 했다
> 고 되어 있다. 따라서 직지왕이 누이동생인 신제도원을 파견한 이래 461년 곤
> 지(昆支)를 파견할 때까지는 백제의 왕녀들이 왜에 파견되는 관행이 있었음
> 을 알 수 있다. 신제도원·적계여랑·지진원 등이 그 왕녀들에 해당되는 것이
> 다. (김현구, 《고대 한일교섭사의 제문제》)

백제에서 보낸 왕녀를 불태워죽이자 백제는 야마토왜에 대해 전쟁을
일으키는 대신 사죄의 표시로 격을 높여 남자 왕족들을 보내 "천황을 섬기
게" 했다는 것이다. 남자 왕족들의 도일 목적에 대해서 김현구는 이렇게
썼다.

> 한편 「웅략기」 5년(461)조에 의하면 왕녀들 대신으로 파견되기 시작한 곤지
> 도 도일 목적이 천황을 섬기기 위한 것으로 되어 있다. 그런데 의다랑(意多
> 郞)이나 마나군(麻那君)·사아군(斯我君) 등은 곤지 파견의 연장선상에서 도
> 일하고 있다. 따라서 의다랑이나 마나군·사아군 등의 파견도 천황을 섬기기

위한 것이었다고 할 수 있을 것이다. 남자 왕족들의 파견이 천황을 섬기기 위해서였다면 왕녀들의 파견 목적과 일치하게 된다. (김현구, 《고대 한일교섭사의 제문제》)

　백제에서 '신제도원, 지진원, 적계여랑' 세 왕녀를 왜에 보내 왜왕을 섬기게 했는데 지진원이 다른 남성과 관계했다고 불태워 죽이자 백제는 실례했다면서 격을 높여서 곤지·의다랑·마나군·사아군 등의 남자왕족들을 보내서 천황을 섬기게 했다는 것이 김현구의 주장이다. 일본 극우파들도 하지 못했던 주장을 일본 유학파 김현구는 한다. 더 심각한 것은 김현구의 이런 주장은 《일본서기》까지도 왜곡 조작한 내용들이라는 점이다. 안정준이 《역사비평》에서 북한도 '낙랑군=평양설'을 주장한다고 거짓말하고, 위가야가 '김석형의 학설이 끝났다'고 억지 쓴 것은 어쩌면 김현구 같은 선배학자들이 억지 논리를 펴도 학자로서의 생명이 끝나기는커녕 유수대학의 교수 및 명예교수가 되고 동북아역사재단 이사가 되어 승승장구하는 데서 생긴 학습효과인지도 모른다.

　《일본서기》에 따르면 지진원과 적계여랑은 두 사람이 아니라 한 사람이며, 왕녀가 아니라 채녀, 즉 궁녀의 신분이다. 한 사람을 두 사람으로 늘려 셋으로 조작하고 궁녀를 왕녀로 조작시켜 백제에서 왕녀 셋을 야마토에 인질로 보내 천황을 섬기게 했다고 조작한 것이다. 뿐만 아니라 김현구가 백제왕자라고 주장한 의다랑이나 마나군에 대해서 《일본서기》 무열(武烈) 7년조에서 '마나군은 백제국주(百濟國主)의 골족(骨族:왕족)이 아니다'라고도 쓴 것처럼 백제 왕족이 아니라고 《일본서기》에 나와 있다. 그럼에도 불구하고 김현구는 백제를 야마토왜의 완전한 식민지로 만들기 위해서《일본서기》까지도 조작해 왕녀와 왕자들로 왜곡한 것이다. 그러니 조희승이 "일본에 추종하는 남조선의 일부 친일학자들"에 대해서 비판하는 것은 과도한 것이 아니라 점잖은 것이다. 또 조희승이 일본 NHK에서 '일본과 조선 2천 년'이란 특별프로를 방송하면서 "《임나일본부》설에 대하여 남조선학자들의 이런저런 견해를 이야기하면서도 우리 공화국 력사학계의 견해주장은 아예 편린조차도 소개하지 않았다."라고 비판했는데, 여기서 남한 역사학자들과 일본의 오랜 카르텔을 엿볼 수 있는 것이다.

신라·백제·고구려 분국들

이 책의 가치는 조희승이 임나의 위치를 오카야마현 키비라고 설정한 것에서 그치지 않는다. 키비가 임나라면 임나와 각축을 벌였던 고구려, 백제, 신라의 분국들도 그 근처에 있어야 하기 때문이다. 조희승은 임나와 가장 많은 각축을 벌였던 신라 분국의 위치에 대해서 "기비 가야국과 린접한 지대에 있는 요시이강(吉井川)동쪽에 위치한 오늘의 (오카야마현) 오쿠군(邑久郡) 일대가 시라기-신라소국이였다."라고 보고 있다. 또한 백제 분국은 "오늘의 (오카야마현) 아카이와군(赤磐郡)과 와케군(和氣郡) 일대가 《일본서기》 임나관계기사에 나오는 구다라(백제)소국이였다."라고 말하고 있다. 또한 "기비 가야소국이 있던 웃쪽, 구다라 소국으로 밝혀진 아카이와군과 린접한 고을인 구메(久米)군"을 고구려 분국이라고 보고 있다. 오카야마현에《일본서기》에서 말하는 임나는 물론 신라·백제·고구려 분국들이 모두 있었다는 것이다. 이처럼 임나의 및 신라·백제·

고구려 분국의 위치를 모두 비정한 조희승은 '《임나일본부》의 정체'라는 마지막 항목에서 이렇게 끝을 맺고 있다.

> 기비노오미(기비의 장관)가 기비지방에서 《임나일본부》를 하였다는 것-이것이 《일본서기》 임나관계기사의 실체였다. 다시 말하여 《임나일본부》라는 것은 가야(임나)국에 설치된 일본부(야마또노미꼬또모찌)라는 뜻인데 일본(야마또)이란 말과 부(府-미꼬또모찌)라는 말은 그 당시(5~6세기)에는 없었다. 그것들은 8세기 《일본서기》 편찬 당시의 개념이였다….
>
> 《일본서기》 임나관계 기사에 나오는 《임나일본부》라는 것은 기비지방 임나가라에 설치된 야마또정권의 전권대표격인 행정적 출장기관 또는 그 기관을 책임진 관리였다. 이것이 기내 야마또정권이 파견한 《임나일본부》의 실체이고 정체였다.
>
> 《임나일본부》의 실체가 과학적으로 해명됨으로써 일본 땅에 있었던 《임나일본부》를 조선의 남부지방에 있었던 것으로 외곡 조작하여 저들의 침략적 본성을 가리우고 야마또 민족의 우월성을 론증하려고 하였던 일제의 죄악에 찬 력사와 아직도 사이비학설을 정설처럼 고집하는 일본인들의 후안무치함과 도덕적 저렬성은 세계의 면전에서 낱낱이 까밝혀지게 되었다.

조희승은 "일제의 죄악에 찬 력사와 아직도 이런 사이비학설을 정설처럼 고집하는 일본인들의 후안무치함과 도덕적 저렬성은 세계의 면전에서 낱낱이 까밝혀지게 되었다."고 끝을 맺었다. 일제가 창시한 사이비학설을 은연중에 확대 재생산하는 남한 강단사학계도 이 책의 출간을 계기로 반성하고 식민사관을 청산하는 것이 역사발전의 합법칙성일 것이다.

민족사학과 통일사학으로 가는 길

필자는 꽤 오래 전 '양심수 후원회'에 가서 강연한 적이 있었다. 권오헌 선생이 회장으로 있던 단체였다. 고대사를 중심으로 일제 식민사학에 대해 비판했는데, 강연 후 식사 자리에서 필자 앞에 앉아 있던 한 분이 북쪽 사투리로 "소학교 때 배운 고대사와 내용이 같습니다."라고 말했다. 북한 이탈주민인지 장기수인지 여부는 물어보지 않았지만 북한에서 소학교 교육을 받은 것은 분명해 보였다. 그때 필자는 퍼뜩 "북한이 쉽게 무너지지 않겠구나!"라는 생각이 들었다. 북한이 경제적 어려움에도 불구하고 외부 사회에 우월감을 갖고 대하는 정신적 원천도 알 수 있었다. 북한이 1960년대 초반에 폐기시킨 조선총독부의 '낙랑군=평양설'과 '임나=가야설'을 아직도 정설이라며 신봉하는 남한 강단사학계, 그것도 논리가 부족하자 온갖 억지 논리까지 끌어들이는 강단사학계, 이런 강단사학계를 옹호하는 거대한 식민사관 카르텔이 막강한 남한 사회가 자존심 강한 북한사람들 눈에 어떻게 보이겠는가?

남한 강단사학이 자정능력을 상실했다는 사실은 이 분야에 조금의 관심이 있는 사람들은 모두 알고 있다. 그래서 2018년《리지린의 고조선 연구》를 출간하고, 이제 조희승의《임나일본부 해부》를 출간하는 감회는 새롭다. 남한 강단사학이 말살한 우리 역사의 원형을 다시 제시할 때가 되었다. 민족 공통의 역사를 복원할 때가 되었다. 필자가《리지린의 고조선 연구》해제에서 "반민족사학에 맞서는 민족사학과 분단사학에 맞서는 통일사학의 체계를 세울 때가 되었다."고 주장한 것처럼 이 길만이 현 분단 체제에 대한 우리들 마음속의 장벽을 허물고 통일된 내일로 나아갈 수 있을 것이다.

2019년 7월 마포 한가람역사문화연구소에서 이덕일 記

북한학자 조희승의 《임나일본부 해부》

– 일본의 남부조선지배론 비판

초판 1쇄 | 2019년 8월 1일
초판 2쇄 | 2024년 1월 25일
지은이 | 조희승
주 해 | 이덕일
펴낸이 | 최진섭
편 집 | 피플라인
펴낸곳 | 도서출판 말

출판신고 | 2012년 3월 22일 제2013-000403호
주 소 | 인천광역시 강화군 송해면 전망대로 306번길 54-5
전 화 | 070-7165-7510
전자우편 | dream4star@hanmail.net
ISBN | 979-11-87342-14-4
